交通技术精品著作系列

交通运输系统优化模型与算法设计

主编 陈 皓 王文宪
参编 李 忠 贾 莉 杨笑悦 吴开信

U0359620

机械工业出版社

本书针对交通运输领域中的一些经典问题，提供了模型优化和程序设计实现方法，系统介绍了遗传算法、禁忌搜索算法、模拟退火算法、蚁群算法和粒子群优化算法等优化类算法，以及层次分析法、数据包络分析、模糊综合评价法和灰色综合评价法等评价类算法，并利用这些算法解决了运输问题中的经典问题，通过程序实现和实例分析，详细说明了这些算法的实用性。全书共 12 章，第 1、2 章是后 10 章内容的基础，分别介绍了优化类和评价类算法的基本概念和运用，并给出程序实现。第 3~12 章主要选取公路、铁路运输方式中的典型问题，并针对这些问题进行算法选择和设计，详细介绍各个现代优化算法的实际应用。

本书可作为交通运输学、数学、管理科学、计算机科学等相关专业的学生教材，也可供相关专业研究人员参考使用。

图书在版编目（CIP）数据

交通运输系统优化模型与算法设计/陈皓，王文宪主编 . —北京：机械工业出版社，2021.6

（交通技术精品著作系列）

ISBN 978-7-111-67852-6

Ⅰ. ①交… Ⅱ. ①陈…②王… Ⅲ. ①交通运输系统 – 算法设计
Ⅳ. ①U491-39

中国版本图书馆 CIP 数据核字（2021）第 055295 号

机械工业出版社（北京市百万庄大街 22 号　邮政编码 100037）
策划编辑：王　婕　责任编辑：王　婕
责任校对：王　延　封面设计：马精明
责任印制：郜　敏
三河市国英印务有限公司印刷
2021 年 6 月第 1 版第 1 次印刷
169mm×239mm・15.75 印张・320 千字
0 001—1 500 册
标准书号：ISBN 978-7-111-67852-6
定价：99.00 元

电话服务　　　　　　　　　　网络服务
客服电话：010 – 88361066　　机　工　官　网：www.cmpbook.com
　　　　　010 – 88379833　　机　工　官　博：weibo.com/cmp1952
　　　　　010 – 68326294　　金　书　网：www.golden – book.com
封底无防伪标均为盗版　　　　机工教育服务网：www.cmpedu.com

前　　言

"一门学科只有在成功地运用数学时，才算达到了真正完善的地步。"

交通运输组织学是一门贯穿于交通运输生产全过程的学科，内容包括铁路运输的车站工作组织、列车开行方案、列车停站方案、列车始发方案、列车运行图、动车组周转、乘务计划以及公路交通的出行行为选择、公交线网优化、配送线路优化等。要实现交通运输一系列作业过程的安全、高效组织，离不开运筹学与最优化理论的指导。针对交通运输组织中的经典问题，诸如列车开行方案、列车停站方案、列车始发方案等，现有的交通运输专业课程侧重于操作原理和处理方法上的讲解，而对于组合优化问题，并在此基础上采用模型构建、算法设计等运筹学原理求解的内容涉及较少。作为一线教职人员，笔者深刻体会到，从自然科学层面的角度去总结、归纳、求解交通运输工程技术问题，可以充分帮助学生加深对交通运输组织这门学科的理解。因此，结合自己多年从事该领域的研究经历与心得体会，以交通运输组织中的经典问题为线索，通过构建简约数学模型加深对问题的认识，然后结合各类现代优化计算方法并辅以 Matlab 编程进行求解，可为拟从事该领域学习、研究的工作者提供一定的参考。当然，交通运输组织是一门融合多个维度知识的交叉学科，具有涉及面广、技术性强的特点，难以通过一本书的学习就能领会该领域数学建模与算法设计的精髓，笔者只希望通过本书的描述，可以提供给读者一种解决该领域问题的思路与方法。

本书共分四个部分，分别对优化算法基础、评价方法基础、旅客运输组织经典问题建模求解以及公路客货运问题建模求解进行详细分析与阐述。

第一部分（第 1 章）：优化算法基础。

该部分内容主要包括遗传算法、禁忌搜索算法、模拟退火算法、蚁群算法和粒子群优化算法等常用现代优化计算方法的原理和流程介绍，并通过 Matlab 程序实现，为读者在后续交通运输优化问题中进行算法设计提供理论基础。

第二部分（第 2 章）：评价方法基础。

该部分内容主要包括层次分析法、数据包络分析、模糊综合评价法和灰色综合评价法等常用现代综合评价方法的原理和流程介绍，并通过 Matlab 程序实现，为读者提供交通运输评价问题方面的理论基础。

第三部分（第 3～7 章）：旅客运输组织经典问题建模求解。

该部分内容系统性地介绍了铁路运输组织中的几个经典优化问题及评价问题，通过对不同问题构建数学模型和设计算法，并提供具体案例及详细的求解过程，为读者了解和解决该类问题提供参考素材。

第四部分（第 8～12 章）：公路客货运问题建模求解。

该部分内容主要系统性地介绍了公路客货运输中的几个经典优化问题及评价问题，包括出行行为、动态路径选择优化、公交线网优化及配送路线优化等。通过对不同问题构建数学模型和设计算法，为读者了解和解决该类问题提供参考素材。

本书可作为高等学校交通运输类本科生与研究生的学习资料，也可为从事运输工作的人员提供参考。

由于编者水平有限，在行文及编程代码细节方面难免存在不当和疏漏之处，敬请各位专家及读者批评指正。

编　者

目　录

第1章 优化算法基础

1.1　算法相关概念介绍

1.1.1　组合优化问题

组合优化问题（Combinatorial Optimization Problem）是运筹学（Operations Research）中的一个经典且重要的分支，其本质在于通过数学方法获取离散事件的最优分组、排序或筛选等，被广泛应用于交通运输、经济管理、工业工程以及信息技术等诸多领域。

一般而言，最优化问题的数学模型可表述为

$$\min_{x \in F} f(x)$$

式中，x 是决策变量；$f(x)$ 是目标函数；F 是可行域。

可行域 F 中的任意一个元素称为该问题的一个可行解，满足 $f(x^*) = \min\{f(x) \mid x \in F\}$ 的可行解 x^* 称为该问题的最优解，其对应的目标函数值 $f(x^*)$ 称为最优值。

可行域 F 可表示为 $\{x \mid x \in D, g(x) \geq 0\}$，故组合优化问题的一般形式为

$$\min f(x)$$
$$\text{s. t.} \begin{cases} g(x) \geq 0 \\ x \in D \end{cases}$$

由上，组合最优化问题可用三个参数 (D, F, f) 表示，其中 D 是决策变量定义域，$F = \{x \mid x \in D, g(x) \geq 0\}$ 是可行域，f 是目标函数。组合最优化的特点是决策变量的定义域 D 通常为有限离散点组成的集合，故可行解集合 F 亦为有限点集。因为现实中的大量优化问题是从有限个状态中选取最好的，所以大量的实际优化问题都是组合最优化问题。由直观可知，只需将定义域 D 中的每个点逐一判别是否满足 $g(x)$ 的约束并计算其目标函数值，则该问题的最优解一定存在且可以得到（除非可行域为空集）。下面介绍两个经典组合优化问题。

（1）背包问题　背包问题表述如下：假设有一个背包，其容积为 b，现有 n 个价值分别为 $c_i(i = 1, 2, \cdots, n)$ 的物品，尺寸分别为 $a_i(i = 1, 2, \cdots, n)$，如何选择物品装包以使背包内所装物品的总价值最大？

背包问题的数学模型可以表示为

$$\max \sum_{i=1}^{n} c_i x_i \tag{1-1}$$

$$\text{s. t.} \sum_{i=1}^{n} a_i x_i \leq b \tag{1-2}$$

$$x_i \in \{0, 1\} \quad i = 1, 2, \cdots, n \tag{1-3}$$

目标式（1-1）欲使背包内所装物品的价值最大；约束条件式（1-2）为背包的能力限制；式（1-3）表示 x_i 为二进制变量，$x_i = 1$ 表示装入第 i 个物品，$x_i = 0$

表示不装。

（2）旅行商问题（Travel Salesman Problem，TSP）　旅行商问题表述如下：假设一个商人计划前往 n 个城市推销商品，已知每两个城市 i 和城市 j 之间的距离为 d_{ij}，如何选择一条线路使得商人遍历每个城市后回到起点所走的距离最短？

旅行商问题的数学模型可以表示为

$$\min \sum_{i \neq j} d_{ij} x_{ij} \tag{1-4}$$

$$\text{s. t.} \sum_{j=1}^{n} x_{ij} = 1 \quad i = 1, 2, \cdots, n \tag{1-5}$$

$$\sum_{i=1}^{n} x_{ij} = 1 \quad j = 1, 2, \cdots, n \tag{1-6}$$

$$\sum_{i,j \in S} x_{ij} \leqslant |S| - 1 \quad 2 \leqslant |S| \leqslant n - 2 \quad S \subset \{1, 2, \cdots, n\} \tag{1-7}$$

$$x_{ij} \in \{0, 1\} \quad i, j = 1, 2 \quad i \neq j \tag{1-8}$$

以上是基于图论的数学模型，其中，约束条件式（1-8）为决策变量定义域约束，$x_{ij} = 1$ 表示商人行走的路线包含从城市 i 到城市 j 的路线，$x_{ij} = 0$ 表示商人没有选择从城市 i 到城市 j 的路线；目标函数式（1-4）表示商人遍历所有城市行走的总距离最小；约束条件式（1-5）表示商人离开城市 i 后有且仅有一个到达城市；约束条件式（1-6）表示商人到达城市 j 前有且仅有一个出发城市；约束条件式（1-5）和约束条件式（1-6）合起来表示每个城市恰好经过一次，然而仅有这两个约束是无法避免子回路产生的，其中一条回路是由 $k(1 \leqslant k \leqslant n)$ 个城市和 k 条弧组成的一个环。因此约束条件式（1-7）约束旅行商在任何一个城市真子集中不形成回路，其中 $|S|$ 表示集合 S 中的元素个数。

1.1.2　邻域相关问题

邻域是一个非常重要的概念。在距离空间中，以某个点为中心的任何开区间称为该点的邻域，具体可表现为以某点为中心的一个球体。在最优化问题求解过程中，一般通过点到邻域点的迭代，达到函数值上升或下降的效果。组合优化问题求解的基本思想是，在一点附近搜索另一个下降的点。然而在组合优化问题范畴中，欧氏距离的概念通常不再适用，故需要对邻域的概念进行重新定义。

定义 1　对于组合最优化问题 (D, F, f)，D 上的一点到 D 的子集的一个映射 $N: x \in D \to N(x) \in 2^D$ 且 $x \in N(x)$，称为一个邻域映射，其中 2^D 表示 D 的所有子集组成的集合。$N(x)$ 称为 x 的邻域，$y \in N(x)$ 称为 x 的一个邻居。

以旅行商问题为例介绍邻域相关问题，该问题解的另一种表示方法为 $S = \{i_1, i_2, \cdots, i_n\}$，即旅行城市的排列顺序。在旅行商问题求解过程中，可以根据这个顺序，直接得到该问题的一个可行线路方案。本文定义它的邻域映射为 2 - opt，即对 S 中的两个节点进行调换，$N(S)$ 中包含 S 的 C_n^2 个邻居和 S 本身。如 4 个城市的 TSP 实例，当 $S = \{1, 2, 3, 4\}$ 时，其邻域为 $N(S) = \{(2, 1, 3, 4), (3, 1, 2, 4), (4, 2,$

$3,1),(1,3,2,4),(1,4,3,2),(1,2,4,3)\}$。

2 – opt 的定义思想可以推广到 k – opt$(k \geqslant 2)$，即对 S 中 k 个元素按一定的规则进行互换。

邻域的构造依赖于组合优化问题决策变量的形式，在后续章节介绍的各种智能优化计算方法中具有非常重要的作用。定义了邻域，类似连续函数，便可以定义局部最优以及全局最优的概念。

定义 2 若 $x^* \in F$ 满足 $f(x^*) \leqslant (\geqslant) f(x), x \in N(x^*) \cap F$，则称 x^* 为 f 在 F 上的局部（local）最小（最大）解（点）；若 $f(x^*) \leqslant (\geqslant) f(x), x \in F$，则称 x^* 为 f 在 F 上的全局（global）最小（最大）解（点）。

可见，全局最优解（点）一定是局部最优解（点）。以一维函数 $f(x)$ 为例，假设可行域为区间 $[1, 10]$ 中的整数点，目标函数值如图 1-1 所示，如果邻域定义为 $N(x) = \{y \in Z \| |y - x| \leqslant 1\}$，则从图中可以发现，$x = 9$ 为 f 的全局最小点，$x = 5$ 为 f 的局部最小点；$x = 6$ 为 f 的全局最大点，$x = 3$ 为 f 的局部最大点。

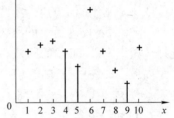

图 1-1 局部最优解示意图

传统优化算法通常从一个初始点出发，在邻域中寻找目标函数值更小的点，直至到达一个无法再下降的点。在图 1-1 中，若以 $x = 4$ 作为初始点按传统方法搜索最小值点，则搜索到局部最小点 $x = 5$ 时算法终止，这种方法可能造成最终解的非全局最优性。因此，各类优化计算方法要解决的主要问题就是如何获得全局最优解。

1.1.3 计算复杂性

计算复杂性是一种衡量算法的计算消耗以及解的偏离程度的指标，于 20 世纪 70 年代被提出，以二进制形式量化描述算法在计算机中的储存和计算。到目前为止，这一套理论仍然是评估算法性能的主要技术手段。

我们以一个简单的实例来理解算法的计算消耗时间。

由组合最优化问题定义可知，每一个问题均可采用枚举的方法获得最优解。枚举是以时间为代价的，有些问题的枚举时间还可以接受，有些则难以接受。对于 1.1.1 小节描述的 TSP 问题，可采用如下枚举方法：

固定一个城市为终点，则需要进行 $n(n-1)!$ 次枚举来获得所有方案。假设以计算机 1s 可以完成 24 个城市所有路径枚举（固定起点后，实际上是余下的 23 个城市的所有排列）为单位，则 25 个城市的计算时间为：以第 1 个城市为起点，第 2 个到达城市有可能是第 2、第 3……第 25 个城市，决定前两个城市的顺序后，余下是 23 个城市的所有排列，枚举这 23 个城市的排列需要 1s，那么，25 个城市的枚举需要 24s。

类似地归纳，枚举时城市数与计算时间的关系见表 1-1。

表 1-1   枚举时城市数与计算时间的关系

城市数	24	25	26	27	28	29	30	31
计算时间	1s	24s	10min	1.3h	4.9d	136.5d	10.8y	325y

通过表 1-1 可以看出，随着城市数的增多，计算时间飞速增加，当城市数增加到 30 时，计算时间约为 10.8y，已经到了无法接受的程度。

算法复杂性一般可用如下方式表述：对于问题规模为 n（如 TSP 问题中的城市数）的函数，时间复杂性为 $T(n)$，空间复杂性为 $S(n)$。在算法分析和设计中，采用实用性的复杂性概念，将问题求解中的加、减、乘、比较等运算指定为基本操作，将算法执行基本操作的次数定义为算法的时间复杂性，将算法执行期间占用的存储单元定义为算法的空间复杂性。

在分析复杂性时，对于算法的复杂性函数 $p(n)$，采用该函数主要项的阶层 $O[p(n)]$ 来表示。若算法 A 的时间复杂性为 $T_A(n) = O[p(n)]$，且 $p(n)$ 为 n 的多项式，则称算法 A 为多项式算法。时间复杂性不属于多项式时间的算法统称为指数时间算法。

1.1.4　启发式算法

启发式算法（Heuristic Algorithm）是指基于直观或经验构造的求解思路，在可接受的消耗（指计算时间、占用空间）条件下给出待解决组合最优化问题的一个可行解，该可行解与最优解的偏离程度一般不能被预计。可以看出，启发式算法是相对于最优算法提出的，其与最优算法的主要区别在于能否得到该问题的最优解。

启发式算法也是一种技术，该技术在可令人接受的计算消耗内寻找较好的解，但不一定能保证所得解的全局最优性，甚至在大多情况下，无法阐述获得解与最优解的近似程度。如果采用最坏实例下的误差界限来评价启发式算法，则可以定义近似算法。

在很多实际问题求解中，由于最优算法的计算时间随着问题规模的增加以指数速度增加（如 TSP 枚举求解的情况），此时只能通过启发式算法获得实例的一个可行解。

早在 20 世纪 40 年代末期，由于科技发展和工程实际问题的需要，人们就提出了一些快捷有效的解决实际问题的启发式算法。20 世纪 70 年代，随着计算复杂性理论的发展和完善，人们不再寻求一定要获得最优解。从 20 世纪 80 年代初开始，掀起了现代优化算法的研究热潮，现代优化算法得到了巨大的发展。

我们可以通过下面的例子来了解何谓启发式算法。

例 1　背包问题的贪婪算法（Greedy Algorithm）

贪婪算法基本步骤如下：

Step1　对物品以 c_i/a_i 从大到小排列，记 $\{1, 2, \cdots, n\}$，$k \leftarrow 1$。

Step2 执行如下判定：若 $\sum_{i=1}^{k-1} a_i x_i + a_k \le b$，则 $x_k = 1$，否则 $x_k = 0$，$k \leftarrow k+1$；重复 Step2。

$(x_1, x_2, \cdots, x_n)$ 为贪婪算法的解，其策略是单位价值重量比值越大的物品越先装包，这种算法直观且操作性强。$c_i/a_i (i = 1, 2, \cdots, n)$ 的比值计算需要进行 n 次，$c_i/a_i (i = 1, 2, \cdots, n)$ 从大到小排列需要进行 $O(n \log_2 n)$ 次运算，判定准则 $\sum_{i=1}^{k-1} a_i x_i + a_k \le b (k = 1, 2, \cdots, n)$ 对每一个 k 需要进行一次加法和一次比较，上述总共 $2n$ 次运算，该贪婪算法的计算复杂性为 $O(n \log_2 n)$，是一个多项式时间算法。

例 2 简单的邻域搜索（Local Search）算法

给定组合最优化问题，假设其邻域结构已确定，设 D 为解集合（这里假设它就是可行域 F），f 为 D 上的费用函数，N 为邻域结构，算法基本步骤如下：

Step1 任选一个初始解 $s_0 \in D$。

Step2 在 $N(s_0)$ 中按一定规则选择一个邻域解 s，若 $f(s) < f(s_0)$，则 $s_0 \leftarrow s$，否则，$N(s_0) \leftarrow N(s_0) - \{s\}$，重复 Step2。

简单的邻域搜索可以从任何一个初始解出发，达到一个局部最优值点。从算法中可以看出，算法停止时获得输出解的性质取决于初始解的选取、邻域结构和邻域解选取的规则，对具有 NP – hard 性质的组合优化问题，确定良好的初始点较为困难。

（1）优点　启发式算法能够迅速发展是由以下优点决定的：

1）数学模型本身是实际问题的简化，或多或少地忽略了一些因素，而且数据采集与参数估计都具有不精确性，这些因素可能导致最优算法所得到的解实际上比启发式算法所得到的解更差。

2）有些复杂的组合最优化问题可能没有全局最优解，即使全局最优解存在，其计算时间也是不实际或无法接受的。

3）一些启发式算法可以与最优算法联合使用，如在分支定界算法中可以用启发式算法估计下（上）界。

4）简单易行，比较直观，易被使用者接受。

5）运算速度快，这在实时管理中非常重要。

6）程序简单，易于在计算机上实现和修改。

（2）缺点　虽说有诸多好处，但启发式算法也有其缺点和不足，这些不足往往成为争论的焦点：

1）不能保证求得最优解（有时甚至不能保证求得可行解）。

2）性能不稳定，启发式算法在同一问题的不同实例计算中会有不同的效果，有些很好，而有些则很差。在实际应用中，这种不稳定会造成计算结果不可信。

3）算法的好坏依赖于实际问题、算法设计者的经验和技术，这一点很难总结规律，同时使不同算法之间难以比较。

　　下面将重点介绍较为常用的启发式算法，如遗传算法、禁忌搜索算法、模糊退火算法、蚁群算法及粒子群优化算法。

1.2　遗传算法

　　遗传算法（Genetic Algorithm，GA）是 J. Holland 教授于 1975 年提出的一种启发式算法，其本质是基于"优胜劣汰，适者生存"机理的一种并行和自适应的优化算法。该算法将优化问题的求解类比为"染色体适者生存"过程，通过"染色体"种群的不断进化（复制、交叉和变异），最终收敛到"最适应环境"的个体，从而获得问题的优化解。随着计算机技术的发展，GA 越来越受到人们的重视，并被广泛应用于机器学习、模式识别、图像处理、组合优化及交通运输等诸多领域。

1.2.1　遗传算法基本原理

　　"优胜劣汰，适者生存"揭示了大自然生物进化过程中的一个规律——最适合自然环境的群体往往会产生更大的后代群体。遗传算法主要借用生物进化中"适者生存"的规律，因此，对生物进化的基本过程进行简单了解，有助于我们更加容易地理解遗传算法。生物进化的基本过程如图 1-2 所示。

　　在图 1-2 中，以群体（Population）为起点，经过竞争后，一部分群体被淘

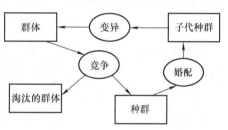

图 1-2　生物进化的基本过程

汰而无法再进入这个循环圈，而另一部分则成为种群（Reproduction）。"优胜劣汰"在这个过程中起着非常重要的作用。在自然环境中，由于激烈的竞争和天敌的侵害，很多生物的成活率较低，即便是成活群体，也要通过竞争配偶（Crossover）产生种群，种群再通过婚配产生子代种群，同时在进化过程中，某些个体可能会通过基因变异（Mutation）而成为新的个体，从而使得子代种群成为新的种群。上述过程为一个完整的循环，通过循环过程，新的群体替代旧的种群而成为循环的新起点。

　　遗传算法参考了上述生物进化过程的一些特征，主要体现在如下几个方面：

　　1）进化发生在解的编码上，这些编码按生物学的术语称为染色体。由于进行了编码，优化问题的一切性质都可以通过编码来研究，编码和解码是遗传算法的一个主题。

　　2）哪些染色体有资格产生后代取决于自然选择规律。在遗传算法中，根据优化问题目标设置适应度函数，从而使好的染色体有较大概率多次被选择产生后代。

　　3）在染色体结合过程中，父代染色体遗传基因的结合使得子代染色体保持父

母的特征。

4）在染色体结合后，随机的变异会造成子代与父代的不同。

遗传算法主要包括以下步骤：第一，优化问题的解码与编码，此处，我们称一个解的编码为一个染色体，组成编码的元素称为基因，编码的作用在于将优化问题的解改变成方便遗传算法运算的形式；第二，适应度函数的构造，遗传算法中适应度函数大多根据优化问题的目标函数设置，适应度函数确定以后，自然选择规律以每个染色体的适应度函数值大小来决定这些染色体的生存概率与淘汰概率，生存下来的染色体组成种群，并通过两两结合的方式繁衍子代种群；第三，染色体的结合，父代双亲的遗传基因结合是通过编码之间的交配达到下一代的产生，新一代的产生是一个生殖过程，它产生了一个新解；第四，染色体的变异，新解产生过程中可能发生基因变异，变异使某些解的编码发生变化，从而使算法在整个可行域空间具有更大的遍历性。生物遗传概念在遗传算法中的对应关系见表1-2。

表1-2 生物遗传概念在遗传算法中的对应关系

生物遗传概念	遗传算法中的作用
适者生存	适应度更优的解有更大的可能性被选择
个体	优化问题的解
染色体	解的编码
基因	解中每一分量的特征（如各分量的值）
适应性	适应度函数的值
种群	根据适应函数值选取的一组解
交配	通过交配原则产生一组新解的过程
变异	编码的某一个分量发生变化的过程

1.2.2 遗传算法关键步骤

一般而言，基本遗传算法设计中主要包括如下几个环节。

1. 算法参数

参数设置主要包括确定算法的种群数目、交叉概率、变异概率、进化代数。

种群数目是影响算法优化性能和效率的因素之一。种群过小会使得算法采样点不够，导致算法性能较差甚至得不到问题的可行解；种群过大会增加运算量，从而使算法收敛时间太长。在算法迭代过程中，种群数目是可变的。

交叉概率用于控制交叉操作的频率。概率太大时，种群中染色体的更新很快，会使适应值高的优秀染色体很快被破坏掉；概率太小时，交叉操作很少进行，会导致算法搜索停滞不前。

变异概率用于增加种群多样性（扩大算法搜索空间）。通常情况下，较低的变异概率就可以在整个种群中产生变异基因；而变异概率过大则会导致遗传算法的随机搜索性过强。

进化代数用于种群通过交叉、变异等变化方式转换为另一种稳定的状态。通常条件下，进化代数太小时，种群尚未形成稳定的状态（种群中包含多种不同个体）；进化代数太大时，会导致遗传算法运行时间过长。

由此可见，确定最优参数是一个极其复杂的优化问题，目前还难以从理论上对其量化取值进行合理性论证。

2. 编码

编码是指将优化问题的解表示为一种序列码的形式，从而将优化问题的解状态空间与遗传算法的编码空间对应起来。由于遗传算法的迭代搜索过程不是直接作用在优化问题本身，而是在优化问题解对应的编码空间上进行，因此编码的设计对算法性能、求解的精度与效率具有很大的影响。

一般来说，二进制编码将问题的解用一个二进制串来表示，十进制编码将问题的解用一个十进制串来表示，实数编码将问题的解用一个实数来表示。组合优化中，编码方式常常根据问题本身进行特殊设计，如旅行商问题中基于置换排列的路径编码、背包问题中基于 $0-1$ 矩阵编码等。

3. 适应度函数

适应度函数用于对染色体进行评估以决定是否选择其留存。优化问题较为简单时，通常直接利用目标函数变换成适应度函数；譬如将个体 X 的适应值 $f(X)$ 定义为 $M-c(X)$ 或 $\exp[-ac(X)]$，其中，M 为一足够大的正数，$c(X)$ 为个体的目标值，且有 $a>0$。在进行复杂问题的优化时，往往需要构造合适的评价函数，使其适应遗传算法的优化操作。

4. 遗传算子设计

优胜劣汰是设计 GA 的基本思想，它主要体现在选择、交叉、变异等遗传算子中，并对算法效率与解性能的影响重大。

选择操作是为了使适应度高的染色体得到更大的生存概率，从而避免优秀基因的损失，提高全局收敛性和计算效率。最常用的方法是基于比例的染色体选择和基于排名的染色体选择，前者以正比于染色体适应值的概率来选择相应的个体，后者则基于染色体在种群中的适应度排名来选择相应的个体。

交叉操作用于组合出新的个体，从而在解空间中进行有效搜索。二进制编码中，单点交叉随机确定一个交叉位置，然后对换相应的子代染色体；多点交叉随机确定多个交叉位置，然后对换相应的子代染色体。譬如，父代染色体为$\{(1011001),(0010110)\}$，若单点交叉位置为4，则子代染色体为$\{(1011110),(0010001)\}$；若多点交叉位置为 $(2,5)$，则子代染色体为$\{(1010101),(0011010)\}$。实数编码则可采用算术交叉，即 $x'_1=\alpha x_1+(1-\alpha)x_2$，$x'_2=\alpha x_2+(1-\alpha)x_1$，其中 $\alpha\in(0,1)$，x_1、x_2 为父代个体，x'_1、x'_2 为子代个体。

变异操作用于解决交叉操作产生子代不再进化导致的算法早熟收敛现象。该现象的根源在于优秀基因的缺损，而变异操作的优势在于增加种群的多样性，从而在一定程度上克服了这种情况。二进制或十进制编码中通常采用替换式变异，即用另一种基因替换某位置原先的基因；实数编码中通常采用扰动式变异，即为原先个体附加一定机制的扰动来实现变异。对于其他组合优化问题中的序列编码，通常可采用互换式、逆序式、插入式等变异操作。

5. 算法的终止条件

在遗传算法求解实际优化问题的过程中，需要有一定的条件来终止算法的进程。最为常用的终止条件就是事先给定一个最大进化步数，或者是判断种群最佳优化值是否连续若干步没有明显变化等。

综合上述分析，标准遗传算法主要包括如下几个基本步骤：

Step1 随机产生一组初始个体构成初始种群，并计算每一个体的适应值（Fitness Value）。

Step2 判断算法收敛准则是否满足，若满足则输出搜索结果，否则转到 Step3。

Step3 根据适应值大小以一定方式执行复制操作。

Step4 按交叉概率 P_c 执行交叉操作。

Step5 按变异概率 P_m 执行变异操作。

Step6 返回 Step2。

标准遗传算法的流程图描述如图 1-3 所示。

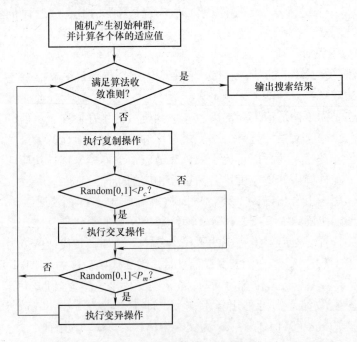

图 1-3　标准遗传算法的流程图

1.2.3　遗传算法 Matlab 程序实现

下面介绍基于遗传算法的 TSP 问题求解及 Matlab 程序实现。

```
function GATSP
CityNum = 30; % 城市数目
[dislist, Clist] = tsp(CityNum); % dislist 为城市间距离, Clist 为各城市坐标

inn = 30; % 初始种群大小
gnMax = 500;     % 最大代数
crossProb = 0.8; % 交叉概率
muteProb = 0.8; % 变异概率

% 随机产生初始种群
population = zeros(inn, CityNum); % population 为初始种群
for i = 1:inn
population(i, :) = randperm(CityNum);
end
[~, cumulativeProbs] = calPopulationValue(population, dislist);

generationNum = 1;
generationMeanValue = zeros(generationNum, 1); % 每一代的平均距离
generationMaxValue = zeros(generationNum, 1);    % 每一代的最短距离
bestRoute = zeros(inn, CityNum); % 最佳路径
newPopulation = zeros(inn, CityNum); % 新的种群
while generationNum < gnMax + 1
    for j = 1:2:inn
selectedChromos = select(cumulativeProbs); % 选择操作
crossedChromos = cross(population, selectedChromos, crossProb); % 交叉操作
newPopulation(j, :) = mut(crossedChromos(1, :), muteProb); % 变异操作
newPopulation(j + 1, :) = mut(crossedChromos(2, :), muteProb); % 变异操作
    end
    population = newPopulation;     % 产生了新的种群
    [populationValue, cumulativeProbs] = calPopulationValue(population, dislist);
    % 记录当前代最好和平均的适应度
    [fmax, nmax] = max(populationValue);
generationMeanValue(generationNum) = 1/mean(populationValue);
generationMaxValue(generationNum) = 1/fmax;
```

```matlab
bestChromo = population( nmax,: );    % 前代最佳染色体，即对应的路径
bestRoute( generationNum,: ) = bestChromo;  % 记录每一代的最佳染色体
drawTSP( Clist,bestChromo,generationMaxValue( generationNum ),generationNum,0 );
generationNum = generationNum + 1;
end
[ bestValue,index ] = min( generationMaxValue );
drawTSP( Clist,bestRoute( index,: ),bestValue,index,1 );

figure( 2 );
plot( generationMaxValue,' r ' );
hold on;
plot( generationMeanValue,' b ' );
grid;
title( '搜索过程' );
legend( '最优解','平均解' );
fprintf( '遗传算法得到的最短距离:%. 2f\n ',bestValue );
fprintf( '遗传算法得到的最短路线' );
disp( bestRoute( index,: ) );
end


% – – – – – – – – – – – – – – – – –
% 计算所有染色体的适应度
function [ chromoValues,cumulativeProbs ] = calPopulationValue( s,dislist )
inn = size( s,1 );    % 读取种群大小
chromoValues = zeros( inn,1 );
for i = 1:inn
chromoValues( i ) = CalDist( dislist,s( i,: ) );  % 计算每条染色体的适应度
end
chromoValues = 1. /chromoValues ';
% 根据个体的适应度计算其被选择的概率
fsum = 0;
for i = 1:inn
% 乘以 15 次方是为了好的个体被选取的概率更大
fsum = fsum + chromoValues( i )^15;
end
% 计算单个概率
```

```
probs = zeros(inn,1);
for i = 1:inn
    probs(i) = chromoValues(i)^15/fsum;
end
% 计算累积概率
cumulativeProbs = zeros(inn,1);
cumulativeProbs(1) = probs(1);
for i = 2:inn
cumulativeProbs(i) = cumulativeProbs(i-1) + probs(i);
end
cumulativeProbs = cumulativeProbs';
end


% - - - - - - - - - - - - - - - - -
% 选择操作, 返回所选择染色体在种群中对应的位置
% cumulatedPro 所有染色体的累积概率
function selectedChromoNums = select(cumulatedPro)
selectedChromoNums = zeros(2,1);
% 从种群中选择两个个体, 最好不要两次选择同一个个体
for i = 1:2
    r = rand;    % 产生一个随机数
prand = cumulatedPro - r;
    j = 1;
    while prand(j) < 0
        j = j+1;
    end
selectedChromoNums(i) = j;  % 选中个体的序号
    if i == 2 && j == selectedChromoNums(i-1)      % 若相同就再选一次
        r = rand;    % 产生一个随机数
prand = cumulatedPro - r;
        j = 1;
        while prand(j) < 0
            j = j+1;
        end
    end
end
```

```
    end

%  -  -  -  -  -  -  -  -  -  -  -  -  -  -  -  -  -
%  "交叉"操作
function crossedChromos = cross( population, selectedChromoNums, crossProb)
length = size( population,2) ; % 染色体的长度
crossProbc = crossMuteOrNot( crossProb) ;   % 根据交叉概率决定是否进行交叉
操作
crossedChromos(1,:) = population( selectedChromoNums(1) ,:) ;
crossedChromos(2,:) = population( selectedChromoNums(2) ,:) ;
if crossProbc = = 1
    c1 = round( rand * ( length -2) ) +1;   % 随机产生交叉位 c1
    c2 = round( rand * ( length -2) ) +1;   % 随机产生交叉位 c2
    chb1 = min( c1,c2) ;
    chb2 = max( c1,c2) ;
    middle = crossedChromos(1,chb1 +1:chb2) ; % chb1 与 chb2 互换位置
crossedChromos(1,chb1 +1:chb2) = crossedChromos(2,chb1 +1:chb2) ;
crossedChromos(2,chb1 +1:chb2) = middle;
    for i =1:chb1 % 看交叉后染色体上是否有相同编码的情况
        while find( crossedChromos(1,chb1 +1:chb2) = = crossedChromos(1,i) )
            location = find( crossedChromos(1,chb1 +1:chb2) = = crossedChro-
mos(1,i) ) ;
            y = crossedChromos(2,chb1 + location) ;
            crossedChromos(1,i) = y;
        end
        while find( crossedChromos(2,chb1 +1:chb2) = = crossedChromos(2,i) )
            location = find( crossedChromos(2,chb1 +1:chb2) = = crossedChromos
(2,i) ) ;
            y = crossedChromos(1,chb1 + location) ;
            crossedChromos(2,i) = y;
        end
    end
    for i = chb2 +1:length
        while find( crossedChromos(1,1:chb2) = = crossedChromos(1,i) )
            location = logical( crossedChromos(1,1:chb2) = = crossedChromos
(1,i) ) ;
```

```matlab
                y = crossedChromos(2,location);
crossedChromos(1,i) = y;
        end
        while find(crossedChromos(2,1:chb2) = = crossedChromos(2,i))
            location = logical(crossedChromos(2,1:chb2) = = crossedChromos
(2,i));
                y = crossedChromos(1,location);
crossedChromos(2,i) = y;
        end
    end
end
end


% - - - - - - - - - - - - - - - - -
% "变异"操作
% choromo 为一条染色体
function snnew = mut(chromo,muteProb)
length = size(chromo,2); % 染色体的长度
snnew = chromo;
muteProbm = crossMuteOrNot(muteProb);   % 根据变异概率决定是否进行变异
操作
if muteProbm = = 1
    c1 = round(rand * (length - 2)) + 1;   % 随机产生变异位
    c2 = round(rand * (length - 2)) + 1;   % 随机产生变异位
    chb1 = min(c1,c2);
    chb2 = max(c1,c2);
    x = chromo(chb1 + 1:chb2);
snnew(chb1 + 1:chb2) = fliplr(x); % 变异
end
end


% 根据变异或交叉概率,返回一个 0 或 1 的数
function crossProbc = crossMuteOrNot(crossMuteProb)
test(1:100) = 0;
l = round(100 * crossMuteProb);
test(1:l) = 1;
```

```matlab
n = round(rand * 99) + 1;
crossProbc = test(n);
end
```

```matlab
% - - - - - - - - - - - - - - - -
% 计算一条染色体的适应度
% dislist 为所有城市相互之间的距离矩阵
% chromo 为一条染色体，即一条路径
function chromoValue = CalDist(dislist, chromo)
DistanV = 0;
n = size(chromo, 2); % 染色体的长度
for i = 1:(n - 1)
DistanV = DistanV + dislist(chromo(i), chromo(i + 1));
end
DistanV = DistanV + dislist(chromo(n), chromo(1));
chromoValue = DistanV;
end
```

```matlab
% - - - - - - - - - - - - - - - -
% 画图
% Clist 为城市坐标
% route 为一条路径
function drawTSP(Clist, route, generationValue, generationNum, isBestGeneration)
CityNum = size(Clist, 1);
for i = 1:CityNum - 1
    plot([Clist(route(i), 1), Clist(route(i + 1), 1)], [Clist(route(i), 2), Clist(route(i + 1), 2)], 'ms - ', 'LineWidth', 2, 'MarkerEdgeColor', 'k', 'MarkerFaceColor', 'g');
    text(Clist(route(i), 1), Clist(route(i), 2), ['  ', int2str(route(i))]);
    text(Clist(route(i + 1), 1), Clist(route(i + 1), 2), ['  ', int2str(route(i + 1))]);
    hold on;
end
plot([Clist(route(CityNum), 1), Clist(route(1), 1)], [Clist(route(CityNum), 2), Clist(route(1), 2)], 'ms - ', 'LineWidth', 2, 'MarkerEdgeColor', 'k', 'MarkerFaceColor', 'g');
title([num2str(CityNum), '城市 TSP']);
```

16

```matlab
        end
    hold off;
    pause(0.005);
end


% - - - - - - - - - - - - - - - - -
%城市位置坐标
function [DLn,cityn] = tsp(n)
DLn = zeros(n,n);
if n = = 10
    city10 = [0.4 0.4439;0.2439 0.1463;0.1707 0.2293;0.2293 0.761;0.5171
            0.9414;0.8732 0.6536;0.6878 0.5219;0.8488 0.3609;0.6683
            0.2536;0.6195 0.2634];
    for i = 1:10
        for j = 1:10
            DLn(i,j) = ((city10(i,1) - city10(j,1))^2 + (city10(i,2) - city10
(j,2))^2)^0.5;
        end
    end
    cityn = city10;
end
if n = = 30
    city30 = [41 94;37 84;54 67;25 62;7 64;2 99;68 58;71 44;54 62;83 69;64
            60;18 54;22 60;83 46;91 38;25 38;24 42;58 69;71 71;74 78;87 76;
            18 40;13 40;82 7;62 32;58 35;45 21;41 26;44 35;4 50];
    for i = 1:30
        for j = 1:30
            DLn(i,j) = ((city30(i,1) - city30(j,1))^2 + (city30(i,2) - city30
(j,2))^2)^0.5;
        end
    end
    cityn = city30;
end
if n = = 50
```

```
city50 = [31 32;32 39;40 30;37 69;27 68;37 52;38 46;31 62;30 48;21 47;
        25 55;16 57;17 63;42 41;17 33;25 32;5 64;8 52;12 42;7 38;5
        25;10 77;45 35;42 57;32 22;27 23;56 37;52 41;49 49;58 48;57
        58;39 10;46 10;59 15;51 21;48 28;52 33;58 27;61 33;62 63;20
        26;5 6;13 13;21 10;30 15;36 16;62 42;63 69;52 64;43 67];
    for i = 1:50
        for j = 1:50
            DLn(i,j) = ((city50(i,1) - city50(j,1))^2 + (city50(i,2) - city50
(j,2))^2)^0.5;
        end
    end
    cityn = city50;
    end
    if n = = 75
    city75 = [48 21;52 26;55 50;50 50;41 46;51 42;55 45;38 33;33 34;45 35;40
        37;50 30;55 34;54 38;26 13;15 5;21 48;29 39;33 44;15 19;16 19;
        12 17;50 40;22 53;21 36;20 30;26 29;40 20;36 26;62 48;67 41;62
        35;65 27;62 24;55 20;35 51;30 50;45 42;21 45;36 6;6 25;11 28;26
        59;30 60;22 22;27 24;30 20;35 16;54 10;50 15;44 13;35 60;40 60;
        40 66;31 76;47 66;50 70;57 72;55 65;2 38;7 43;9 56;15 56;10 70;
        17 64;55 57;62 57;70 64;64 4;59 5;50 4;60 15;66 14;66 8;43 26];
    for i = 1:75
        for j = 1:75
            DLn(i,j) = ((city75(i,1) - city75(j,1))^2 + (city75(i,2) - city75
(j,2))^2)^0.5;
        end
    end
    cityn = city75;
    end
    end
```

1.3 禁忌搜索算法

禁忌搜索（Tabu Search，TS）是 Glover 于 1986 年提出的一种启发式算法，其本质是基于人类智力过程模拟的一种全局逐步寻优算法，亦是对局部邻域搜索算法的一种扩展。禁忌搜索算法的机理是，通过引入一个灵活的存储结构和相应的禁忌准则避免迂回搜索，并通过藐视准则来赦免一些被禁忌的优良状态，以保证多样化的有效探索，最终实现全局优化。禁忌搜索算法不仅在生产调度、机器学习、组合优化以及神经网络等领域运用广泛，同时在函数全局优化方面得到较多的研究。

1.3.1 禁忌搜索算法基本原理

在介绍禁忌搜索算法原理之前，先简单介绍一下局部邻域搜索算法。局部邻域搜索算法是基于贪婪思想在当前解的邻域中进行寻优，虽然算法通用性强且容易实现，但算法容易陷入局部极小而无法保证全局优化性，输出解的优劣在很大程度上依赖于初始解的选择和解的邻域结构。针对局部邻域搜索算法的缺陷，改进的途径主要包括如下几个策略：①以可控概率接受劣解来逃逸局部极小，如模拟退火算法；②扩大邻域搜索结构，如将旅行商问题邻域搜索的 2 – opt 扩展到 k – opt；③多点并行搜索，如进化计算；④采用禁忌策略尽量避免迂回搜索，它本质上是一种确定性的局部极小突跳策略。

禁忌搜索是局部邻域搜索策略的一种扩展，其最重要的思想是标记对应已搜索到的局部最优解的一些对象，并在进一步的迭代搜索中尽量避开这些对象，从而保证对不同的有效搜索途径的探索。禁忌搜索涉及邻域（Neighborhood）、禁忌表（Tabu list）、禁忌长度（Tabu length）、候选解（Candidate）和藐视准则（Aspiration criterion）等概念，我们首先用一个示例来理解禁忌搜索及其重要概念，而后给出算法的一般流程。

组合优化是禁忌搜索算法应用最多的领域，旅行商问题是组合优化问题领域的典型代表，故本节基于该问题对禁忌搜索算法的思想和操作进行阐述与说明。对于包含 n 个节点的旅行商问题，其可行解排列状态数为 $n!$，因此旅行商问题又属于一类置换问题。当 n 较大时，搜索空间的大小将是天文数字，而禁忌搜索可通过探索少数解来得到满意的优化解。

首先，我们对置换问题定义一种邻域搜索结构，如互换操作（SWAP），即随机交换两个点的位置，则每个状态的邻域解有 $C_n^2 = n(n-1)/2$ 个。定义从一个状态转移到其邻域中的另一个状态为一次移动（move），显然每次移动将导致适配值（反比于目标函数值）的变化。

其次，我们采用一个存储结构来区分移动的属性，即是否为禁忌"对象"。在以下示例中：考虑元素 $n = 7$ 的置换问题，并用每一状态的相应 21 个邻域解中最优的 5 次移动（对应最佳的 5 个适配值）作为候选解；为一定程度上防止迂回搜索，每个被采纳的移动在禁忌表中将滞留 3 步（即禁忌长度），即本次移动在以下连续 3 步搜索中将被视为禁忌对象；需要指出的是，由于当前的禁忌对象对应状态的适配值可能很好，因此在算法中设置判断，若禁忌对象对应的适配值优于"Best so far"状态，则无视其禁忌属性而仍采纳其为当前选择，也就是通常所说的藐视准则（或称特赦准则）。

第1步（图1-4），随机初始状态为（2573461），其适配值为10，禁忌表被初始化为空。在当前解由SWAP操作得到的最佳5个候选解中，由（5，4）互换后得到解的适配值为16，因此当前解更新为（2473561），并把（5，4）加入禁忌表中。

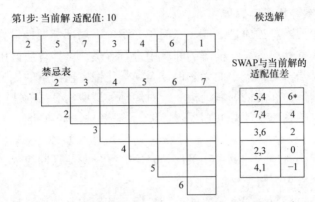

图1-4　禁忌搜索方法（第1步）

第2步（图1-5），当前状态为（2473561），其适配值为16，此时禁忌表中（4，5）处为3，表示它将被禁忌3步。此时，当前解的候选解中（3，1）互换将使适配值增加2，从而将当前解更新为（2471563），并把（3，1）加入到禁忌表中。

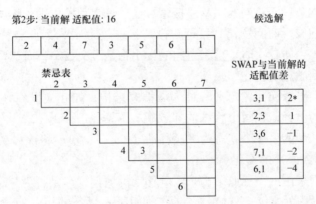

图1-5　禁忌搜索方法（第2步）

第3步（图1-6），当前解为（2471563），其适配值为18，由于（4，5）已被禁忌了一步，因此它在禁忌表中的值减至2（当值减为0时解禁），而（1，3）对应的值为3。此时，由于当前解的5个最佳候选解都不能使适配值得到提高，而禁忌算法却无视这一点（这也是算法实现局部解突跳的一个关键点），同时由于（1，

3）和（4，5）是禁忌对象，因此算法在候选解集中选择非禁忌的最佳候选解为下一个当前状态，即互换（2，4）导致的解，其适配值降为14，并把（2，4）加入禁忌表。

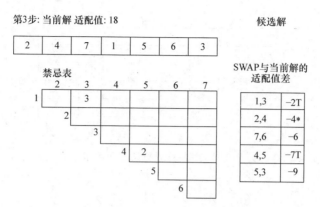

图1-6　禁忌搜索方法（第3步）

第4步（图1-7），当前解为（4271563），其适配值为14，（4，5）、（1，3）在禁忌表中的值相应减少，而（2，4）对应的值为3。此时，当前解的5个最佳候选解中，虽然互换（4，5）是禁忌对象，但由于它导致的适配值为20，优于"Best so far"状态，因此算法仍选择它为下一个当前状态，即（5271463），并重新置（4，5）在禁忌表中的值为3，这就是藐视准则为防止遗失最优解的作用。进而，搜索过程转入第5步（图1-8），并按相同的机理持续到算法终止条件成立。

可见，简单的禁忌搜索是在邻域搜索的基础上，通过设置禁忌表来禁忌一些已经历的操作，并利用藐视准则来奖励一些优良状态。其中，邻域结构、候选解、禁忌长度、禁忌对象、藐视准则、终止准则等是影响禁忌搜索算法性能

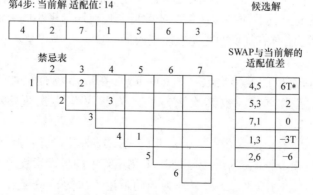

图1-7　禁忌搜索方法（第4步）

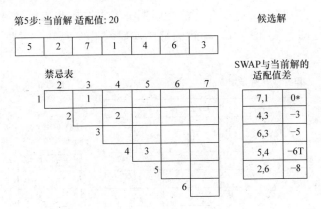

图 1-8　禁忌搜索方法（第 5 步）

的关键。

需要指出的是：

1）由于禁忌搜索算法是局部邻域搜索算法的一种扩充，因此邻域结构设计决定了当前解的邻域解的产生形式和数目，以及各个解之间的联系。

2）出于改善算法的优化时间性能考虑，若邻域结构决定了大量的邻域解（尤其对于大规模问题，如旅行商的 SWAP 操作将产生 C_n^2 个邻域解），则可以仅尝试部分互换的结果，而候选解也仅取其中的少量最佳状态。

3）禁忌长度是一个很重要的关键参数，它决定了禁忌对象的任期，其大小将直接影响整个算法的搜索进程和行为。在以上示例中，禁忌表中禁忌对象的替换采用了先进先出（FIFO）方式（不考虑藐视准则的作用），当然也可以采用其他方式，甚至是动态自适应的方式。

4）藐视准则的设置是算法避免遗失优良状态，激励对优良状态的局部搜索，进而实现全局优化的关键步骤。

5）对于非禁忌候选状态，算法无视它与当前状态的适配值的优劣关系，仅考虑它们中间的最佳状态为下一步决策，如此可实现对局部极小的突跳。

6）为了使算法具有优良的优化性能或时间性能，必须设置一个合理的终止准则来结束整个搜索过程。

此外，禁忌对象的被禁次数（Frequency）在许多场合也被用于指导搜索，以取得更大的搜索空间。被禁次数越高，通常可认为出现循环搜索的概率越大。

图 1-9 所示为禁忌搜索方法（第 k 步）。禁忌表左下角矩阵中的各元素表示禁忌对象到当前搜索步数的被禁次数，而右上角矩阵中的各元素表示当前禁忌对象的任期，即（4，1）、（6，3）、（7，4）为当前最近 3 次的禁忌对象。考虑到被禁次数，可以用惩罚值替代与当前解的适配值差进行决策，从而驱动搜索分散到其他区域。譬如，对每一性能无改进的非禁忌的 SWAP 操作，设置其惩罚值为它对应的

搜索状态与当前状态的适配值的差减去其被禁次数。那么，对于第 k 步搜索，首先，（1，4）是禁忌对象且不满足藐视准则，因此不被采纳为下一步决策；其次，虽然（2，4）对应的状态与当前状态的差在非禁忌状态中是最好的，但它已被禁忌 5 次，因此将其惩罚值设置为 -6；（3，7）是非禁忌对象，其惩罚值为 -3，这在所有候选解中是最好的，因此取其为下一步决策，也即新的当前解将是（1762354）。显然，这种操作的目的是避免搜索过分集中在某些操作上，即避免搜索在很大程度上集中在某区域中。

图 1-9　禁忌搜索方法（第 k 步）

1.3.2　禁忌搜索算法关键步骤

通过上述示例的介绍，基本上了解了禁忌搜索的机制和步骤。简单禁忌搜索算法的基本思想是：给定一个当前解（初始解）和一种邻域，然后在当前解的邻域中确定若干候选解；若最佳候选解对应的目标值优于"Best so far"状态，则忽视其禁忌特性，用其替代当前解和"Best so far"状态，并将相应的对象加入禁忌表，同时修改禁忌表中各对象的任期；若不存在上述候选解，则在候选解中选择非禁忌的最佳状态为新的当前解，而无视它与当前解的优劣，同时将相应的对象加入禁忌表，并修改禁忌表中各对象的任期；如此重复上述迭代搜索过程，直至满足停止准则。

综合上述分析，标准禁忌搜索算法主要包括如下几个基本步骤：

Step1　给定算法参数，随机产生初始解 x，置禁忌表为空。

Step2　判断算法终止条件是否满足。若是，则结束算法并输出优化结果；否则，继续进行以下步骤。

Step3　利用当前解 Z 的邻域函数产生其所有（或若干）邻域解，并从中确定若干候选解。

Step4　对候选解判断藐视准则是否满足。若成立，则用满足藐视准则的最佳

状态 y 替代 x 成为新的当前解，即 $x = y$，并用与之对应的禁忌对象替换最早进入禁忌表的禁忌对象，同时用 y 替换 "Best so far" 状态，然后转到 Step6；否则，继续以下步骤。

Step5 判断候选解对应的各对象的禁忌属性，选择候选解集中非禁忌对象对应的最佳状态为新的当前解，同时用与之对应的禁忌对象替换最早进入禁忌表的禁忌对象元素。

Step6 转到步骤 Step2。

禁忌搜索算法流程图如图 1-10 所示。

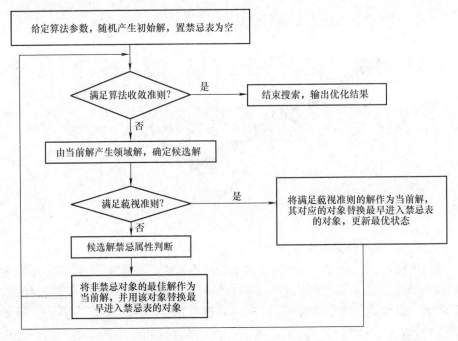

图 1-10　禁忌搜索算法流程图

显而易见，邻域函数、禁忌对象、禁忌表和藐视准则是禁忌搜索算法的关键。其中，邻域函数沿用局部邻域搜索的思想，用于实现邻域搜索；禁忌表和禁忌对象的设置，体现了算法避免迂回搜索的特点；藐视准则则是对优良状态的奖励，它是对禁忌策略的一种放松。需要指出的是，上述算法仅是一种简单的禁忌搜索框架，对于各关键环节复杂和多样化的设计，则可构造出各种禁忌搜索算法。同时，算法流程中的禁忌对象，可以是搜索状态，也可以是特定的搜索操作，甚至可以是搜索目标值等。

由于禁忌搜索算法的记忆功能和藐视准则，并且在搜索过程中可以接受劣解，因此具有较强的"爬山"能力，搜索时能够跳出局部最优解，转向解空间的其他区域，从而增强获得更好的全局最优解的概率。与传统的优化算法相比，禁忌搜索算法是一种局部搜索能力很强的全局迭代寻优算法。但是，禁忌搜索算法不足之处也较为明显：

1）对初始解依赖性较强，较好的初始解可使算法在解空间中搜索到好的解，而较差的初始解则会降低算法的收敛速度。

2）迭代搜索过程是串行的，仅是单一状态的移动，而非并行搜索。为了进一步改善禁忌搜索的性能，一方面可以对禁忌搜索算法本身的操作和参数选取进行改进，另一方面则可以与模拟退火、遗传算法、神经网络以及基于问题信息的局部搜索相结合。

1.3.3　禁忌搜索算法 Matlab 程序实现

下面介绍基于禁忌搜索算法的 TSP 问题求解及 Matlab 程序实现。

```
clear all;
close all;
clc;
C = [1304 2312;3639 1315;4177 2244;3712 1399;3488 1535;3326 1556;...
    3238 1229;4196 1044;4312 790;4386 570;3007 1970;2562 1756;...
    2788 1491;2381 1676;1332 695;3715 1678;3918 2179;4061 2370;...
    3780 2212;3676 2578;4029 2838;4263 2931;3429 1908;3507 2376;...
    3394 2643;3439 3201;2935 3240;3140 3550;2545 2357;2778 2826;...
    2370 2975];%31 个省会城市坐标
N = size(C,1);   % TSP 问题的规模，即城市数目
D = zeros(N);    % 任意两个城市距离间隔矩阵
% 求任意两个城市距离间隔矩阵
for i = 1:N
    for j = 1:N
        D(i,j) = ((C(i,1) - C(j,1))^2 + (C(i,2) - C(j,2))^2)^0.5;
    end
end
Tabu = zeros(N);   % 禁忌表
TabuL = round((N * (N - 1)/2)^0.5);   % 禁忌长度
Ca = 200;   % 候选集的个数(全部领域解个数)
CaNum = zeros(Ca,N);   % 候选解集合
S0 = randperm(N);   % 随机产生初始解
bestsofar = S0;   % 当前最佳解
BestL = Inf;   % 当前最佳解距离
figure(1);
```

```
p = 1;
Gmax = 1000;  %最大迭代次数
%禁忌搜索循环%
while p < Gmax
ALong(p) = func1(D,S0);  %当前解适配值
%%交换城市%
i = 1;
A = zeros(Ca,2);    %解中交换的城市矩阵
%求领域解中交换的城市矩阵%
while i < = Ca
    M = N * rand(1,2);
    M = ceil(M);
    if M(1) ~ = M(2)
        A(i,1) = max(M(1),M(2));
        A(i,2) = min(M(1),M(2));
        if i = = 1
            isa = 0;
        else
            for j = 1:i - 1
                if A(i,1) = = A(j,1) && A(i,2) = = A(j,2)
                    isa = 1;
                    break;
                else
                    isa = 0;
                end
            end
        end
        if ~ isa
            i = i + 1;
        else
        end
    else
    end
end
%保留前 BestCaNum 个最好候选解%
```

```
BestCaNum = Ca/2;
BestCa = Inf * ones(BestCaNum,4);
F = zeros(1,Ca);
for i = 1:Ca
CaNum(i,:) = S0;
CaNum(i,[A(i,2),A(i,1)]) = S0([A(i,1),A(i,2)]);
F(i) = func1(D,CaNum(i,:));
if i < = BestCaNum
BestCa(i,2) = F(i);
BestCa(i,1) = i;
BestCa(i,3) = S0(A(i,1));
BestCa(i,4) = S0(A(i,2));
    else
        for j = 1:BestCaNum
            if F(i) < BestCa(j,2)
                BestCa(j,2) = F(i);
                BestCa(j,1) = i;
                BestCa(j,3) = S0(A(i,1));
                BestCa(j,4) = S0(A(i,2));
                break;
            end
        end
    end
end
[JL,Index] = sort(BestCa(:,2));
SBest = BestCa(Index,:);
BestCa = SBest;
%藐视准则%
if BestCa(1,2) < BestL
    BestL = BestCa(1,2);
    S0 = CaNum(BestCa(1,1),:);
    bestsofar = S0;
    for m = 1:N
        for n = 1:N
            if Tabu(m,n) ~ = 0
                Tabu(m,n) = Tabu(m,n) - 1;   % 更新禁忌表
```

```
                    end
                end
            end
        Tabu(BestCa(1,3),BestCa(1,4)) = TabuL;    %更新禁忌表
        else
            for i = 1:BestCaNum
                if Tabu(BestCa(i,3),BestCa(i,4)) = = 0
                    S0 = CaNum(BestCa(i,1),:);
                for m = 1:N
                    for n = 1:N
                        if Tabu(m,n) ~ = 0
                            Tabu(m,n) = Tabu(m,n) - 1;    %更新禁忌表
                        end
                    end
                end
                    Tabu(BestCa(i,3),BestCa(i,4)) = TabuL;    %更新禁忌表
                    break;
                end
            end
        end
        ArrBestL(p) = BestL;
        p = p + 1;
        for i = 1:N - 1
            plot([C(bestsofar(i),1),C(bestsofar(i+1),1)],[C(bestsofar(i),2),C(be-
stsofar(i+1),2)],'bo - ');
            hold on;
        end
        plot([C(bestsofar(N),1),C(bestsofar(1),1)],[C(bestsofar(N),2),C(bestso-
far(1),2)],'ro - ');
        title(['优化最短距离:',num2str(BestL)]);
        hold off;
        pause(0.005);
    end
    BestShortcut = bestsofar;          %最佳路线
    theMinDistance = BestL;            %最佳路线长度
    figure(2);
```

plot(ArrBestL) ;
xlabel('迭代次数')
ylabel('目标函数值')
title('适应度进化曲线')

1.4　模拟退火算法

模拟退火算法（Simulated Annealing, SA）的思想最早是由 Metropolis 等人于 1953 年提出的；1983 年，Kirkpatrick 等人将其用于组合优化。模拟退火算法是基于 Mente Carlo 迭代求解策略的一种随机寻优算法，其出发点是基于物理中固体物质的退火过程与一般组合优化问题之间的相似性。模拟退火算法机理是，从某一初温开始，在整体温度参数不断下降的条件下，结合概率突跳搜索机制在定义域空间随机寻找全局最优解。模拟退火算法具有较强的通用性，目前已在生产调度、控制工程、机器学习、图像处理及组合优化等工程领域得到了广泛应用。

1.4.1　模拟退火算法基本原理

模拟退火算法的基本原理是基于对物理退火过程的模拟，因此我们首先对物理退火过程进行简单介绍。

1. 物理退火过程和 Metropolis 准则

简单来说，物理退火过程由以下三部分组成：

1）加温过程。其目的是增强粒子的热运动，使其偏离平衡位置。当温度足够高时，固体将溶解为液体，从而消除系统原先可能存在的非均匀态，使随后进行的冷却过程以某一平衡态为起点。

2）等温过程。物理学的知识告诉我们，对于与周围环境交换热量而温度不变的封闭系统而言，系统状态的自发变化总是朝自由能减少的方向进行，当自由能达到最小时，系统达到平衡态。

3）冷却过程。其目的是使粒子的热运动减弱并渐趋有序，系统能量逐渐下降，从而得到低能的晶体结构。

固体在恒定温度下达到热平衡的过程可以用 Monte Carlo 方法进行模拟，由于物理系统倾向于维持能量较低的状态，而热运动又妨碍其向低能量状态转化。因此，Metropolis 等人在 1953 年提出了概率接受新状态：

在温度 t 下，由当前状态 i 产生新状态 j，两者的能量分别为 E_i 和 E_j，若 $E_j < E_i$，则接受新状态 j 为当前状态。否则，若概率 $P_r = \exp[-(E_j - E_i)/kt]$ 大于 $[0, 1)$ 区间内的随机数，则接受新状态 j 为当前状态；若不成立，则保留状态 i 为当前状态；其中，k 是 Boltzmann 常数。当这种过程多次重复，即经过大量迁移后，系统将趋于能量较低的平衡态，各状态的概率分布将趋于某种正则分布，如 Gibbs 正则分布。同时，我们也可以看到，这种重要性采样过程在高温下可接受与

当前状态能量差异较大的新状态，而在低温下基本只接受与当前能量差异较小的新状态，这与不同温度下热运动的影响完全一致，而且当温度趋于零时，就不能接受比当前状态能量高的新状态，这种接受准则通常称为 Metropolis 准则。

2. 物理退火与组合优化的相似性

前文已指出，所谓组合优化即寻找最优解 s^*，使得 $\forall s_i \in \Omega, C(s^*) = \min C(s_i)$，其中 $\Omega = \{s_1, s_2, \cdots, s_n\}$ 为所有状态构成的解空间，$C(s_i)$ 为状态 s_i 对应的目标函数值。基于 Metropolis 接受准则的优化过程，可避免搜索过程陷入局部极小，并最终趋于问题的全局最优解，如图 1-11 所示。相比之下，传统的"爬山"方法显然做不到这一点，从而也对初值具有依赖。

图 1-11　基于 Metropolis 接受准则的优化过程

因此，基于 Metropolis 接受准则的最优化过程与物理退火过程存在一定的相似性，其对比分析见表 1-3。

表 1-3　物理退火过程与最优化过程对比分析

组合优化	物理退火	组合优化	物理退火
解	粒子状态	Metropolis 抽样	等温过程
最优解	能量最低态	控制参数的下降	冷却
设定初温	溶解过程	目标函数	能量

1.4.2　模拟退火算法关键步骤

从算法设计来看，模拟退火算法关键部分包括三函数两准则，即状态产生函数、状态接受函数、初始温度、温度更新函数、内循环终止准则和外循环终止准则，这些环节的设计将决定模拟退火算法的优化性能。

1. 状态产生函数

设计状态产生函数（邻域函数）的出发点应该是尽可能保证产生的候选解遍布全部解空间。通常，状态产生函数由两部分组成，即产生候选解的方式和候选解产生的概率分布。前者决定由当前解产生候选解的方式，后者决定在当前解产生的候选解中选择不同状态的概率。候选解的产生方式由问题的性质决定，通常在当前状态的邻域结构内以一定概率方式产生，而邻域函数和概率方式可以多样化设计，其中概率分布可以是均匀分布、正态分布、指数分布和柯西分布等。

2. 状态接受函数

状态接受函数一般以概率的方式给出，不同接受函数的差别主要在于接受概率的形式不同。设计状态接受概率时，应该遵循以下原则：

1）在固定温度下，接受使目标函数值下降的候选解的概率要大于使目标函数值上升的候选解的概率。

2）随着温度的下降，接受使目标函数值上升的解的概率要逐渐减小。

3）当温度趋于零时，只能接受目标函数值下降的解。

状态接受函数的引入是模拟退火算法实现全局搜索的最关键的因素，但实验表明，状态接受函数的具体形式对算法性能的影响并不显著。因此，模拟退火算法中通常采用 $\min[1, \exp(-\Delta C/t)]$ 作为状态接受函数。

3. 初始温度

初始温度 t_0、温度更新函数、内循环终止准则和外循环终止准则通常被称为退火历程（Annealing Schedule）。

实验表明，初温越高，获得高质量解的概率就越大，但花费的计算时间将增加。因此，初温的确定应折中考虑优化质量和优化效率，常用方法包括：

1）均匀抽样一组状态，以各状态目标值的方差为初温。

2）随机产生一组状态，确定两两状态间的最大目标值差 $|\Delta_{max}|$，然后依据差值，利用一定的函数确定初温。譬如 $t_0 = -\Delta_{max}/\ln P_r$，其中 P_r 为初始接受概率。若取 P_r 接近1，且初始随机产生的状态能够在一定程度上表征整个状态空间时，则算法将以几乎等同的概率接受任意状态，完全不受极小解的限制。

3）利用经验公式给出。

4. 温度更新函数

温度更新函数，即温度的下降方式，用于在外循环中修改温度值。模拟退火算法要求温度最终趋于零，而对温度的下降速度没有任何限制，但这并不意味着可以使温度下降得很快，因为在收敛条件中要求各温度下产生的候选解数目无穷大，显然这在实际应用时是无法实现的。通常，各温度下产生的候选解越多，温度下降速度可以越快。

目前，最常用的温度更新函数为指数退温，即 $t_{k+1} = \lambda t_k$，其中 $0 < \lambda < 1$ 且其大小可以不断变化。

5. 内循环终止准则

内循环终止准则，或称 Metropolis 抽样稳定准则，用于决定在各温度下产生的候选解的数目。收敛性条件要求在每个温度下产生的候选解数目趋于无穷大，以使相应的马氏链达到平稳概率分布，显然这在实际应用算法时是无法实现的。常用的抽样稳定准则包括：

1）检验目标函数的均值是否稳定。

2）连续若干步的目标值变化较小。

3）按一定的步数抽样。

6. 外循环终止准则

外循环终止准则，即算法终止准则，用于决定算法何时结束。设置温度终值 t_e 是一种简单的方法。模拟退火算法的收敛性理论中要求 t_e 趋于零，这显然是不实际的，通常的做法包括：

1）设置终止温度的阈值。

2）设置外循环迭代次数。

3）算法搜索到的最优值连续若干步保持不变。

4）检验系统熵是否稳定。

综合上述分析，标准模拟退火算法主要包括如下几个基本步骤：

Step1 给定初温 $t = t_0$，随机产生初始状态 $s = s_0$，令 $k = 0$。

Step2 循环：

① Repeat

a. 产生新状态 $s_j = \text{Genete}(s)$。

b. 若 $\min\{1, \exp[-(C(s_j) - C(s))/t_k]\} \geqslant \text{random}[0,1]$，则令 $s = s_j$。

c. 直到抽样稳定准则满足。

② 退温 $t_{k+1} = \text{update}(t_k)$，并令 $k = k + 1$。

Step3 算法终止判定。

Step4 输出算法搜索结果。

标准模拟退火算法流程图如图 1-12 所示。

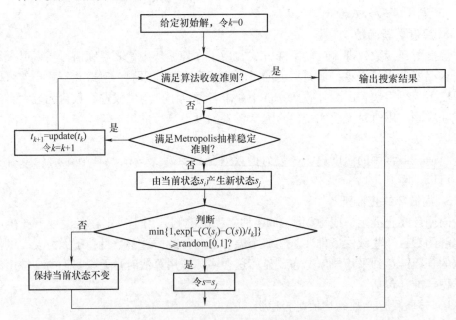

图 1-12　标准模拟退火算法流程图

从算法结构可知，状态产生函数、状态接受函数、温度更新函数、内循环终止准则和外循环终止准则（简称三函数两准则）以及初始温度是直接影响算法优化结果的主要环节。模拟退火算法的实验性能具有质量高、初值鲁棒性强、通用易实现的优点。但是，为寻到最优解，算法通常要求较高的初温、较慢的降温速率、较低的终止温度以及各温度下足够多次的抽样，因而模拟退火算法的优化过程通常较长，这也是 SA 算法最大的缺点。因此，在保证一定优化质量的前提下提高算法的搜索效率，是对 SA 进行改进的主要内容。

1.4.3　模拟退火算法 Matlab 程序实现

下面介绍基于模拟退火算法的 TSP 问题求解及 Matlab 程序实现。

```matlab
%模拟退火算法源程序
clear;clc;
%f 为目标函数最优值,T 为最优路线,d 为距离矩阵,t0 为初始温度,tf 为结束温度
t0 = 9999;
tf = e - 4;
C = [1304,2312;3639,1315;4177,2244;3712,1399;3488,1535;3326,1556;
    3238,1229;4196,1004;4312,790;4386,570;3007,1970;2562,1756;
    2788,1491;2381,1676;1332,695;3715,1678;3918,2179;4061,2370;
    3780,2212;3676,2578;4029,2838;4263,2931;3429,1908;3507,2367;
    3394,2643;3439,3201;2935,3240;3140,3550;2545,2357;2778,2826;
2370,2975];
d = zeros(size(C,1),size(C,1));
for i = 1:size(C,1)
   for i = 1:size(C,2)
     if i ~ = j
       d(i,j) = sqrt((C(i,1) - C(j,1))^2 + (C(i,2) - C(j,2))^2);
     end
   end
end
[m,n] = size(d);
L = 100 * n;
t = t0;
pi0 = 1:n;
min_f = 0;
for k = 1:(n - 1)
    min_f = min_f + d(pi0(k),pi0(k + 1));
end
min_f = min_f + d(pi0(n),pi0(1));
p_min = pi0;
```

```
while t > tf
    for k = 1:L
        kk = rand;
        [d_f, pi_1] = exchange_2(pi0, d);
        r_r = rand;
        if d_f < 0
            pi0 = pi_1;
        elseif exp(d_f/t) > r_r
            pi0 = pi_1;
        else
            pi0 = pi0;
        end
    end
    f_temp = 0;
    for k = 1:n - 1
        f_temp = f_temp + d(pi0(k), pi0(k + 1));
    end
    f_temp = f_temp + d(pi0(n), pi0(1));
    if min_f > f_temp
        min_f = f_temp;
        p_min = pi0;
    end
    t = 0.87 * t;
end
f = min_f;
T = p_min;

% 下面的函数产生新解
function [d_f, pi_r] = exchange_2(pi0, d)
[m, n] = size(d);
clear m;
u = rand;
u = u * (n - 2);
u = round(u);
if u < 2
    u = 2;
```

```
    end
    if u > n - 2
        u = n - 2;
    end
    v = rand;
    v = v * (n - u + 1);
    v = round(v);
    if v < 1
        v = 1;
    end
    v = u + v;
    if v > n
        v = n;
    end
    pi_1(u) = pi0(v);
    pi_1(v) = pi0(u);
    if u > 1
        for k = 1:u - 1
            pi_1(k) = pi0(k);
        end
    end
    if v > u + 1
        for k = 1:(v - u - 1)
            pi_1(u + k) = pi0(v - k);
        end
    end
    if v < n
        for k = (v + 1):n
            pi_1(k) = pi0(k);
        end
    end
    d_f = 0;
    if v < n
        d_f = d(pi0(u - 1),pi0(v)) + d(pi0(u),pi0(v + 1));
        for k = (u + 1):n
            d_f = d_f + d(pi0(k),pi0(k - 1));
```

```
    end
    d_f = d_f - d( pi0( u - 1) , pi0( u) ) - d( pi0( v) , pi0( v + 1) ) ;
    for k = ( u + 1) : n
        d_f = d_f - d( pi0( k - 1) , pi0( k) ) ;
    end
else
    d_f = d( pi0( u - 1) , pi0( v) ) + d( pi0( u) , pi0( 1) ) - d( pi0( u - 1) , pi0( u) )
- d( pi0( v) , pi0( 1) ) ;
    for k = ( u + 1) : n
        d_f = d_f + d( pi0( k) , pi0( k - 1) ) ;
    end
    for k = ( u + 1) : n
        d_f = d_f - d( pi0( k - 1) , pi0( k) ) ;
    end
end
pi_r = pi_1 ;
```

1.5 蚁群算法

蚁群算法（Ant Colony Optimization，ACO）是 Dorigo 教授于 1992 年提出的一种基于仿生学的启发式算法，其本质是模拟蚂蚁依赖信息素进行通信显示出社会行为的一种随机通用试探法。蚂蚁是自然界中常见的一种生物，人们一提起蚂蚁，总可以回想起儿童时期专心观察其成群结队搬运食物的情形。随着近代仿生学的发展，人们开始对蚁群如何完成寻找到食物的最佳路径并返回巢穴这项复杂工作进行研究。在此基础上，一种仿生分布式智能模拟通用算法逐渐发展，并被运用于求解各个领域的组合优化问题。

1.5.1 蚁群算法基本原理

蚁群中的蚂蚁以"信息素"（Pheromone）为媒介，间接异步地相互联系，这是蚁群优化算法的最大特点。蚂蚁在行动（寻找食物或者寻找回巢的路径）中，会在它们经过的地方留下一些化学物质，称之为"信息素"。这些物质能被同一蚁群中后来的蚂蚁感受到，并作为一种信号影响后者的行动，具体表现为后到的蚂蚁选择有这些物质的路径的可能性比选择没有这些物质的路径的可能性大得多，后到者留下的信息素会对原有的信息素进行加强，并循环下去。这样一来，经过蚂蚁越多的路径，后到蚂蚁选择这条路经的可能性就越大。由于在一定的时间内，越短的路径会被越多的蚂蚁访问，因而积累的信息素也就越多，在下一个时间内被其他蚂蚁选中的可能性也就越大，这个过程会一直持续到所有蚂蚁都走最短的那一条路径为止。

　　蚂蚁寻物过程如图 1-13 所示，从图中可以简单地了解蚂蚁的运动过程。假设蚂蚁从 A 点出发外出寻找食物，行走速度相同，食品在 D 点。由于无法预知道路中间的情况，蚂蚁出发时会随机选择 ABD 或 ACD 中的一条，假设初始每条路线上分别分配一个蚂蚁，每单位时间行走一步，当行走 9 个单位时间后（图 1-13a），已经有一个蚂蚁到达 D 点，行走的路线为 ABD，而行走 ACD 路线的蚂蚁才到达 C 点；当行走 18 个单位时间后（图 1-13b），走 ABD 的蚂蚁已经回到 A 点，而行走 ACD 的蚂蚁到达 D 点，如果蚂蚁每经过一处都留下大小为 1 点的信息素，这时 ABD 路线的第一点聚集 2 点，而 ACD 路线的第一点聚集 1 点，在行走 36 个单位时间后，这两点的信息素分别变化为 4 和 2，比值为 2:1，ACD 路线的蚂蚁返回 A 点。

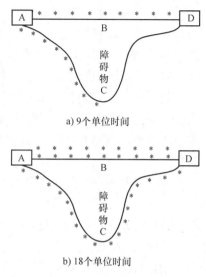

a) 9 个单位时间

b) 18 个单位时间

图 1-13　蚂蚁寻物过程

　　如果按比值的比例，蚁群决定 ABD 路线派 2 个蚂蚁而 ACD 路线上派 1 个蚂蚁，则在每个蚂蚁各行走 36 个单位时间后，ABD 和 ACD 路线第一点的信息素分别为 12 和 4，比值为 3:1。如果再按比值分配蚂蚁数量，则 ABD 路线分配 3 个蚂蚁，而 ACD 路线分配 1 个蚂蚁，按原有的模式重复 36 个单位时间，ABD 和 ACD 路线的第一点信息素分别为 24 和 6，比值为 4:1。如此重复下去，可以发现 ABD 和 ACD 路线的第一点信息素的比值会越来越大，最后的极限是所有的蚂蚁只选择 ABD 路线。

　　在自然界中，蚁群这种寻找路径的过程表现为一种正反馈的过程。基于此种行为，产生了人工蚁群的寻优算法，我们把只具备了简单功能的工作单元视为"蚂蚁"，那么上述寻找路径的过程可用于解释人工蚁群的寻优过程。人工蚁群和自然界蚁群的相似之处在于，两者优先选择的都是含"信息素"浓度较大的路径；在这两种情况下，较短的路径上都能聚集相对较多的信息素；两者的工作单元（蚂蚁）都是通过在其所经过的路径上留下一定信息的方法进行间接的信息传递。人工蚁群和自然界蚁群的区别在于，人工蚁群有一定的记忆能力，它能够记忆已经访问过的节点；另外，人工蚁群在选择下一条路径的时候并不是完全盲目的，而是按一定的算法规律有意识地寻找最短路径（如旅行商问题中，可以预先知道下一个目标的距离）。

　　为了更好地了解蚁群优化算法，本章所有的符号和算法设计均以旅行商问题为基础。该问题可描述为 n 个城市的一个有向图 $G = (N, A)$，其中，$N = \{1, 2, \cdots, n\}$

为节点集，$A = \{(i,j)\,|\,i,j \in N\}$ 为路段集，城市间的距离矩阵为 $\boldsymbol{D} = (d_{ij})_{m \times n}$，$W = \{i_1, i_2, \cdots, i_n\}$ 为城市 $1, 2, \cdots, n$ 的一个排列。

仿效自然界的蚁群行为，蚁群优化算法中人工蚂蚁的行为可以描述为假设 m 只蚂蚁在城市有向图相邻节点间移动，从而协作异步地得到问题的解。每只蚂蚁的一步转移概率由图中每条边上的两类参数决定：①信息素值，也称为信息素痕迹，是蚁群的"记忆"信息；②可见度，也就是先验值。信息素的更新由两种操作组合完成，一是挥发，这是一种从全局减少弧上信息素值的办法，模拟了自然界蚁群的信息素随时间挥发的过程；二是增强，给评价值"好"（有蚂蚁走过）的弧增加信息素值。

蚂蚁移动基于一个随机决策原则来实现，该原则运用所在节点存储的相关信息，计算出下一步可达节点的概率，并按此概率实现一步移动。通过这种移动，蚁群建立的解会越来越接近最优解。当蚂蚁找到一个解后，或者在它的找寻过程中，会评估该解（或者是解的一部分）的优化程度，并且在相互连接的信息素痕迹中保存对解的评价信息，这些信息对蚂蚁未来的搜索有指导意义。

1.5.2　蚁群算法关键步骤

基于上述分析，基本蚁群优化算法主要包括如下几个基本步骤：

Step1　对于 n 个城市的 TSP 问题，$N = \{1, 2, \cdots, n\}$，$A = \{(i,j)\,|\,i,j \in N\}$，城市间的距离矩阵为 $\boldsymbol{D} = (d_{ij})_{m \times n}$，为 TSP 图中的每一条弧 (i,j) 赋信息素痕迹初值 $\tau_{ij}(0) = 1/|A|$。假设有 m 只蚂蚁在工作，所有的蚂蚁从同一城市 i_0 出发，$k \leftarrow 1$，当前最好解为 $W = (1, 2, \cdots, n)$。

Step2　（外循环）如果满足算法的停止规则，则停止计算并输出计算得到的最好解，否则，让蚂蚁从起点 i_0 出发。用 $L(s)$ 表示蚂蚁 s 行走的城市集合，初始 $L(s)$ 为空集，$1 \leq s \leq m$。

Step3　（内循环）按蚂蚁 $1 \leq s \leq m$ 的顺序分别计算。当蚂蚁在城市 i，若 $L(s) = N$ 或 $T = \{l\,|\,(i,l) \in A, l \notin L(s)\} = \varnothing$，则完成第 s 只蚂蚁的计算；若 $L(s) \neq N$ 且 $T = \{l\,|\,(i,l) \in A, l \notin L(s)\} - \{i_0\} \neq \varnothing$，则以如下概率到达 j

$$P_{ij} = \begin{cases} \dfrac{\tau_{ij}(k-1)}{\sum \tau_d(k-1)} & j \in T \\ 0 & j \notin T \end{cases} \tag{1-9}$$

此时，$L(s) = L(s) \cup \{j\}$，$i \leftarrow j$；若 $L(s) \neq N$ 且 $T = \{l\,|\,(i,l) \in A, l \notin L(s)\}$，$\{i_0\} = \varnothing$，则到达 i_0，$L(s) = L(s) \cup \{i_0\}$，$i \leftarrow i_0$，重复 Step3。

Step4　对 $1 \leq s \leq m$，若 $L(s) = N$，则按 $L(s)$ 中城市的顺序计算路径长度；若 $L(s) \neq N$，路径长度是个充分大的数，则比较 m 只蚂蚁的路径长度，将走最短路径的蚂蚁记为 t，若 $f[L(t)] < f(W)$，则 $W \leftarrow L(t)$，根据式（1-10）对 W 路径上的弧信息素痕迹加强，对其他弧的信息素痕迹挥发。

$$\tau_{ij}(k) = \begin{cases} (1-\rho_{k-1})\tau_{ij}(k-1) + \dfrac{\rho_{k-1}}{|W|} & (i,j) \in W \\ (1-\rho_{k-1})\tau_{ij}(k-1) & \text{其他} \end{cases} \qquad (1\text{-}10)$$

得到新的 $\tau_{ij}(k)$，$k: = k+1$，重复 Step2。

在上面描述的蚁群优化算法中，式（1-9）为蚂蚁的搜寻过程，即以信息素决定的概率分布选择下一个访问的城市。算法还包括两个其他的过程，由式（1-10）体现，称之为信息素痕迹的挥发（Evaporation）过程和增强（Reinforcement）过程。信息素痕迹的挥发过程就是每个连接上的信息素痕迹的浓度自动逐渐减弱的过程，由$(1-\rho_k)\tau_{ij}(k)$表示；该过程主要用于避免算法太快地向局部最优区域集中，采用这种实用的遗忘方式有助于搜寻区域的扩展。增强过程是蚁群优化算法的一个可选部分，用于实现由单个蚂蚁无法实现的集中行动。在式（1-10）中，增强过程体现在观察蚁群（m 只蚂蚁）中每只蚂蚁所找到的路径，并且在蚂蚁所找到最短路径上的弧上保存额外的信息素。增强过程中进行的信息素更新被称为离线更新方式。在 Step4 中，除非蚁群发现了一个更好的解，否则，蚁群永远记录第一个最好解。

1.5.3　蚁群算法 Matlab 程序实现

下面介绍基于蚁群算法的 TSP 问题求解及 Matlab 程序实现。

```
clear;
clc;
%% = = = = = = = = = = = = = = = = = = = = = = = = = = = = = = = =
%% 主要符号说明
NC_max = 300;%    最大迭代次数
m = 10;% 蚂蚁个数
Alpha = 1;% 表征信息素重要程度的参数
Beta = 5;% 表征启发式因子重要程度的参数
Rho = 0.1;%    信息素蒸发系数
Q = 150;%    信息素增加强度系数
%% R_best 各代最佳路线
%% L_best 各代最佳路线的长度
%% = = = = = = = = = = = = = = = = = = = = = = = = = = = = = = = =
%% 第一步:变量初始化
%% C n 个城市的坐标,n×2 的矩阵
C = [1304,2312;3639,1315;4177,2244;3712,1399;3488,1535;3326,1556;
3238,1229;4196,1004;4312,790;4386,570;3007,1970;2562,1756;
2788,1491;2381,1676;1332,695;3715,1678;3918,2179;4061,2370;
3780,2212;3676,2578;4029,2838;4263,2931;3429,1908;3507,2367;
```

```
3394,2643;3439,3201;2935,3240;3140,3550;2545,2357;2778,2826;
2370,2975];
n=size(C,1);%城市节点数
D=zeros(n,n);%D表示完全图的赋权邻接矩阵
for i=1:n
    for j=1:n
        if i~=j
            D(i,j)=((C(i,1)-C(j,1))^2+(C(i,2)-C(j,2))^2)^0.5;
        else
            D(i,j)=eps;
        end
        D(j,i)=D(i,j);
    end
end
Eta=1./D;%Eta为启发因子,这里设为距离的倒数
Tau=ones(n,n);%Tau为信息素矩阵
Tabu=zeros(m,n);%存储并记录路径的生成
NC=1;%迭代计数器
R_best=zeros(NC_max,n);%各代最佳路线
L_best=inf.*ones(NC_max,1);%各代最佳路线的长度
L_ave=zeros(NC_max,1);%各代路线的平均长度
while NC<=NC_max%停止条件之一:达到最大迭代次数
%%-----------------------------
%%第二步:将m只蚂蚁放到n个城市上
Randpos=[];
for i=1:(ceil(m/n))
Randpos=[Randpos,randperm(n)];
end
Tabu(:,1)=(Randpos(1,1:m))';
%%-----------------------------
%%第三步:m只蚂蚁按概率函数选择下一座城市,完成各自的周游
for j=2:n
for i=1:m
visited=Tabu(i,1:(j-1));%已访问的城市
J=zeros(1,(n-j+1));%待访问的城市
P=J;%待访问城市的选择概率分布
```

```
Jc = 1;
for k = 1:n
if length(find(visited == k)) == 0
J(Jc) = k;
Jc = Jc + 1;
end
end
% 下面计算待选城市的概率分布
for k = 1:length(J)
P(k) = (Tau(visited(end),J(k))^Alpha) * (Eta(visited(end),J(k))^Beta);
end
P = P/(sum(P));
% 按概率原则选取下一个城市
Pcum = cumsum(P);
Select = find(Pcum >= rand);
to_visit = J(Select(1));
Tabu(i,j) = to_visit;
end
end
if NC >= 2
Tabu(1,:) = R_best(NC-1,:);
end
%% 第四步:记录本次迭代最佳路线
L = zeros(m,1);
for i = 1:m
R = Tabu(i,:);
for j = 1:(n-1)
L(i) = L(i) + D(R(j),R(j+1));
end
L(i) = L(i) + D(R(1),R(n));
end
L_best(NC) = min(L);
pos = find(L == L_best(NC));
R_best(NC,:) = Tabu(pos(1),:);
L_ave(NC) = mean(L);
NC = NC + 1;
```

```
%%第五步:更新信息素
Delta_Tau = zeros(n,n);
for i = 1:m
for j = 1:(n - 1)
Delta_Tau(Tabu(i,j),Tabu(i,j + 1)) = Delta_Tau(Tabu(i,j),Tabu(i,j + 1)) +
Q/L(i);
end
Delta_Tau(Tabu(i,n),Tabu(i,1)) = Delta_Tau(Tabu(i,n),Tabu(i,1)) + Q/L
(i);
end
Tau = (1 - Rho). * Tau + Delta_Tau;
%% - - - - - - - - - - - - - - - - - - - - - - - - - - - - - - - - -
%%第六步:禁忌表清零
Tabu = zeros(m,n);
end
%% - - - - - - - - - - - - - - - - - - - - - - - - - - - - - - - - -
figure(1);
scatter(C(:,1),C(:,2));
N = length(R);
hold on
plot([C(R(1),1),C(R(N),1)],[C(R(1),2),C(R(N),2)],'r')
hold on
for i = 2:N
    plot([C(R(i-1),1),C(R(i),1)],[C(R(i-1),2),C(R(i),2)],'r');
    hold on;
end
figure(2)
plot(L_best * 0.8,'b - ')
% axis([0,150,1000000,1800000])
xlabel('迭代次数');
ylabel('目标函数值')
```

1.6 粒子群优化算法

粒子群优化算法（Particle Swarm Optimization，PSO）是 1995 年 J. Kennedy 和 R. C. Eberhart 在电气与电子工程师协会（IEEE）神经网络国际会议上首次提出的

一种实用的群集智能算法。粒子群优化算法的思想源于对鸟群寻找食物时飞行轨迹的研究，鸟之间的相互协作使得鸟群在寻找食物的过程中可以合力找到食物的最终位置。基于该思想，粒子群优化算法充分利用粒子的记忆功能，首先得到种群随机粒子，之后在全局范围内进行搜索，然后通过粒子相互之间的合作和竞争来实现迭代寻优。该算法越来越多地应用于工程领域的组合优化问题。

1.6.1　粒子群优化算法基本原理

对鸟群捕食行为的研究是粒子群优化算法的思想来源。在自然环境中有这样的一个现象，一个鸟群在某一个地方觅食，鸟群中的鸟知道食物的大概位置但是不知道具体的位置，而且食物只有一块，这个时候鸟儿应该如何去有效地搜寻食物，成为科学家关注的问题。一般来说搜索过程是随机的，并且我们知道鸟儿也可以进行信息交流，这一特性决定了鸟儿在搜寻食物过程中，会向附近的鸟儿获取信息以使自己更快地找到食物。

粒子群优化算法通过对这种现象的规律进行总结，上述鸟儿可以看作寻优问题的解，一般称为"粒子"；所有粒子在一个 D 维空间进行搜索，并且都由某个适应度函数（由目标函数确定）计算其适应值，并用来判断当前粒子位置的好坏；初始化粒子群，粒子根据适应值和记忆功能，可以使其在迭代更新的过程中，能够记住粒子本身的最优解，以及所有粒子的群体最优解，即个体极值和全局极值；粒子更新时受位置和速度的影响，也会根据个体最优和全局最优的情况来调整种群粒子的更新位置和速度，以保证种群的整体最佳，直到找到全局最优解。粒子群优化算法是一种初步应用于健康监测和损伤识别领域的优化算法，算法收敛速度快，参数设置少，程序实现简单，无须交叉和变异，具有记忆性等特点，在优化问题上展现了非常好的效果。

粒子群优化算法求最优解的数学解释如下：

假设在 D 维空间中，有 N 个粒子。

粒子 i 的位置表示如下：$x_i = (x_{i1}, x_{i2}, \cdots, x_{iD}), i = 1, 2, \cdots, n$

粒子 i 的速度表示如下：$v_i = (v_{i1}, v_{i2}, \cdots, v_{iD}), i = 1, 2, \cdots, n$

粒子 i 个体经历过的最好的位置即个体最优值 p－best 表示为

$$p_i = (p_{i1}, p_{i2}, \cdots, p_{iD}), i = 1, 2, \cdots, n$$

全局最优值 g－best 也就是种群历史最好位置表示为

$$p_g = (p_{g1}, p_{g2}, \cdots, p_{gD})$$

第 d（$1 \leqslant d \leqslant D$）维的速度变化范围限定在 $[-V_{\max,d}, V_{\max,d}]$ 内，位置变化范围限定在 $[X_{\min,d}, X_{\max,d}]$ 内；也就是说在迭代中，如果速度和位置超出了边界值，那么该维的速度或者位置会被限制为该维最大速度或边界位置。

粒子 i 的第 d 维速度更新公式为

$$v_{id}(t+1) = \omega v_{id}(t) + c_1 r_1(t)[p_{id}(t) - x_{id}(t)] + c_2 r_2(t)[p_{gi}(t) - x_{id}(t)]$$

$$(1\text{-}11)$$

粒子 i 的第 d 维位置更新公式为

$$x_{id}(t+1) = x_{id}(t) + v_{id}(t+1) \tag{1-12}$$

式（1-11）和式（1-12）中，ω 是惯性权重；d 是粒子的维度；c_1 是调节粒子飞向个体最优值的加速常量；c_2 是调节粒子飞向全局最优值的加速常量；r_1 是调节粒子与个体最优值之间关系的随机函数，取 $r_1 \in [0,1]$；r_2 是调节粒子与全局最优值之间关系的随机函数，取 $r_2 \in [0,1]$。

式（1-11）所示粒子速度的更新主要有三部分：第一部分为粒子的运动性，包含粒子初始速度 $v_i(t)$ 信息，其初始速度起到了平衡全局和局部搜索能力的作用，也就是反映了当前粒子速度的影响，可以对其增加权重或其他参数进行改进；第二部分为"认知部分"，这部分反映了粒子基于自身飞行经验影响本身的思考，通过与自身经历最佳位置 p_{id} 的距离反映出来，表示粒子在迭代更新时修正自身运动轨迹，即粒子当前位置与个体最优位置同步的过程，使粒子能够在全局进行搜索；第三部分为"社会部分"，表示粒子间的社会信息共享，通过追踪周围粒子对自身方向进行修正，即粒子当前位置与群体最好位置同步的过程，体现群体的信息共享与合作。三部分共同影响，决定了粒子的运动轨迹。以二维图形的方式展示粒子位置更新方式，如图 1-14 所示。

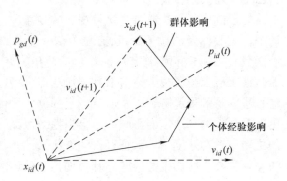

图 1-14　粒子位置更新方式

1.6.2　粒子群优化算法关键步骤

使用粒子群优化算法求解实际优化问题时，一般首先要将待求解的问题空间映射为算法空间；然后进行初始化，通常的做法是随机生成一组均匀分布在搜索空间内的初始解；接着，根据搜索策略在算法参数的控制下在搜索区域内进行个体搜索，并产生一组待选解；以一定的接受准则（如确定性、概率性、混沌方式等）为依据对当前状态进行更新，如此反复迭代直到某种收敛标准得到满足；最后通过空间反变换，即将算法空间映射成问题空间，输出所求解问题的最优解。粒子群优化算法流程如图 1-15 所示。

图 1-15　粒子群优化算法流程

通过以上分析可以看出，使用粒子群优化算法求解优化问题的核心内容主要包括：算法空间与问题空间直接的变换与反变换；初始解的产生准则；邻域搜索与全局搜索策略；待选解的接受准则与算法收敛准则。

1. 表示方案确定

表示方案确定即确定编码方案或粒子的表示方法，在求解优化问题时，首要关键问题是将所求问题的解从问题解空间映射到具有某种特定结构的表示空间，即用某种编码串的方式来表示问题的解。合适的编码方案对粒子群优化算法的优化性能甚至优化结果有着直接的影响，通常编码方案的确定需要以优化问题的特征为依据。目前，数值优化是粒子群优化算法的主要研究领域，算法固有的位置——速度计算模型对于具有连续特征的函数问题求解十分有效，因此，粒子群优化算法采用的编码方案大多为实数向量的形式，一般将解表示为粒子的位置向量。对于非数值优化问题而言，如生产调度问题等，如何通过合适的粒子表示方法来映射调度问题的解空间，是问题求解的关键环节。

2. 适应度值函数的确定

在采用粒子群优化算法求解优化问题时，适应度值函数用于评价待选解的质量，是唯一能够反映优化进程并引导其不断进行下去的参量。因此，对于特定的优化问题，根据问题的具体特征选择合适的目标函数或代价函数来计算适应度值对于算法的求解质量有着重要的影响。

3. 控制参数的选取

对于不同的算法模型，参数的选取直接关系到算法的求解性能。粒子群优化算法的主要控制参数包括粒子种群规模、算法的最大迭代代数、惯性权重、学习因子以及其他一些辅助控制参数，如粒子的速度与位置的范围等。

4. 优化模型的选择

在粒子群优化算法位置更新和速度更新模型中，比较常见的包括带有惯性权重的粒子群优化算法模型、带有收缩因子的粒子群优化算法模型、采用拉伸技术的粒子群优化算法模型以及二进制粒子群优化算法模型等。不同的粒子群优化模型对于不同类型的优化问题在优化性能上存在一定差异。因此在实际应用中，需要根据所求解优化问题的类型和特征选择合适的粒子群优化模型。目前，在大多数优化问题中，带有线性递减惯性权重的粒子群优化算法模型得到了较多应用，这主要归因于该模型可以有效地平衡全局寻优和局部寻优，从而提高优化效率。

5. 算法终止准则的确定

粒子群优化算法通常采用最大迭代代数或凝滞代数作为算法的终止准则，即算法在迭代代数达到预先设定的最大值或者在搜索过程中全局最优适应度值持续一定的迭代代数不再发生明显改变时，迭代终止，算法寻优过程结束。

基于上述分析，基本粒子群优化算法主要包括如下几个基本步骤：

Step1 设定相关参数 c_1、c_2、ω 和粒子个数，并初始化种群，随机生成群体中的粒子候选解的位置和速度。

Step2 逐一评价种群中的个体，即计算每个粒子对应的适应度值，用以衡量此粒子的"优秀程度"。

Step3 对于每个个体的适应度值，将其与自身所经历过的最好位置 p_{id} 值进行比较，若较好，则将其作为当前的最好位置；将其适应度值与群体所经历的历史最优值 p_{gd} 的适应度值进行比较，若较好，则将其作为全局最好位置。

Step4 按照式（1-11）和式（1-12）计算每个粒子新的时刻的速度和位置。

Step5 检查结束条件是否满足，如果满足就结束计算，否则转至 Step2。

粒子群优化算法流程图如图 1-16 所示。

1.6.3 粒子群优化算法 Matlab 程序实现

下面介绍基于粒子群优化算法的 TSP 问题求解及 Matlab 程序实现。

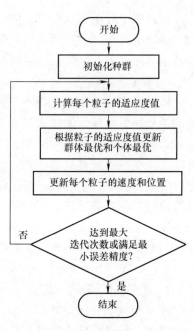

图 1-16 粒子群优化算法流程图

```
%1. 清空环境变量
clear all;
clc;
%2. 导入数据
load citys_data. mat;                        %数据集的变量名为 citys
%3. 计算城市间的相互距离
n = size( citys, 1);
D = zeros( n, n);
for i = 1:n
    for j = i + 1:n
        D( i, j) = sqrt( sum( ( citys( i, :) – citys( j, :)). ^2));
        D( j, i) = D( i, j);
    end
end
%4. 初始化参数
c1 = 0.1;                                     %个体学习因子
c2 = 0.075;                                   %社会学习因子
w = 1;                                        %惯性因子
m = 500;                                      %粒子数量
```

```
pop = zeros(m,n);                                  % 粒子位置
v = zeros(m,n);                                    % 粒子速度
gen = 1;                                           % 迭代计数器
genmax = 2000;                                     % 迭代次数
fitness = zeros(m,1);                              % 适应度函数值
Pbest = zeros(m,n);                                % 个体极值路径
Pbest_fitness = zeros(m,1);                        % 个体极值
Gbest = zeros(genmax,n);                           % 群体极值路径
Gbest_fitness = zeros(genmax,1);                   % 群体极值
Length_ave = zeros(genmax,1);                      % 各代路径的平均长度
ws = 1;                                            % 惯性因子最大值
we = 0.8;                                          % 惯性因子最小值
%5. 产生初始粒子
% 5.1 随机产生粒子初始位置和速度
for i = 1:m
    pop(i,:) = randperm(n);
    v(i,:) = randperm(n);
end
% 5.2 计算粒子适应度函数值
for i = 1:m
    for j = 1:n-1
        fitness(i) = fitness(i) + D(pop(i,j),pop(i,j+1));
    end
    fitness(i) = fitness(i) + D(pop(i,end),pop(i,1));
end
% 5.3 计算个体极值和群体极值
Pbest_fitness = fitness;
Pbest = pop;
[Gbest_fitness(1),min_index] = min(fitness);
Gbest(1,:) = pop(min_index,:);
Length_ave(1) = mean(fitness);
%6. 迭代寻优
while gen < genmax
    % 6.1 更新迭代次数与惯性因子
    gen = gen + 1;
    w = ws - (ws - we) * (gen/genmax)^2;
```

```
% 6.2 更新速度
% 个体极值修正部分
change1 = position_minus_position( Pbest, pop);
change1 = constant_times_velocity( c1, change1);
% 群体极值修正部分
change2 = position_minus_position( repmat( Gbest( gen - 1, :), m, 1), pop);
change2 = constant_times_velocity( c2, change2);
% 原速度部分
v = constant_times_velocity( w, v);
% 修正速度
for i = 1:m
    for j = 1:n
        if change1( i, j) ~ =0
            v( i, j) = change1( i, j);
        end
        if change2( i, j) ~ =0
            v( i, j) = change2( i, j);
        end
    end
end
% 6.3 更新位置
pop = position_plus_velocity( pop, v);
% 6.4 适应度函数值更新
fitness = zeros( m, 1);
for i = 1:m
    for j = 1:n - 1
        fitness( i) = fitness( i) + D( pop( i, j), pop( i, j + 1));
    end
    fitness( i) = fitness( i) + D( pop( i, end), pop( i, 1));
end
% 6.5 个体极值与群体极值更新
for i = 1:m
    if fitness( i) < Pbest_fitness( i)
Pbest_fitness( i) = fitness( i);
Pbest( i, :) = pop( i, :);
    end
```

```
        end
    [minvalue,min_index] = min(fitness);
    if minvalue < Gbest_fitness(gen - 1)
Gbest_fitness(gen) = minvalue;
Gbest(gen,:) = pop(min_index,:);
    else
Gbest_fitness(gen) = Gbest_fitness(gen - 1);
Gbest(gen,:) = Gbest(gen - 1,:);
    end
Length_ave(gen) = mean(fitness);
end
%7. 结果显示
[Shortest_Length,index] = min(Gbest_fitness);
Shortest_Route = Gbest(index,:);
disp(['最短距离:' num2str(Shortest_Length)]);
disp(['最短路径:' num2str([Shortest_RouteShortest_Route(1)])]);
%8. 绘图
figure(1)
plot([citys(Shortest_Route,1);citys(Shortest_Route(1),1)],...
     [citys(Shortest_Route,2);citys(Shortest_Route(1),2)],'o-');
grid on
for i = 1:size(citys,1)
    text(citys(i,1),citys(i,2),[' ' num2str(i)]);
end
text(citys(Shortest_Route(1),1),citys(Shortest_Route(1),2),'起点');
text(citys(Shortest_Route(end),1),citys(Shortest_Route(end),2),'终点');
xlabel('城市位置横坐标')
ylabel('城市位置纵坐标')
title(['粒子群优化算法优化路径(最短距离:' num2str(Shortest_Length)')'])
figure(2)
plot(1:genmax,Gbest_fitness,'b',1:genmax,Length_ave,'r:')
legend('最短距离','平均距离')
xlabel('迭代次数')
ylabel('距离')
title('各代最短距离与平均距离对比')
% - - - - - - - - - - - - - - - - - - - - - - - - - - - - - - - - -
```

49

```matlab
function change = position_minus_position( best , pop )
% 记录将 pop 变成 best 的交换序列
for i = 1 : size( best , 1 )
    for j = 1 : size( best , 2 )
        change( i , j ) = find( pop( i , : ) = = best( i , j ) );
        temp = pop( i , j );
        pop( i , j ) = pop( i , change( i , j ) );
        pop( i , change( i , j ) ) = temp;
    end
end
end
%  –  –  –  –  –  –  –  –  –  –  –  –  –  –  –  –  –  –  –  –  –  –  –  –  –  –  –  –
function change  =  constant_times_velocity( constant , change )
% 以一定概率保留交换序列
for i = 1 : size( change , 1 )
    for j = 1 : size( change , 2 )
        if rand > constant
            change( i , j ) = 0;
        end
    end
end
end
%  –  –  –  –  –  –  –  –  –  –  –  –  –  –  –  –  –  –  –  –  –  –  –  –  –  –  –  –
function pop  =  position_plus_velocity( pop , v )
% 利用速度记录的交换序列进行位置修正
for i = 1 : size( pop , 1 )
    for j = 1 : size( pop , 2 )
        if v( i , j ) ~ = 0
            temp = pop( i , j );
            pop( i , j ) = pop( i , v( i , j ) );
            pop( i , v( i , j ) ) = temp;
        end
    end
end
end
```

50

第 2 章 评价方法基础

2.1 层次分析法

在社会生活中有许多决策问题，比如经济计划、资源分析、方案选择、区域开发、污染控制、环境整治等，在某种意义上都可以看作不同程度的决策问题。这种决策问题的解决方法一般有两种：一种是数学模型法，另一种是非数学模型法。当某些决策问题所涉及因素间的相互关系能够定量地加以表示时，我们一般选择数学模型对这种定量关系进行抽象处理，并通过对数学模型的求解来求得现实决策问题的最优解。近 30 年来，这种数学模型的方法，特别是以求最优解为目的最优化技术得到了迅速发展，计算机技术的快速发展也对数学模型的发展起到了推波助澜的作用。但是在发展过程中，人们发现数学模型并非万能工具，因为决策中总有大量因素无法定量地表示，通过数学模型所求得的最优解并不是现实生活中的最优解，也就是说，模型和现实之间存在着一定的差距，于是人们就开始把目光转向解决问题的第二种途径——非数学模型法。这种方法与第一种方法相比，更强调人的思维判断在决策过程中的作用。为了研究在决策中进行选择和判断的规律，产生了层次分析法。

2.1.1 层次分析法基本原理

层次分析法（Analytic Hierarchy Process，AHP）是美国著名的运筹学家 T. I. Saty 在 20 世纪 70 年代提出的一种定性与定量分析相结合的多准则决策方法。它是指将决策问题的有关元素分解成目标、准则、方案等层次，并在此基础上进行定性分析与定量分析的一种决策方法。它把人的思维过程层次化、数量化，并用数学为分析决策、预报或控制提供定量的依据。这一方法的特点是在对复杂决策问题的本质、影响因素以及内在关系等进行深入分析之后，构建一个层次结构模型，然后利用较少的定量信息，把决策的思维过程数学化，从而为求解多目标、多准则或无结构特性的复杂决策问题提供一种简便的决策方法，尤其适用于人的定性判断起重要作用的、对决策结果难以直接准确计量的场合。

比如说，我们要研究区域污染治理系统就是一个十分复杂的系统，它涉及大量的相关因素，如区域污染状况、治理现状、治理目标、治理途径、需投入的资金、人力以及治理后可能取得的社会、环境和经济效益等。面对这样一个复杂的系统和如此庞杂的因素，单用定性的方法来研究肯定是行不通的，但如果用定量方法来研究的话，就需要构造一定的数学模型来模拟。在构造模型的过程中需要大量的数据资料，但还有很多因素不能单纯用数据来表示，同时这个系统内部的很多因素并不能用单纯的量化关系来表达。在这种情况下，就要把这个大系统分为若干个相互关联的子系统，然后再根据同一子系统内部不同要素的重要性做出评价，以进行进一步的分析和资料的收集与处理。人们在进行社会、经济以及科学管理领域问题的体系分析中，经常面临由相互关联、相互制约的众多因素构成的复杂系统，层次分析法就是为分析这类复杂的问题提供一种新的、简洁的、实用的决策方法。

应用层次分析法分析问题时，首先要把问题层次化。根据问题的性质和要达到的总目标，将问题分解为不同的组成因素，并按照因素间的相互关联影响以及隶属关系将因素按不同层次聚集组合，形成一个多层次的分析结构模型，并最终把系统分析归结为最底层因素（供决策的方案、措施等）相对于最高层（总目标）的相对重要性权值的确定或相对优劣次序的排序问题。在排序计算中，每一层次的因素相对上一层次某一因素的单排序问题又可简化为以系列成对因素的判断比较。为了将比较判断定量化，层次分析法引入了 1~9 标度法，并写成判断矩阵形式。形成判断矩阵后，即可通过计算判断矩阵的最大特征根及其对应的特征向量，计算出某一层对于上一层次某一个元素的相对重要性权值。在计算出某一层次相对于上一层次各个因素的单排序权值后，用上一层次因素本身的权值加权综合，即可计算出某层因素相对于上一层次的相对重要性权值，即层次总排序权值。这样，依次由上而下即可计算出最底层因素相对于最高层的相对重要性权值或相对优劣次序的排序值。

尽管 AHP 具有模型的特色，且在操作过程中使用了线性代数的方法，数学原理严密，但是它自身的柔性色彩仍十分突出。层次分析法不仅简化了系统分析和计算，还有助于决策者保持思维过程的一致性。如果说比较、分解和综合是大脑分析解决问题的一种基本思考过程，那么层次分析法为这种思考过程提供了一种数学表达及数学处理的方法，其整个过程体现出分解、判断、综合的系统思维方式。

AHP 提供了决策者直接进入分析过程，将科学性与艺术性有机结合的有利渠道。因此，层次分析法十分适用于具有定性的或定性定量兼有的决策分析。这是一种十分有效的系统分析和科学决策方法，现已广泛地应用在经济管理规划、能源开发利用与资源分析、城市产业规划、企业管理、人才预测、科研管理、交通运输及水资源分析利用等方面。

2.1.2 层次分析法关键步骤

下面以一个企业的资金合理使用为例，来说明用层次分析法求解决策问题的过程。

假设某一企业经过发展，有一笔利润资金，要企业高层领导决定如何使用。企业领导经过实际调查和听取员工建议，现有如下方案可供选择：

1) 作为奖金发给员工。
2) 扩建员工宿舍、食堂等福利设施。
3) 开办员工进修班。
4) 修建图书馆、俱乐部等。
5) 引进新技术设备，进行企业技术改造。

从调动员工工作积极性、提高员工文化技术水平和改善员工生活状况来看，这些方案都有其合理性。那么，如何使这笔资金更加合理地使用，就是企业领导需要分析的问题。

一般来说，我们需要对问题有明确的认识，弄清问题的范围，所包含的因素、因素之间的相互关系，需要得到的解答，所掌握的信息是否充分。

1. 构造层次分析结构

应用层次分析法分析社会、经济以及科学管理领域的问题，首先要把问题条理化、层次化，构造出一个层次分析结构的模型。构造一个好的层次结构对于问题的解决极为重要，它决定了分析结果的有效程度。

通过仔细分析，上述 5 个方案的目的都是为了更好地调动员工工作积极性、提高企业技术水平和改善员工生活，而这一切的最终目的都是为了促进企业进一步发展，增强企业在市场经济中的竞争力。根据这一分析，我们可以建立如图 2-1 所示的资金合理使用的层次分析结构。

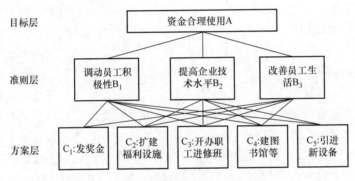

图 2-1　资金合理使用的层次分析结构

对于资金使用这个问题来说，层次分析模型主要分为三层。最高层目标层即合理使用资金，更好地促进企业发展；中间为准则层，即合理使用资金三方面的准则，包括调动员工积极性、提高企业技术水平和改善员工生活；最下一层为方案层，即可供选择的方案。

建立层次分析结构后，问题分析即归结为各种使用企业利润留成方案相对于总目标考虑的优先次序或利润使用的分配问题。对于更一般的问题来说，建立问题的层次结构模型是 AHP 中最重要的一步。该模型把复杂的问题分解成称之为元素的各个组成部分，并按元素的相互关系及其隶属关系形成不同的层次，同一层次的元素作为准则对下一层次的元素起支配作用，同时它又受上一层次元素的支配；最高层次只有一个元素，它表示决策者所要达到的目标；中间层次一般为准则、子准则，表示衡量能否达到目标的判断准则；最低一层表示要选用的解决问题的各种措施、决策和方案等。层次之间元素的支配关系不一定是完全的，即可以存在这样的元素，它并不支配下一层次的所有元素。也就是说，除目标层外，每个元素至少受上一层一个元素支配；除方案层外，每个元素至少支配下一层一个元素，层次数与问题的复杂程度和需要分析的详尽程度有关，每一层次中的元素一般不超过 9 个，因为若同一层次中包含数目过多的元素会给两两比较判断带来困难。

层次结构建立在决策者（或分析者）对问题全面深入认识的基础之上。如果在层次划分和确定层次的支配关系上举棋不定，最好的办法就是重新分析问题。根据对问题的初步分析，将问题包含的因素按照是否共有某些特性将它们聚集成组，并将它们之间的共同特性作为系统中新的层次中的一些因素；而这些因素本身也按照另外一组特性被组合形成另外更高层次的因素，直到最终形成单一的最高因素，这往往可以看作我们决策分析的目标。这样一来，便构成了包含目标层、若干准则层和方案层的层次分析结构模型。

2. 构造判断矩阵

建立层次分析模型之后，我们就可以在各层元素中进行两两比较，构造出比较判断矩阵。层次分析法主要是人们对每一层次中各因素相对重要性给出的判断，这些判断通过引入合适的标度用数值表示出来，写成判断矩阵。判断矩阵表示针对上一层次因素，本层次与之有关因素之间相对重要性的比较。判断矩阵是层次分析法的基本信息，也是进行相对重要度计算的重要依据。

假定上一层次的元素 B_k 作为准则，对下一层元素 $\{C_1, C_2, \cdots, C_n\}$ 有支配关系，我们的目的是要在准则 B_k 下，按它们的相对重要性赋予 $\{C_1, C_2, \cdots, C_n\}$ 相应的权重。在这一步中要回答下面的问题：针对准则 B_k，两个元素 C_i 和 C_j 哪个更重要以及重要性的大小。这就需要对"重要性"赋予一定的数值，赋值的根据或来源，或是由决策者直接提供，或是通过决策者与分析者对话来确定，或是由分析者通过某种技术咨询而获得，或是通过其他合适的途径来酌定。一般地，判断矩阵应由熟悉问题的专家独立地给出。

对于 n 个元素来说，我们得到两两比较判断矩阵 $\boldsymbol{C} = (C_{ij})_{n \times n}$，其中 C_{ij} 表示因素 i 和因素 j 相对于目标的重要值。

一般来说，构造的判断矩阵取如下形式：

$$
\begin{array}{ccccc}
B_k & C_1 & C_2 & \cdots & C_n \\
C_1 & C_{11} & C_{12} & \cdots & C_{1n} \\
C_2 & C_{21} & C_{22} & \cdots & C_{2n} \\
\vdots & \vdots & \vdots & & \vdots \\
C_n & C_{n1} & C_{n2} & \cdots & C_{nn}
\end{array}
$$

显然，矩阵 $\boldsymbol{C}$ 具有如下性质：

1）$C_{ij} > 0$。

2）$C_{ij} = 1/C_{ji}$（$i \neq j$）。

3）$C_{ij} = 1(i, j = 1, 2, \cdots, n)$。

我们把这类矩阵 $\boldsymbol{C}$ 称之为正反矩阵。在正反矩阵 $\boldsymbol{C}$ 中，若对于任意 i、j、k 均有 $C_{ij} \cdot C_{ji} = C_{ik}$，则称该矩阵为一致矩降。

值得注意的是,在实际问题求解时,构造的判断矩阵并不一定具有一致性,常常需要进行一致性检验。

在层次分析法中,为了使决策判断定量化,形成上述数值判断矩阵,常根据一定的比率标度将判断定量化。我们下面给出一种常用的 $1 \sim 9$ 标度方法,见表2-1。

表2-1　判断矩阵标度及含义

序号	重要性等级	C_{ij}赋值
1	i、j 两元素同等重要	1
2	i 元素比 j 元素稍重要	3
3	i 元素比 j 元素明显重要	5
4	i 元素比 j 元素强烈重要	7
5	i 元素比 j 元素极端重要	9
6	i 元素比 j 元素稍不重要	1/3
7	i 元素比 j 元素明显不重要	1/5
8	i 元素比 j 元素强烈不重要	1/7
9	i 元素比 j 元素极端不重要	1/9

注:$C_{ij} = [2, 4, 6, 8, 1/2, 1/4, 1/6, 1/8]$ 表示重要性等级介于 $C_{ij} = [1, 3, 5, 7, 9, 1/3, 1/5, 1/7, 1/9]$ 之间,这些数字是依据人们进行定性分析的直觉和判断力而确定的。

实际上,凡是较复杂的决策问题,其判断矩阵都是经由多位专家填写咨询表之后形成的。专家咨询的本质,在于把专家渊博的知识和丰富的经验,借助于对众多相关因素的两两比较,转化成决策所需的有用信息。因此,专家在填写咨询表之前,必须全面深入地分析每个影响因素的地位和作用,纵览全局,做到心中有数,切忌盲目行事。

对于上述例子,假定企业领导对于资金使用这个问题的态度:首先是提高企业技术水平,其次是要改善员工生活,最后是调动员工工作积极性。则准则层对于目标层的判断矩阵 $A - B$ 为

$$
\begin{array}{cccc}
A & B_1 & B_2 & B_3 \\
B_1 & 1 & 1/5 & 1/3 \\
B_2 & 5 & 1 & 3 \\
B_3 & 3 & 1/3 & 1
\end{array}
$$

为以后计算方便,我们把上述矩阵记为 A,简写为

$$
A = \begin{bmatrix} 1 & 1/5 & 1/3 \\ 5 & 1 & 3 \\ 3 & 1/3 & 1 \end{bmatrix}
$$

以后类同。

相应地,我们可以分别写出判断矩阵 B_1(相对于调动员工工作积极性准则,

各种使用企业留成利润方案之间相对重要性比较）、B_2（相对于提高企业技术水平准则，各种使用企业留成利润措施方案之间相对重要性比较）、B_3（相对于改善员工生活准则，各种使用企业留成利润措施方案之间相对重要性比较）为

$$B_1 = \begin{bmatrix} 1 & 2 & 3 & 4 & 7 \\ 1/3 & 1 & 3 & 2 & 5 \\ 1/5 & 1/3 & 1 & 1/2 & 1 \\ 1/4 & 1/2 & 2 & 1 & 3 \\ 1/7 & 1/5 & 1/2 & 1/3 & 1 \end{bmatrix}$$

$$B_2 = \begin{bmatrix} 1 & 1/7 & 1/3 & 1/5 \\ 7 & 1 & 5 & 3 \\ 3 & 1/5 & 1 & 1/3 \\ 5 & 1/2 & 1 & 1 \end{bmatrix}$$

$$B_3 = \begin{bmatrix} 1 & 1 & 3 & 3 \\ 1 & 1 & 3 & 3 \\ 1/3 & 1/3 & 1 & 1 \\ 1/3 & 1/3 & 1 & 1 \end{bmatrix}$$

构造出上述判断矩阵后，即可对判断矩阵进行单排序计算。在各层次单排序计算的基础上，还需要进行各层次总排序计算。

3. 判断矩阵的一致性检验

在上述过程中我们建立起了判断矩阵，这使得判断思维数学化，简化了问题的分析，也使得对复杂的社会、经济及其管理领域中的问题进行定量分析成为可能。此外，这种数学化的方法还有助于决策者检查并保持判断思维的一致性。应用层次分析法，保持判断思维的一致性是非常重要的。

所谓判断思维的一致性是指专家在判断指标重要性时，各判断之间协调一致，不致出现相互矛盾的结果。不过，在多阶判断的条件下，极容易出现不一致的情况，只不过在不同的条件下不一致的程度是有所差别的。

对于实际问题建立起来的判断矩阵，往往满足不了一致性，如矩阵 B_1。造成这一现象的原因是多种多样的，比如，由于客观事物的复杂性和人们认识上的多样性，以及可能产生的片面性等。要求每一个判断都有完全的一致性显然不太可能，特别是因素多、规模大的问题更是如此。但是，要求判断具有大体的一致性是应该的。若出现甲比乙极端重要，乙比丙极端重要，丙又比甲极端重要的情况显然是违反常识的。因此，为了保证应用层次分析法分析得到的结论合理，还需要对构造的判断矩阵进行一致性检验。这种检验通常是结合排序步骤进行的。

根据矩阵理论可以得到这样的结论，即如果 $\{\lambda_1, \lambda_2, \cdots, \lambda_n\}$ 是满足式 $Ax = \lambda x$ 的数，也就是矩阵 A 的特征根，并且对所有 $a_{ii} = 1$，则有

$$\sum_{i=1}^{n} \lambda_i = n \qquad (2-1)$$

显然，当矩阵具有完全一致性时，$\lambda_1 = \lambda_{max} = n$，其余特征根均为零；而当矩阵 A 不具有完全一致性时，则有 $\lambda_1 = \lambda_{max} > n$，其余特征根 $\{\lambda_2, \lambda_3, \cdots, \lambda_n\}$ 有如下关系

$$\sum_{i=2}^{n} \lambda_i = n - \lambda_{max} \qquad (2-2)$$

上述结论告诉我们，当判断矩阵不能保证具有完全一致性时，相应判断矩阵的特征根也将发生变化，这样就可以用判断矩阵特征根的变化来检验判断的一致性程度。因此，在层次分析法中引入判断矩阵最大特征根以外的其余特征根的负平均值，作为度量判断矩阵偏离一致性的指标，即用 CI 来检查决策者判断思维的一致性。

$$CI = \frac{\lambda_{max} - n}{n - 1} \qquad (2-3)$$

显然，当判断矩阵具有完全一致性时，$CI = 0$，反之亦然。从而我们可以得到：$CI = 0$，$\lambda_1 = \lambda_{max} = n$，判断矩阵具有完全一致性。

另外，当矩阵 A 具有满意一致性时，λ_{max} 稍大于 n，其余特征根也接近于零。不过这种说法不够严密，我们必须对于"满意一致性"给出一个度量指标。

衡量不同阶判断矩阵是否具有满意的一致性，我们还需引入判断矩阵的平均随机一致性指标 RI，对于 $1 \sim 9$ 阶判断矩阵，RI 的取值见表 2-2。

表 2-2 RI 的取值

阶数	1	2	3	4	5	6	7	8	9
RI	0.00	0.00	0.58	0.90	1.12	1.24	1.32	1.41	1.45

对于 1、2 阶判断矩阵，RI 的取值为 0，因为 1、2 阶判断矩阵总是具有完全一致性。当阶数大于 2 时，判断矩阵的一致性指标 CI 与同阶平均随机一致性指标 RI 之比称为随机一致性比率，记为 CR，即

$$CR = \frac{CI}{RI} \qquad (2-4)$$

当 $CR < 0.10$ 时，即认为判断矩阵具有满意的一致性，否则就需要调整判断矩阵，使之具有满意的一致性。

4. 层次单排序

计算出某层次因素相对于上一层次中某一因素的相对重要性，这种排序计算称为层次单排序。具体来说，层次单排序是指根据判断矩阵计算对于上一层某元素而言，本层次与之有联系的元素重要性次序的权值。

理论上讲，层次单排序计算问题可归结为计算判断矩阵的最大特征根及其特征

向量的问题。但一般来说，计算判断矩阵的最大特征根及其对应的特征向量，并不需要追求较高的精确度，这是因为判断矩阵本身有一定的误差范围。而且从本质上来说，应用层次分析法给出的层次中各种因素优先排序权值是表达某种定性的概念。因此，一般用迭代法在计算机上求得近似的最大特征值及其对应的特征向量。本节给出一种简单的计算矩阵最大特征根及其对应特征向量的方根法的计算步骤。

1）计算判断矩阵每一行元素的乘积 M_i

$$M_i = \prod_{j=1}^{n} a_{ij} \quad i = 1,2,\cdots,n \qquad (2\text{-}5)$$

2）计算 M_i 的次方根 $\overline{W}_i$

$$\overline{W}_i = \sqrt[n]{M_i} \qquad (2\text{-}6)$$

3）对向量 $\overline{W} = [\overline{W}_1, \overline{W}_2, \cdots, \overline{W}_n]^T$ 进行归一化处理

$$W_i = \frac{\overline{W}_i}{\sum_{j=1}^{n} \overline{W}_j} \qquad (2\text{-}7)$$

则 $W = [W_1, W_2, \cdots, W_n]^T$ 即为所求的特征向量。

4）计算判断矩阵的最大特征根

$$\lambda_{\max} = \sum_{i=1}^{n} \frac{(AW)_i}{nW_i} \qquad (2\text{-}8)$$

式中，$(AW)_i$ 是向量 AW 的第 i 个元素。

方根法是一种简便易行的方法，在精度要求不高的情况下使用。除了方根法，还有特征根法、最小二乘法等，这里不再介绍。

针对该例，利用方根法，容易对各判断矩阵的各层次单排序进行计算以及求得一致性检验结果，具体如下：

对于判断矩阵 A 来说，其计算结果为

$$W = \begin{bmatrix} 0.105 \\ 0.637 \\ 0.258 \end{bmatrix}, \ \lambda_{\max} = 3.038, \ CI = 0.019, \ RI = 0.58, \ CR = 0.033$$

对于判断矩阵 B_1 来说，其计算结果为

$$W = \begin{bmatrix} 0.491 \\ 0.232 \\ 0.092 \\ 0.138 \\ 0.046 \end{bmatrix}, \ \lambda_{\max} = 5.126, \ CI = 0.032, \ RI = 1.12, \ CR = 0.028$$

对于判断矩阵 B_2 来说，其计算结果为

$$W = \begin{bmatrix} 0.550 \\ 0.564 \\ 0.118 \\ 0.263 \end{bmatrix}, \lambda_{max} = 4.117, CI = 0.039, RI = 0.90, CR = 0.043$$

对于判断矩阵 B_3 来说，其计算结果为

$$W = \begin{bmatrix} 0.406 \\ 0.406 \\ 0.094 \\ 0.094 \end{bmatrix}, \lambda_{max} = 4.000, CI = 0, RI = 0.90, CR = 0$$

5. 层次总排序

依次沿递阶层次结构由上而下，退层计算，即可计算出最低层因素相对于最高层（总目标）的相对重要性或相对优劣的排序值，即层次总排序。也就是说，层次总排序是针对最高层目标而言的，最高层次的总排序就是其层次总排序。

层次总排序要进行一致性检验，检验是从高层到低层进行的，但也有最新的研究指出，在 AHP 法中不必检验层次总排序的一致性。也就是说，在实际操作中，总排序一致性检验常常可以省略。

针对本例，企业利润合理使用方案层次总排序见表 2-3。

表 2-3 企业利润合理使用方案层次总排序

层次 C	层次 B			总排序
	B_1	B_2	B_3	$\sum_{j=1}^{3} b_j c_{ij} (i = 1,2,3)$
	0.105	0.637	0.258	
C_1	0.491	0	0.406	0.157
C_2	0.232	0.055	0.406	0.164
C_3	0.092	0.564	0.094	0.393
C_4	0.138	0.118	0.094	0.113
C_5	0.046	0.263	0	0.172

从表 2-3 可得

$$CI = 0.105 \times 0.032 + 0.637 \times 0.039 + 0.258 \times 0 = 0.023$$
$$RI = 0.105 \times 1.12 + 0.637 \times 0.90 + 0.258 \times 0.90 = 0.923$$
$$CR = CI/RI = 0.023/0.923 = 0.025 \leqslant 0.10$$

因此，可以认为判断矩阵具有满意的一致性。

6. 决策

通过数学运算可计算出最低层各方案对最高层总目标相对优劣的排序权值，从而对备选方案进行排序。

对于合理使用企业留成利润，促进企业新发展这个总目标来说，所考虑的 5 种

方案的相对优先顺序为：C_3 开办员工进修班为 0.393；C_5 引进新技术设备，进行企业技术改造为 0.172；C_2 扩建员工宿舍等福利设施为 0.164；C_1 作为奖金发给职工为 0.157；C_4 修建图书馆等为 0.113。企业领导可以根据上述分析结果，决定各种考虑方案的实施先后次序，或者决定分配企业留成利润的比例。

AHP 计算结果简单明确，易于被决策者了解和掌握，但应该看到，AHP 得出的结果是粗略的方案排序。因此，对于定量要求不高的问题，利用 AHP 可以获得较好的结果；而对于有较高定量要求的决策问题，单纯用 AHP 则不大合适。

2.1.3　层次分析法 Matlab 程序实现

前文所研究问题的 Matlab 程序代码如下。

```
function [Q] = AHP(B)
% Q 为权值，B 为对比矩阵
% 导入判别矩阵 B
[n,m] = size(B);
% 判别矩阵具有完全一致性
for i = 1:n
    for j = 1:n
        if B(i,j) * B(j,i) ~ = 1
        fprintf('i = %d,j = %d,B(i,j) = %d,B(j,i) = %d\n',i,j,B(i,j),B(j,i))
        end
    end
end
% 求特征值特征向量，找到最大特征值对应的特征向量
[V,D] = eig(B);
tz = max(D);
tzz = max(tz);
c1 = find(D(1,:) = = max(tz));
tzx = V(:,c1);% 特征向量
% 权
quan = zeros(n,1);
for i = 1:n
quan(i,1) = tzx(i,1)/sum(tzx);
end
Q = quan;
% 一致性检验
CI = (tzz - n)/(n - 1);
RI = [0,0,0.58,0.9,1.12,1.24,1.32,1.41,1.45,1.49,1.52,1.54,1.56,1.58,
```

1.59];
    % 判断是否通过一致性检验
    CR = CI/RI(1,n);
    if CR > =0.1
        fprintf('没有通过一致性检验\n');
    else
        fprintf('通过一致性检验\n');
    end
end

2.2　数据包络分析

一个经济系统或一个生产过程可以看成一个单元在一定可能范围内，通过投入一定数量的生产要素并产出一定数量的"产品"的活动。虽然这些活动的具体内容各不相同，但其目的都是尽可能地使这一活动取得最大的"效益"。由于从"投入"到"产出"需要经过一系列决策才能实现，或者说由于"产出"是决策的结果，所以这样的单元被称为决策单元（Decision Making Units，DMU）。可以认为每个DMU都代表一定的经济意义，它的基本特点是具有一定的输入和输出，并且在将输入转换为输出的过程中，努力实现自身的决策目标。

DMU的概念是广义的，可以是一个大学，也可以是一个企业，也可以是一个国家。在许多情况下，我们对多个同类型的DMU更感兴趣。所谓同类型的DMU，是指具有以下特征的DMU集合：具有相同的目标和任务；具有相同的外部环境；具有相同的输入和输出指标。在外部环境和内部结构没有多大变化的情况下，同一个DMU的不同时段也可视为同类型的DMU。

评价的依据是决策单元的"输入"数据和"输出"数据。根据输入数据和输出数据来评价决策单元的优劣，即评价部门（单位）间的相对有效性。每个决策单元的有效性将涉及两个方面：①建立在相互比较的基础上，因此是相对有效性；②每个决策单元的有效性紧密依赖于输入综合与输出综合的比（或理解为多输入－多输出时的投入－产出比）。

2.2.1　数据包络分析基本原理

数据包络分析（Data Envelopment Analysis，DEA）是著名运筹学家A. Charnes和W. W. Copper等学者以"相对效率"概念为基础，根据多指标投入和多指标产出对相同类型的单位（部门）进行相对有效性或效益评价的一种新的系统分析方法。它是处理多目标决策问题的有效方法。决策单元的相对有效性（即决策单元的优劣）被称为DEA有效。

DEA是以相对效率概念为基础，以凸分析和线性规划为工具的一种评价方法。

它应用数学规划模型计算比较决策单元之间的相对效率，对评价对象做出评价。这种方法结构简单，使用方便。

通常应用是对一组给定的决策单元，选定一组输入、输出的评价指标，求出所关心的特定决策单元的有效性系数，以此来评价决策单元的优劣，即被评价单元相对于给定的决策单元中的相对有效性。也就是说，通过输入和输出数据的综合分析，DEA 可以得出每个 DMU 综合效率的数量指标。据此将各决策单元定级排队，确定有效的决策单元，并可给出其他决策单元非有效的原因和程度。它不仅可对同一类型各决策单元的相对有效性做出评价与排序，而且还可以进一步分析各决策单元非 DEA 有效的原因及其改进方向，从而为决策者提供重要的管理决策信息。

（1）DEA 的重要说明

1）这是一个多输入－多输出的有效性综合评价问题，除 DEA 外，其他方法几乎都局限在单输出的情况。多输入－多输出正是 DEA 重要而引人注意的地方，这是它自身突出的优点之一。可以说，在处理多输入－多输出的有效性评价方面，DEA 具有绝对优势。

2）评价指标中可以包含人文、社会、心理等领域中的非结构化因素，但需要按可靠标准给以量化赋值，如分为若干级别，以数字表示。

3）在实际应用中，投入指标和产出指标均有不同的量纲，但这并不会对使用 DEA 造成困难。决策单元的最优效率指标与投入指标值及产出指标值的量纲选取无关。也就是说，由于 DEA 方法并不直接对指标数据进行综合，因而建立模型前无须对数据进行无量纲化处理。当然，也可在建模前先作无量纲化处理。

（2）适用于复杂系统的原因　DEA 特别适用于具有多输入－多输出的复杂系统，这主要体现在以下几点：

1）DEA 以决策单元各输入输出的权重为变量，从最有利于决策单元的角度进行评价，从而避免了确定各指标在优先意义下的权重。

2）假定每个输入都关联到一个或者多个输出，而且输入输出之间确实存在某种关系，使用 DEA 方法则不必确定这种关系的显示表达式。

3）DEA 最突出的优点是无须任何权重假设，每一输入输出的权重不是根据评价者的主观认定，而是由决策单元的实际数据求得的最优权重。因此，DEA 方法排除了很多主观因素，具有很强的客观性。

自从 1978 年提出第一个 DEA 模型——C^2R 模型并用于评价部门间的相对有效性以来，DEA 方法不断得到完善并在实际中被广泛运用，诸如被运用到技术进步、技术创新、资源配置、金融投资等各个领域，特别是在对非单纯盈利的公共服务部门，如学校、医院、某些文化设施等的评价方面被认为是一种有效的方法。现在，有关的理论研究不断深入，应用领域日益广泛，应用 DEA 方法评价部门的相对有效性的优势地位，是其他方法所不能取代的。也就是说，它对社会经济系统多投入和多产出相对有效性评价是独具优势的。

2.2.2　数据包络分析关键步骤

在社会、经济和管理领域中，常常需要对具有相同类型的部门、企业或者同一单位不同时期的相对效率进行评价。这些部门、企业或时期称为决策单元，评价的依据是决策单元的一组投入指标数据和一组产出指标数据。投入指标是决策单元在社会、经济和管理活动中需要耗费的经济量；产出指标是决策单元在某种投入要素组合下，表明经济活动产出成效的经济量；指标数据是指实际观测结果。

（1）C^2R 模型　C^2R 模型是 DEA 的第一个模型，下面我们主要来介绍它。

设某个 DMU 在一项生产活动中的输入向量为 $x = (x_1, x_2, \cdots, x_m)^T$，输出向量为 $y = (y_1, y_2, \cdots, y_n)^T$。我们可以用 (x, y) 来表示该 DMU 的整个生产活动。

现设有 n 个 $\mathrm{DMU}_j(1 \leqslant j \leqslant n)$，$\mathrm{DMU}_j$ 对应的输入、输出向量分别为

$$X_j = (x_{1j}, x_{2j}, \cdots, x_{mj})^T > 0 \quad j = 1, 2, \cdots, n$$

$$Y_j = (y_{1j}, y_{2j}, \cdots, y_{sj})^T > 0 \quad j = 1, 2, \cdots, n$$

$$x_{ij} > 0 \quad y_{rj} > 0 \quad i = 1, 2, \cdots, m \quad r = 1, 2, \cdots, s$$

即每个决策单元有 m 种类型的"输入"以及 s 种类型的"输出"。

式中，x_{ij} 是第 j 个决策单元对第 i 种类型输入的投入量；y_{rj} 是第 j 个决策单元对第 r 种类型输出的产出量；x_{ij} 和 y_{rj} 是已知的数据，可以根据历史资料得到。

由于在生产过程中各种输入和输出之间的地位与作用不同，因此要对 DMU 进行评价，需要对它的输入和输出进行"综合"，即把它们看作只有一个总体输入和一个总体输出的生产过程，这样就需要赋予每个输入、输出恰当的权重（图 2-2）。

问题是，由于我们在一般情况下对输入、输出量之间的信息结构了解较少或者它们之间的相互代替性比较复杂，也由于我们想尽量避免分析者主观意志的影响，并不事先给定输入权向量 $v = (v_1, v_2, \cdots, v_m)^T$ 和输出权向量 $u = (u_1, u_2, \cdots, u_m)^T$，而是先把它们看作变向量，然后在分析过程中再根据某种原则来确定它们。

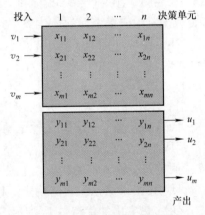

图 2-2　n 个 DMU 的输入输出示意图

在这里，v_i 是对第 i 种类型输入的一种度量（权）；u_r 是对第 r 种类型输出的一种度量（权）。

每个决策单元 DMU_j 都有相应的效率评价指数，即

$$h_j = \frac{u^T y_j}{v^T x_j} = \sum_{k=1}^{s} u_k y_{kj} \Big/ \sum_{i=1}^{m} v_i x_{ij} \quad j = 1, 2, \cdots, n$$

我们总可以适当地取权系数 v 和 u，使得 $h_j \leqslant 1$。

现在，对第 j_0 个决策单元进行效率评价。一般来说，h_{j_0} 越大，表明 DMU_{j_0} 能够用相对较少的输入得到相对较多的输出。如果我们要对 DMU_{j_0} 进行评价，看 DMU_{j_0} 在这 n 个 DMU 中相对来说是不是最优的，可以考察当权重变化时，h_{j_0} 的最大值究竟是多少。以第 j_0 个决策单元的效率指数为目标，以所有决策单元（含第 j_0 个决策单元）的效率指数为约束，构造如下的 C^2R 模型：

$$\begin{cases} \max h_{j_0} = \sum_{k=1}^{s} u_k y_{kj_0} \Big/ \sum_{i=1}^{m} v_i x_{ij_0} \\ \text{s. t.} \sum_{k=1}^{s} u_k y_{kj_0} \Big/ \sum_{i=1}^{m} v_i x_{ij_0} \leq 1 \quad j = 1,2,\cdots,n \\ \boldsymbol{v} = (v_1, v_2, \cdots, v_m)^T \geq 0 \\ \boldsymbol{u} = (u_1, u_2, \cdots, u_s)^T \geq 0 \end{cases}$$

其中 $\boldsymbol{v} \geq 0$ 表示对于 $i = 1,2,\cdots,m$，均有 $v_i \geq 0$，并且至少存在某个 i_0（$1 \leq i_0 \leq m$），使得 $v_{i_0} \geq 0$。对于 $\boldsymbol{u} \geq 0$ 含义相同。

上述模型是一个分式规划问题，使用 Charnes – Cooper 变化，即令

$$t = \frac{1}{v^T x_0}, \quad \omega = tv, \quad \mu = tu$$

可变成如下的线性规划模型 P

$$\begin{cases} \max h_{j_0} = \mu^T y_0 \\ \text{s. t.} \ \omega^T x_j - \mu^T y_j \geq 0 \quad j = 1,2,\cdots,n \\ \omega^T x_0 = 1 \\ \omega \geq 0, \mu \geq 0 \end{cases}$$

利用线性规划的最优解来定义决策单元 j_0 的有效性。从模型可以看出，该决策单元 j_0 的有效性是相对于其他所有决策单元而言的。

我们注意到，C^2R 可用线性规划 P 来表达。而线性规划一个重要且有效的理论是对偶理论，通过建立对偶模型更易于从理论及经济意义上进行深入分析。

该线性规划的对偶规划为规划 D

$$\begin{cases} \min\theta \\ \text{s. t.} \ \sum_{j=1}^{n} \lambda_j x_j \leq \theta x_0 \\ \sum_{j=1}^{n} \lambda_j y_j \geq \theta y_0 \\ \lambda_j \geq 0 \quad j = 1,2,\cdots,n \end{cases}$$

应用线性规划对偶理论，我们可以通过对偶规划来判断 DMU_{j_0} 的有效性。

为了讨论及应用方便，进一步引入松弛变量 s^+ 和剩余变量 s^-，将上面的不等式约束变为等式约束，即

$$\begin{cases} \min\theta \\ \text{s. t.} \sum_{j=1}^{n} \lambda_j x_j + s^+ = \theta x_0 \\ \sum_{j=1}^{n} \lambda_j y_j - s^- = \theta y_0 \\ \lambda_j \geq 0 \quad j = 1, 2, \cdots, n \\ s^+ \geq 0, s^- \geq 0 \end{cases}$$

将线性规划 D 定义为规划 P 的对偶规划。

（2）定理与定义　下面给出几条定理与定义，目的是为以后模型的应用做准备。

定理1　线性规划 P 和其对偶规划 D 均存在可行解，故而都存在最优值。假设它们的最优值分别为 h_{j0}^* 与 θ^*，则 $h_{j0}^* = \theta^* \leq 1$。

定义1　如果线性规划 P 的最优值为 $h_{j0}^* = 1$，则称决策单元 DMU_{j0} 为弱 DEA 有效。

定义2　如果线性规划 P 的解中存在 $\omega^* > 0$ 和 $\mu^* > 0$，并且其最优值 $h_{j0}^* = 1$，则称决策单元 DMU_{j0} 为 DEA 有效。

弱 DEA 有效即具备了有效性的基本条件。DEA 有效则表明各项投入及各项产出都不能置之一旁，即这些投入及产出都对其有效性做出了不可忽视的贡献。

定理2　DMU_{j0} 为弱 DEA 有效的充分必要条件是线性规划 D 的最优值 $\theta^* = 1$；DMU_{j0} 为 DEA 有效的充分必要条件是线性规划 D 的最优值 $\theta^* = 1$，并且对于每个最优解 λ^*，都有 $s^{*-} = 0$ 和 $s^{*+} = 0$。

（3）DEA 有效性的经济意义　下面进一步说明 DEA 有效性的经济意义。

1）我们能够用 $\mathrm{C^2R}$ 模型判定生产活动是否同时技术有效和规模有效，结论如下：

① $\theta^* = 1$，且 $s^{*-} = 0$，$s^{*+} = 0$，此时决策单元 j_0 为 DEA 有效，决策单元 j_0 的生产活动同时为技术有效和规模有效。

② $\theta^* = 1$，但至少有某个输入或输出松弛变量大于零。此时决策单元 j_0 为弱 DEA 有效，决策单元 j_0 的经济活动不是同时为技术效率最佳和规模效益最佳。

③ $\theta^* < 1$，决策单元 j_0 不是 DEA 有效，决策单元 j_0 的经济活动既不是技术效率最佳，也不是规模收捡最佳。

2）另外，我们还可以用 $\mathrm{C^2R}$ 模型中的 λ_j 来判别 DMU 的规模收益情况，结论如下：

① 如果存在 λ_j^*（$j = 1, 2, \cdots, n$）使得 $\sum \lambda_j^* = 1$，则 DMU 为规模效益不变。

② 如果不存在 λ_j^*（$j = 1, 2, \cdots, n$）使得 $\sum \lambda_j^* = 1$，若 $\sum \lambda_j^* < 1$，则 DMU 为规模效益递增。

③ 如果不存在 λ_j^* $(j=1,2,\cdots,n)$ 使得 $\sum \lambda_j^* = 1$，若 $\sum \lambda_j^* > 1$，则 DMU 为规模效益递减。

（4）DEA 有效性的检验方法　检验 DEA 有效性时，可利用线性规划，也可利用对偶线性规划。无论哪种方法都不方便，而通过构造一个稍加变化的模型可使这一检验简化，这就是具有非阿基米德无穷小的模型（详见有关文献）。利用该模型可以一次性判断出决策单元是 DEA 有效，还是弱 DEA 有效，或者是非 DEA 有效。如果某个决策单元不属于 DEA 有效，那么一个很自然的问题就会产生：它与相应的 DEA 有效的"差距"有多大？或者说，与同类型的其他决策单元相比，需要在哪些方面做何等程度的努力，才可达到 DEA 有效？这是我们需要考虑的问题。

另外，由于实际生产过程中积极活动的多样性，或决策者在评价活动中的作用不同，在基本 C^2R 模型的基础上，又发展、派生出一些新的 DEA 模型。限于篇幅问题，这里不做详细介绍。

（5）DEA 步骤总结　DEA 方法应用的一般步骤为：明确评价目的、选择 DMU、建立输入/输出指标体系、收集和整理数据资料、DEA 模型的选择以及分析评价结果并提出决策建议。

Step1　明确评价目的。DEA 方法的基本功能是"评价"，特别是进行多个同类样本间的"相对优劣性"的评价。这样就有一系列的问题需要明确，如哪些 DMU 能够在一起评价，通过什么样的输入/输出指标体系进行评价，选择什么样的 DEA 模型进行评价等。为了能使 DEA 方法提供的信息具有较强的科学性，上述问题应该服从于我们应用 DEA 方法的具体目的性。因此，明确评价目的是应用 DEA 方法的首要问题。当然，这里所说的"评价"是广义的，实际上是指通过 DEA 方法提供的评价功能而进行的系统分析工作。

Step2　选择 DMU。由于 DEA 方法是在同类型的 DMU 之间进行相对有效性的评价，因此选择 DMU 的一个基本要求就是 DMU 同类型。在实际中以下两点可以帮助我们选择 DMU：①用 DMU 的物理背景或活动空间来判断，即 DMU 具有相同的外部环境、相同的输入/输出指标和相同的目标任务等；②用 DMU 活动的时间间隔来构造，例如一个生产过程的时间间隔为 $[0, T]$，现将 $[0, T]$ 进行 q 等分，由于每个等分中的生产过程都是原过程的一部分（一个时段），因此如果将每个等分视为一个 DMU，则可认为我们一共得到 9 个同类型的 DMU，另外，DMU 个数不宜过多，否则可能会使 DMU 的同类型受到影响。

Step3　建立输入/输出指标体系。这是应用 DEA 方法的一项基础性前提。DEA 主要是利用各决策单元的输入、输出评价指标数据对决策单元进行相对有效性评价，系统的评价指标不同，其有效性的评价结果也将不同。要考虑如下几点：

① 要考虑能够实现评价目的。为了做到这一点，需要把评价目的从输入和输出两个不同的侧面分解成若干变量，并且该评价目的的确能够通过这些输入向量和输出向量构成的生产过程。当然，如果指标的经济意义比较直观、明显，与评价目

的性关联也较紧，则很容易被认定为输入/输出指标。通常可将各决策单元的效用型指标作为系统的输出指标，将成本型指标作为系统的输入指标。

② 能全面反映评价目的。一般来说，一个评价目的需要多个输入和输出才能较为全面地描述，缺少某个或者某些指标常会使评价目的不能完整地得以实现。换言之，缺少了某个或某些指标，就不能够全面地反映评价目的。例如，在某个指标体系中新增一个或去掉一个指标，可能会使原来非有效的 DMU 变成有效的 DMU 或原来有效的 DMU 变成非有效的 DMU。

③ 要考虑输入向量和输出向量之间的联系。由于在生产过程中，DMU 各输入和各输出之间往往不是孤立的，通过向专家咨询或进行统计分析也可在初步确定了输入/输出指标体系后，进行试探性的 DEA 分析。如果在用了几组样本数据进行分析后，个别指标对应的权重总是很小，这说明这样的指标对 DMU 有效性的影响不大，可以考虑删除这些指标。

Step4 收集和整理数据资料。采用 DEA 方法评价各决策单元的相对有效性时，需要输入各决策单元的输入、输出指标值，这些指标值的正确性将直接影响各决策单元的相对有效性评价结果。因此，正确收集和科学整理各决策单元的输入、输出数据就成为 DEA 评价中的重要组成部分。

Step5 DEA 模型的选择。DEA 有多种模型，进行评价时选择什么模型需要从以下几个方面进行考虑：

① 由于具有非阿基米德无穷小的 DEA 模型在判断 DMU 是否为（弱）DEA 有方便之处，在实际中这一模型经常被应用。

② 为了得到不同侧面的评价信息，在可能的情况下，尽量选用不同类型的 DEA 模型同时进行分析，再把分析结果相互比较。

具体可采用求解线性规划的商业软件进行求解，也可采用各种专门的 DEA 软件进行求解。通过求解 DEA 规划模型，获得各决策单元的评价结果。

Step6 分析评价结果并提出决策建议。对于一组 DMU，在确定了指标体系后，选择一个合适的 DEA 模型进行相对有效性评价，并在评价结果基础上进行分析工作。需要考虑如何把分析工作设计得更为细致、更为全面，以便提供尽可能多的比较信息。当然，究竟做些什么，如何做，对提供的结果又如何进行分析等，没有一个固定的模式，还需从问题的实际背景和评价目的出发。最基本的是，利用 DEA 规划模型的求解结果，判断各决策单元的 DEA 有效性如何，找出非有效性决策单元的无效原因及其改进措施，形成评价结果报告，并向上层决策单元领导提出建议以辅助决策。

（6）实例分析　通过研究 DEA 在工业行业科技发展评价中的应用，说明 DEA 评价的全过程。

把某一工业行业科技实力发展视作 DEA 的一个决策单元，它具有特定的输入和输出。为了使各 DMU 具有可比性以及 DEA 综合评价指标的合理和有意义，必须选择好评价系统的输入和输出指标体系，以利于实现系统的客观描述和评价。

其中，输入指标包括研发人员比率 I_1、科学家与工程师比率 I_2、微电子控制机器设备原值比率 I_3、科研机构固定资产原值比率 I_4、技术引进投资占总支出比率 I_5、科技活动计费支出与产品销售收入比率 I_6。

输出指标包括每百名科研人员专利授权比率 O_1、每百名科研人员科技成果获奖比率 O_2、新产品销售收入占产品销售收入比率 O_3、新产品出口额占产品销售收入比率 O_4、万元技术引进投资新增企业增加值 O_5、企业通过质量认证体系的产品比率 O_6。

在科技发展能力的 DEA 评价中，原则上应包含以上 12 项输入和输出指标，它们反映科技的开发能力、质量技术水平和管理水平的高低，也反映科技人力、物力和财力投入产出效果。但是经验和理论表明，在不同的指标体系中 DEA 评价结果是不同的，因此应用中要考察 DEA 评价结果随着指标体系的变化而变化的情况以及其中包含的有价值的信息。为此，以广州市为例，对指标体系进行分组，见表 2-4。

表 2-4　广州市工业行业科技实力 DEA 评价指标体系分组情况

组号	评价目的	输入指标	输出指标
1	产品开发能力	I_1, I_4, I_6	O_1, O_3, O_6
2	技术水平	I_1, I_3, I_5	O_2, O_4, O_5
3	质量和管理水平	I_2, I_3, I_6	O_1, O_4, O_6
4	人力投入产出效果	I_1, I_2	O_1, O_2
5	物力投入产出效果	I_3, I_4	O_3, O_4
6	财力投入产出效果	I_5, I_6	O_3, O_5
7	科技整体水平	I_1, I_2, I_3, I_4, I_5, I_6	O_1, O_2, O_3, O_4, O_5, O_6

为了使工业各行业之间具有可比性，对上述所选择的 12 项指标均采用发展速度为其相对数，基期为 1988 年行业的指标数值，而报告期为 1999 年行业的指标数值。这样一来，12 项指标均表示各行业关于 1999 年指标的发展速度，从而可比。

根据广州市工业行业统计数据情况，剔除缺少值多的行业并合并部分同类行业，得到广州市 14 个工业行业数据，以表 2-4 的指标体系分组情况进行 DEA 模型计算。相关评价方案的综合评价指标（DEA 有效性系数）、平均综合评价指标值及各行业的综合评价名次见表 2-5。

表 2-5 广州市 1999 年主要工业行业科技实力发展 DEA 评价结果

工业行业	方案号							平均综合评价指标值	综合评价名次
	1	2	3	4	5	6	7		
食品、饮料制造业	1.0000	0.7113	1.0000	1.0000	0.4533	0.3073	1.0000	0.7817	9
纺织、皮革制品业	0.4808	1.0000	0.4571	0.5561	0.1216	1.0000	1.0000	0.6594	11
造纸、文教体育制品业	0.5328	1.0000	0.7540	0.3163	1.0000	0.1434	1.0000	0.6781	10
石油和化学工业	1.0000	0.6690	1.0000	1.0000	0.3091	1.0000	1.0000	0.8540	5
医药行业	1.0000	1.0000	1.0000	1.0000	0.2350	1.0000	1.0000	0.8907	2
建材及其他非金属制品业	0.4275	0.7295	0.6527	0.3537	0.3508	0.0891	0.7848	0.4840	13
金属冶炼及压延加工业	0.9312	1.0000	0.8938	0.7876	0.4726	0.7519	1.0000	0.8339	7
金属制品业	0.6207	0.1313	0.6554	0.4241	0.1677	0.1819	0.6554	0.4052	14
电气、机械、电子设备制造业	1.0000	0.5434	1.0000	0.6626	0.8813	1.0000	1.0000	0.8696	3
机械工业	0.9220	1.0000	0.7356	0.5200	0.3829	0.9181	1.0000	0.7826	8
交通运输设备制造业	1.0000	1.0000	0.6521	0.8064	1.0000	0.6277	1.0000	0.8695	4
电气机械及器材制造业	0.7837	0.8766	1.0000	1.0000	0.6938	0.4851	1.0000	0.8342	6
电子及通信设备制造业	1.0000	1.0000	1.0000	0.4589	1.0000	0.9166	1.0000	0.9108	1
仪器仪表、其他计量器具制造业	0.5001	0.3977	0.9409	1.0000	0.2435	0.1164	1.0000	0.5998	12

从 14 个行业的数据来看，电子通信和医药行业在产品开发、技术和管理水平方案全为 DEA 有效，应为最具发展潜力的行业，最差的是金属制品和建材及非金属制品行业。从平均综合评价指标值看，排在前 9 位的行业均为广州市的工业支柱行业，其中第 2~9 位是广州较具特色的传统工业行业，经过技术、管理、生产资料等要素的优化组合后，居资金、技术密集型产业的比重明显上升，约占产品产值的一半，为广州市跃升全国十大城市工业总产值第二位提供保证。

产品开发、技术和管理水平的 DEA 结果分析。从产品开发的数据（方案 1）看，9 个支柱行业除电气机械及器材制造业差一些外，其他行业的投入产出效果均较好。从技术水平数据（方案 2）看，电气、机械、电子设备制造业，石油和化学工业以及食品、饮料制造业等传统行业，虽然处于发展的成熟期，但技术水平不高，更应意识到应用新技术、新材料和新工艺来提高其生产力的重要性，积极地接受知识经济，通过技术创新来提高产品的技术水平。从管理水平数据（方案 3）看，交通运输设备制造业等行业应提高其管理水平和竞争力。

人力、物力、财力投入产出的 DEA 结果分析。从方案 4 可以看出，电子及通信设备制造业的有效性系数较低，反映了该行业的竞争激烈，而广州在这个方面的人才素质不够高，专利和成果获奖数增幅小，急需改进。从方案 5 可知，医药行业、石油和化学工业、机械工业、金属冶炼及压延加工业和食品、饮料制造业等传统行业应运用高新技术装备传统产业，以提高其产出效率及竞争力。从方案6可知，食品、饮料制造业和电气机械及器材制造业的有效性系数较低，反映出它们对高新技术的重视程度不够。

2.2.3　数据包络分析 Matlab 程序实现

数据包络分析实现的 Matlab 程序如下。

```
clear;
clc;
X = [ ];    % 多指标输入矩阵 X
Y = [ ];    % 多指标输出矩阵 Y
n = size(X',1);
m = size(X,1);
s = size(Y,1);
A = [ - X'    Y'];
b = zeros(n,1);
LB = zeros(m + s,1);
UB = [ ];
for i = 1:n
        f = [zeros(1,m)    - Y(:,i)'];
        Aeq = [X(:,i)'    zeros(1,s)];
        beq = 1;
        w(:,i) = linprog(f,A,b,Aeq,beq,LB,UB);    % 求解线性规划，获得 DMUᵢ
的最佳权向量
        E(i,i) = Y(:,i)' * w(m + 1:m + s,i);    % 求出获得 DMUᵢ的相对效率值 Eᵢᵢ
end
w
E
Omega = w(1:m,:)    % 输出投入权向量
mu = w(m + 1:m + s,:)    % 输出产出权向量
```

2.3　模糊综合评价法

在客观世界中，存在着许多不确定的现象，这种不确定性主要表现在两个方面：一是随机性，即事件是否发生的不确定性；二是模糊性，即事件本身状态的不确定性。随机性造成的不确定性是对事物的因果关系掌握不够，也就是说对事物发生的条件无法严格控制，以至于一些偶然因素使实验结果产生了不确定性，但事物

本身却有明确的含义。模糊性是指某些事物或者概念的边界不清楚,这种边界不清楚,不是由于人的主观认识达不到客观实际所造成的,而是事物的一种客观属性,是事物的差异之间存在着中间过渡过程的结果。

一般来说,随机性是一种外在因果的不确定性,而模糊性是一种内在结构的不确定性。从信息观点看,随机性只涉及信息的量,模糊性则关系到信息的质,可以说,模糊性是一种比随机性更深刻的不确定性。在现实生活中,模糊性的存在比随机性的存在更为广泛,尤其是在主观认识领域,模糊性的作用比随机性的作用重要得多。

2.3.1 模糊综合评价法基本原理

在客观世界中,存在着大量的模糊概念和模糊现象。模糊概念是指一个概念和与其对立的概念无法划出一条明确的分界,它们是随着量变逐渐过渡到质变的,例如"年轻"和"年老"就是如此,人们无法划出一条严格的年龄界限来区分"年轻"和"年老"。生活中,类似这样的事例可以举出很多,"高与矮""胖与瘦""美与丑"等没有确切界限的一些对立概念都是所谓的模糊概念。凡涉及模糊概念的现象被称为模糊现象,现实生活中的绝大多数现象都存在着中介状态,并非非此即彼,而是会表现出亦此亦彼的中间状态。

随着科技的发展,人们要经常处理一些复杂的现实问题,而复杂性就意味着因素众多。当人们还不可能对全部因素都进行考察,或者可以忽略某些因素而并不影响对事物本质认识的正确性时,这就需要进行模糊识别与判断。

模糊数学就是试图利用数学工具解决模糊事物方面的问题。模糊数学的产生,把数学的应用范围从精确现象扩大到模糊现象的领域,从而能够处理复杂的系统问题。模糊数学绝不是把已经很精确的数学变得模模糊糊,而是用精确的数学方法来处理过去无法用数学描述的模糊事物。从某种意义上来说,模糊数学是架在形式化思维和复杂系统之间的一座桥梁,通过它可以把多年积累起来的形式化思维,也就是精确数学的一系列成果,应用到复杂系统中去。模糊数学的出现,给我们研究那些复杂的、难以用精确数学描述的问题带来了方便而又简单的方法。有人说它是"异军突起",也正是因为这点,模糊数学才能渗透到各个领域里,并且显示出强大的生命力。

在实际工作中,对一个事物的评价常常涉及多个因素或多个指标,这时就要求根据多个因素对事物做出一个总的评价,而不能只从某一因素的情况去评价事物,这就是综合评判。在这里,评判的意思是指按照给定的条件对事物的优劣、好坏进行评比和判别;综合的意思是指评判条件包含多个因素或多个指标。

无论是产品质量的评级、科技成果的鉴定,还是干部、学生的评优等,都属于评判的范畴。如果考虑的因素只有一个,那么评判就很简单,只要给对象一个评价分数,按分数的高低就可将评判的对象排出优劣的次序。但是,一个事物往往具有多种属性,评价事物必须同时考虑各种因素。

一个事物往往需要用多个指标刻画其本质与特征，并且人们对一个事物的评价往往不是简单的好与不好，而是采用模糊语言分为不同程度的评语。显而易见，对于这类模糊评价对象，利用经典的评价方法存在着不合理性。那么，用什么办法解决这类问题呢？由于在很多问题上，我们对事物的评价常常带有模糊性，因此，应用模糊数学的方法进行综合评判将会取得更好的实际效果。

模糊综合评价是借助模糊数学的一些概念，对实际的综合评价问题提供一些评价的方法。具体来说，模糊综合评价就是以模糊数学为基础，应用模糊关系合成的原理将一些边界不清、不易定量的因素定量化，从多个因素对被评价事物隶属等级状况进行综合性评价的一种方法。综合评判是根据所给的条件，给每个对象赋予一个非负实数——评判指标，再据此排序择优。

模糊综合评价作为模糊数学的一种具体应用方法，最早是由我国学者汪培庄提出的，它主要分为两步：第一步，按每个因素单独评判；第二步，按所有因素综合评判。其优点是数学模型简单，容易掌握，对多因素、多层次的复杂问题评判效果比较好，是别的数学分支和模型难以代替的方法。模糊综合评价方法的特点在于，评价逐对进行，对被评对象有唯一的评价值，不受被评价对象所处对象集合的影响。这种模型应用广泛，在许多方面，采用模糊综合评价的实用模型取得了很好的经济效益和社会效益。

2.3.2 模糊综合评价法关键步骤

（1）关键步骤 模糊综合评价法的关键步骤主要包括确定评价因素和评价等级、构造判断矩阵和确定权重、进行模糊合成和做出决策。

Step1 确定评价因素和评价等级。设 $U = \{u_1, u_2, \cdots, u_m\}$ 为刻画被评价对象的 m 种因素（即评价指标）；$V = \{v_1, v_2, \cdots, v_n\}$ 为刻画每一因素所处的状态的 n 种决断（即评价等级）。

以人员管理为例，人员管理工作所涉及的一些概念，常常是客观上存在着的模糊概念。诸如政治思想水平的高低、业务工作能力的大小以及群众关系的好坏等，用传统的数学模型难以描述。假设有 t 个人员组成备选集。在人员管理中，对每个对象的评价因素包括：①政治思想与工作态度；②解决实际问题的能力；③创造创新能力等。

这些评价因素可以衡量一个备选对象"水平"的测度。考核成绩的评定若习惯于四级评分制，则取优秀、良好、及格、不及格。评判等级应尽可能满足人们区分能力的要求和符合人事部门的一般习惯。

Step2 构造判断矩阵和确定权重。首先对着眼因素集中的单因素 $u_i(i = 1, 2, \cdots, m)$ 做单因素评判，从因素 u_i 着眼该事物对抉择等级 $v_j(j = 1, 2, \cdots, n)$ 的隶属度为 r_{ij}，这样就得出第 i 个因素 u_i 的单因素评判集为

$$r_i = (r_{i1}, r_{i2}, \cdots, r_{im}) \qquad (2\text{-}9)$$

这样 m 个着眼因素的评价集就构造出一个总的评价矩阵 R，即每一个被评价

对象确定了从 U 到 V 的模糊关系 $\boldsymbol{R}$

$$\boldsymbol{R} = (r_{ij})_{m \times n} = \begin{bmatrix} r_{11} & r_{12} & \cdots & r_{1n} \\ r_{21} & r_{22} & \cdots & r_{2n} \\ \cdots & \cdots & \cdots & \cdots \\ r_{m1} & r_{m2} & \cdots & r_{mn} \end{bmatrix} \quad (i = 1,2,\cdots,m; j = 1,2,\cdots,n)$$

(2-10)

其中 r_{ij} 表示从因素 u_i 着眼，该评判对象能被评为 v_j 的隶属度，具体地说，r_{ij} 表示第 i 个因素 u_i 在第 j 个评语 v_j 上的频率分布，一般将其归一化使之满足 $\sum r_{ij} = 1$。$\boldsymbol{R}$ 矩阵本身就是没有量纲的，不需要进行专门处理。

一般来说，用等级比重确定隶属矩阵的方法，可以满足模糊综合评价的要求。用等级比重法确定隶属度时，为了保证可靠性，一般要注意两个问题；第一，评价者人数不能太少，因为只有这样，等级比重才趋于隶属度；第二，评价者必须对被评事物有相当的了解，特别是一些涉及专业方面的评价更应该如此。

得到这样的模糊关系矩阵，尚不足以对事物做出评价。评价因素集中的各个因素在"评价目标"中有不同的地位和作用，即各评价对象在综合评价中占有不同的比重。拟引入 U 上的一个模糊向量 $\boldsymbol{A} = (a_1, a_2, \cdots, a_m)$，称权重或权数分配集，其中 $a_i \geq 0$，且 $\sum a_i = 1$，它反映对诸多因素的一种权衡。

权数是表征因素相对重要性大小的量度值。因此，在评价问题中，赋权数是极其重要的。常见评价问题中的赋权数，一般多凭经验主观臆测，富有浓厚的主观色影。在某些情况下，主观确定权数尚有客观的一面，如果其在一定程度上反映了实际情况，则评价的结果有较高的参考价值；但是主观判断权数有时严重地扭曲了客观实际，使评价的结果严重失真而有可能导致决策者的错误判断。在某些情况下，确定权数可以利用数学的方法，尽管数学方法掺杂有主观性，但因数学方法严格的逻辑性而且可以对确定的"权数"进行"滤波"和"修复"处理，以尽量剔除主观成分，符合客观现实。

这样一来，就存在两种模糊集。以主观赋权为例，一类是标志因素集 U 中各元素在人们心目中的重要程度的量，表现为因素集 U 上的模糊权重向量 $\boldsymbol{A} = (a_1, a_2, \cdots, a_m)$；另一类是 $U \times V$ 上的模糊关系，表现为 $m \times n$ 模糊矩阵 $\boldsymbol{R}$。这两类模糊集都是人们价值观念或者偏好结构的反映。

Step3 进行模糊合成和做出决策。$\boldsymbol{R}$ 中不同的行反映了某个被评价事物从不同的单因素来看对各等级模糊子集的隶属程度，用模糊权向量 $\boldsymbol{A}$ 将不同的行进行综合，就可得到该被评事物从总体上来看对各等级模糊子集的隶属程度，即模糊综合评价结果向量。

引入 V 上的一个模糊子集 B，称模糊评价，又称决策集，$B = \{b_1, b_2, \cdots, b_n\}$。

一般而言，令模糊变换 $\boldsymbol{R} = A \Theta B$，其中 Θ 为算子符号。对于不同的模糊算子，就有不同的评价模型。

在模糊变换中，A 称为输入，B 称为输出，如果评判结果 $\sum b_j \neq 1$，应将它归一化。b_j 表示被评价对象具有评语 v_j 的程度。各个评判指标，具体反映了评判对象在所评判特征方面的分布状态，使评判者对评判对象有更深入的了解，并能做出各种灵活的处理。如果要选择一个决策，则可选择最大的 b_j 所对应的等级 v_j 作为综合评判的结果。

B 是对每个被评判对象综合状况分等级的程度描述，它不能直接用于被评判对象间的排序评优，必须要进行更进一步的分析处理，待分析处理之后才能应用。通常可以采用最大隶属度法则对其处理，得到最终评判结果。此时，我们只利用了 b_j $(j = 1, 2, \cdots, n)$ 的最大者，没有充分利用 B 所带来的信息。为了充分利用 B 所带来的信息，可把各种等级的评级参数和评判结果 B 进行综合考虑，使得评判结果更加符合实际。

设相对于各等级 v_j 规定的参数列向量为

$$C = (c_1, c_2, \cdots, c_n)^{\mathrm{T}} \tag{2-11}$$

则得出等级参数评价结果为

$$B * C = p \tag{2-12}$$

p 是一个实数，它反映了由等级模糊子集 B 和等级参数向量 C 所带来的综合信息，在许多实际应用中，它是十分有用的综合参数。

就理论而言，上述的广义模糊合成运算有无穷多种，但在实际应用中，经常采用的具体模型只有几种。关于 B 的求法，最早的合成运算采用查德算子（主因素突出型），但当评价因素较多时，由于 a_i 很小，评判结果得到的 b_j 反映不出实际情况，失掉了综合评价的意义。因此，应用查德算子进行综合评判，往往得到的结果与实际情况相差很大。为了克服这一缺点，人们常常根据实际情况采用其他类型的"与""或"算子，或者将两种类型的算子搭配使用。当然，最简单的是普通矩阵乘法（即加权平均法），这种模型使得每个因素都对综合评价有所贡献，比较客观地反映了评价对象的全貌。这是一个很容易理解、很容易接受的合成方法。在实际问题中，我们不一定仅限于已知的算子对，应该依据具体的情形，采用合适的算子对，可以大胆实验、大胆创新，只要采用的算子对一方面抓住实际问题的本质，获得满意的效果，另一方面保证满足 $0 < b_j < 1$ 即可。

（2）实例应用 下面举一例说明 DEA 在质量和经济效益评价中的应用。

1）评价指标体系的建立。企业作为一个社会生产单位，其质量经济效益最终表现在产品质量和经济效益两个方面，而每个方面又由若干评价指标所决定。相应地，评价指标集分为两个层次：第一层，总目标因素集 $U = \{u_1, u_2\}$；第二层，子目标因素集 $u_1 = (u_{11}, u_{12}, u_{13}, u_{14}, u_{15}, u_{16})$ 和子目标因素集 $u_2 = (u_{21}, u_{22}, u_{23})$。质量经济效益综合评价系统的结构如图 2-3 所示。

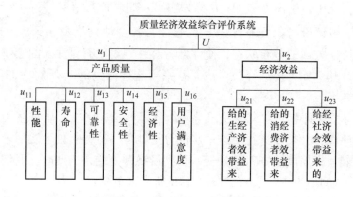

图 2-3 质量经济效益综合评价系统的结构

2）评价集的确定。评价集是对各层次评价指标的一种语言描述，它是评审人对各评价指标所给出的评语的集合，本模型的评语共分五个等级，具体的评价集为

$$v = \{v_1, v_2, v_3, v_4, v_5\} = \{非常满意, 比较满意, 一般, 不太满意, 很不满意\}$$

3）权重的确定。在进行模糊综合评价时，权重对最终的评价结果会产生很大的影响，不同的权重有时会得到完全不同的结论。因此，权重选择得合适与否直接关系到模型的成败。确定权重的方法有很多种，如专家估计法、层次分析法（AHP）等，可根据系统的复杂程度和实际工作需要进行适当选择。本模型评价系统相对比较简单，在这里采用专家估计法来确定权重。在综合有关专家意见的基础上，本模型最终的权重确定结果如下

$$A = (0.5, 0.5)$$
$$A_1 = (0.15, 0.15, 0.15, 0.15, 0.15, 0.25)$$
$$A_2 = (0.4, 0.3, 0.3)$$

这里所确定的权重是各元素相对于其上一层次元素的相对重要性权重值。权重确定的依据有下列三条：

① 产品质量和经济效益在综合评价系统中占有同等重要的地位，轻视任何一方对企业的发展都不利。

② 产品质量的决定权取决于用户而不是生产企业，只有用户满意的产品才是真正高质量的产品。

③ 生产者在追求自身经济效益的同时，要兼顾消费者和社会的经济效益。

4）模糊判断矩阵的确定。选取生产者代表、用户代表及有关专家组成评审团，对评价指标体系中第二层各个元素进行单因素评价，具体做法可采用问卷调查的形式。通过对调查结果的整理、统计，即得到单因素模糊评判矩阵。

$$\boldsymbol{R}_i = \begin{bmatrix} r_{i11} & r_{i12} & \cdots & r_{i1n} \\ r_{i21} & r_{i22} & \cdots & r_{i2n} \\ \vdots & \vdots & & \vdots \\ r_{im1} & r_{im2} & \cdots & r_{imn} \end{bmatrix} \quad (i=1,2)$$

式中，m 是评价因素集 u_i 中元素的个数；n 是评价集 v 中元素的个数。

5）综合评价。由第三步得到的权重以及第四步得到的单因素模糊评价判断矩阵，进行如下的综合评判：

$$B_i = \boldsymbol{A}_i \cdot \boldsymbol{R}_i = (b_{i1}, b_{i2}, b_{i3}, b_{i4}, b_{i5}) \quad (i=1,2)$$

$$\boldsymbol{R} = \begin{bmatrix} B_1 \\ B_2 \end{bmatrix}$$

$$B = \boldsymbol{A} \cdot \boldsymbol{R} = \boldsymbol{A} \cdot \begin{bmatrix} B_1 \\ B_2 \end{bmatrix} = \boldsymbol{A} \cdot \begin{bmatrix} \boldsymbol{A}_1 \cdot \boldsymbol{R}_1 \\ \boldsymbol{A}_2 \cdot \boldsymbol{R}_2 \end{bmatrix} = (b_1, b_2, b_3, b_4, b_5)$$

这里的符号"·"表示广义的合成运算，有两种合成运算算子可供我们选择。下面说明本模型的具体使用方法，假设我们对某机械工业企业做质量效益综合评价。为了综合评价该企业的质量经济效益，我们选取了该企业的生产代表、长期使用该企业产品的用户代表和有关专家共计20人组成评审团，以问卷调查的形式让他们对图2-3中综合评价系统第三层各元素进行单因素评价。通过对调查表的回收、整理和统计，得到评价结果的统计表见表2-6。

表2-6　某机械工业企业质量效益单因素评价的调查结果统计

指标	评价				
	非常满意	比较满意	一般	不太满意	很不满意
性能	2	6	8	4	0
寿命	0	2	10	7	1
可靠性	1	5	12	2	0
安全性	3	8	6	3	0
经济性	0	3	9	6	2
用户满意度	0	4	12	4	0
生产者的经济效益	2	9	8	1	0
消费者的经济效益	0	5	7	8	0
社会的经济效益	1	4	13	2	0

根据表2-6，可以构造模糊判断矩阵为

$$R_1 = \begin{bmatrix} 0.1 & 0.3 & 0.4 & 0.2 & 0 \\ 0 & 0.1 & 0.5 & 0.35 & 0.05 \\ 0.05 & 0.25 & 0.6 & 0.1 & 0 \\ 0.15 & 0.4 & 0.3 & 0.15 & 0 \\ 0 & 0.15 & 0.45 & 0.3 & 0.1 \\ 0 & 0.2 & 0.6 & 0.2 & 0 \end{bmatrix}, \quad R_2 = \begin{bmatrix} 0.1 & 0.45 & 0.4 & 0.05 & 0 \\ 0 & 0.25 & 0.35 & 0.4 & 0 \\ 0.05 & 0.2 & 0.65 & 0.1 & 0 \end{bmatrix}$$

那么，由 $A_1 = (0.15, 0.15, 0.15, 0.15, 0.15, 0.25)$ 可以得到"产品质量"的评价向量为 $B_1 = A_1 \cdot R_1 = (0.04, 0.23, 0.49, 0.22, 0.02)$；由 $A_2 = (0.4, 0.3, 0.3)$ 可以得到"经济效益"的评价向量为 $B_2 = A_2 \cdot R_2 = (0.06, 0.31, 0.46, 0.17, 0)$；再由 $A = (0.5, 0.5)$，我们便得到了"质量经济效益"的综合评价向量为 $B = A \cdot R = (0.05, 0.27, 0.48, 0.19, 0.01)$。根据最大隶属度原则，说明该企业的质量经济效益属于一般水平。

本评价方法具有科学、简洁、可操作性强等特点，就如何定量地评价质量经济效益做了一次有益的尝试。

2.3.3　模糊综合评价法 Matlab 程序实现

模糊综合评价法实现的 Matlab 程序如下。

```
clear;clc;
X1 = [2 6 8 4 0
      0 2 10 7 1
      1 5 12 2 0
      3 8 6 3 0
      0 3 9 6 2
      0 4 12 4 0];
X2 = [2 9 8 1 0
      0 5 7 8 0
      1 4 13 2 0];
W = [0.5 0.5];
W1 = [0.15 0.15 0.15 0.15 0.15 0.25];
W2 = [0.4 0.3 0.3];
 n = size(X1,2);
R1 = X1./repmat(sum(X1,2),1,n);
R2 = X2./repmat(sum(X2,2),1,n);
B1 = W1 * R1
B2 = W2 * R2
B = [B1;B2]
B = W * B
```

2.4 灰色综合评价法

灰色系统是按颜色来命名的。在控制论中，人们常用颜色的深浅来形容信息的明确程度，用"黑"表示信息未知，用"白"表示信息完全明确，用"灰"表示部分信息明确、部分信息不明确。相应地，信息未知的系统称为黑色系统，信息完全明确的系统称为白色系统，信息不完全确知的系统称为灰色系统。灰色系统是介于信息完全知道的白色系统和一无所知的黑色系统之间的中间系统。

灰色系统是贫信息的系统，统计方法难以奏效。灰色系统理论能处理贫信息系统，适用于只有少量观测数据的项目。灰色系统理论是我国著名学者邓聚龙教授在1982年提出的，它的研究对象是"部分信息已知，部分信息未知"的"贫信息"不确定性系统，它通过对部分已知信息的生成、开发，实现对现实世界的确切描述和认识。换句话说，灰色系统理论主要是利用已知信息来确定系统的未知信息，使系统由"灰"变"白"。其最大的特点是对样本量没有严格的要求，不要求服从任何分布。

2.4.1 灰色综合评价法基本原理

社会、经济等系统具有明显的层次复杂性、结构关系的模糊性、动态变化的随机性、指标数据的不完全性和不确定性。比如，由于技术方法、人为因素等，造成各种数据误差、短缺甚至虚假现象即灰色性。由于贫信息不确定性系统的普遍存在，决定了这一理论具有十分广阔的发展前景。随着灰色系统理论研究的不断深入和发展，已经在许多领域取得不少应用成果。

从目前来看，灰色系统理论主要研究下列几个方面：灰色因素的关联度分析、灰色建模、灰色预测、灰色决策、灰色系统分析、灰色系统控制和灰色系统优化等。

社会系统、经济系统、农业系统、生态系统等抽象系统包含多种因素，这些因素之间哪些是主要的，哪些是次要的，哪些影响大，哪些影响小，哪些需要发展，哪些需要拟制，这些都是因素分析的内容。在粮食生产系统中，影响粮食产量的因素很多，如肥料、农药、种子、气象、劳力、土壤、水利、耕作、技术以及政策等。为了提高粮食产量，达到少投入多产出，保证经济效益、社会效益和生态效益的统一，有必要做因素的关联分析。

回归分析虽然是一种较通用的方法，但大都只用于少因素的、线性的问题，对于多因素的、非线性的问题则难以处理。灰色系统理论提出了一种新的分析方法，即系统的关联度分析方法。这是根据因素之间发展态势的相似或相异程度来衡量因素间关联程度的方法。

由于关联度分析方法是按发展趋势进行分析，因此对样本量的多少没有要求，也不需要有典型的分布规律，计算量小，且不至出现关联度的量化结果与定性分析不一致的情况。

进行关联度分析，首先要找准数据序列，即用什么数据才能反映系统的行为特征。当有了系统行为的数据列（即各时刻的数据）后，根据关联度计算公式便可算出关联程度。

关联度反映了各评价对象对理想（标准）对象的接近次序，即评价对象的优劣次序，其中灰色关联度最大的评价对象为最佳。

灰色关联分析，不仅可以作为优势分析的基础，而且也是进行科学决策的依据。关联度分析方法的最大优点是它对数据量没有太高的要求，即数据多与少都可以分析，它的数学方法是非统计方法，在系统数据资料较少和条件不满足统计要求的情况下，更具有实用性。

概括地说，由于人们对评判对象的某些因素不完全了解，致使评判根据不足；或者由于事物不断发展变化，人们的认识落后于实际，使评判对象已经成为"过去"；或者由于人们受事物伪信息和反信息的干扰，导致判断发生偏差等。所有这些情况归结为一点，就是信息不完全，即"灰"。灰色系统理论是从信息的非完备性出发研究和处理复杂系统的理论，它不是从系统内部特殊的规律出发去讨论，而是通过对系统某一层次的观测资料加以数学处理，达到在更高层次上了解系统内部变化趋势、相互关系等机制。

灰色理论应用最广泛的是关联度分析方法。关联度分析是分析系统中各元素之间关联程度或相似程度的方法，其基本思想是依据关联度对系统排序。

关联度是表征两个事物的关联程度。具体地说，关联度是因素之间关联性大小的量度，它定量地描述了因素之间相对变化的情况。

关联分析是灰色系统分析、评价和决策的基础。从思路上看，关联分析属于几何处理范畴，它是一种相对性的排序分析，基本思想是根据序列曲线几何形状的相似程度来判断其联系是否紧密，曲线越接近，相应序列之间的关联度就越大，反之就越小。

作为一个发展变化的系统，关联度分析事实上是动态过程发展态势的量化分析。说得确切一点，是发展态势的量化比较分析。发展态势的比较，也就是历年来有关统计数据列几何关系的比较，实质上是几种曲线间几何形状的分析比较，即认为几何形状越接近，则发展变化态势越接近，关联程度越大。

考虑三个数据列，一个是某地区 1997—2003 年总收入，一个是这个地区 1997—2003 年招商引资收入，一个是农业收入，具体数值见表 2-7。将上述数列做成曲线，如图 2-4 所示。

表 2-7　某地区 1997—2003 年总收入、招商引资及农业收入值

（单位：亿元）

年份	1997	1998	1999	2000	2001	2002	2003
总收入	18	20	22	40	44	48	60
招商引资	10	15	16	24	38	40	50
农业	3	2	12	10	22	18	20

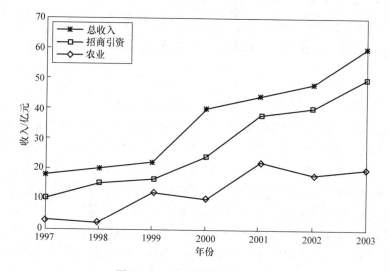

图 2-4　三个数据列关联分析图

从图 2-4 可以看出，招商引资的曲线形状与总收入的曲线形状较接近，而农业曲线与总收入曲线相差较大。因此，该地区对收入影响较大的是招商引资，在制定该地区经济发展规划时，显然应加大招商引资的力度。

这种因素分析的比较，实质上是几种曲线间几何形状的分析比较，而且对数据量也没有太高的要求，即数据或多或少都可以分析。但事实上，这种直观的几何形状的判断比较是不能量化的，并且，如果好几条曲线形状相差不大，或者在某些区间形状比较接近，就很难用直接观察的方法来判断各曲线间的关联程度。

下面介绍衡量因素间关联程度大小的常用量化方法。

作关联分析先要制定参考的数据列（母因素时间数列），参考数据列常记为 x_0，一般表示为

$$x_0 = \{x_0(1), x_0(2), \cdots, x_0(n)\}$$

关联分析中被比较数列（子因素时间数列）常记为 x_i，一般表示为

$$x_i = \{x_i(1), x_i(2), \cdots, x_i(n)\} \quad i = 1, 2, \cdots, m$$

对于一个参考数据列 x_0，比较数列为 x_i，可用下述关系表示各个比较曲线与参考曲线在各点的差

$$\xi_i(k) = \frac{\min\limits_i \min\limits_k |x_0(k) - x_i(k)| + \zeta \max\limits_i \max\limits_k |x_0(k) - x_i(k)|}{|x_0(k) - x_i(k)| + \zeta \max\limits_i \max\limits_k |x_0(k) - x_i(k)|}$$

式中，$\xi_i(k)$ 是第 k 个时刻比较曲线 x_i 与参考曲线 x_0 的相对差值，这种形式的相对差值称为 x_i 对 x_0 在 k 时刻的关联系数；ζ 是分辨系数，$\zeta \in [0,1]$，引入它是为了减少极值对计算的影响，在实际使用时，应根据序列间的关联程度选择分辨系数，一般取 $\zeta \leqslant 0.5$ 最为恰当。

若记

$$\Delta\min = \min\limits_i \min\limits_k |x_0(k) - x_i(k)|, \Delta\max = \max\limits_i \max\limits_k |x_0(k) - x_i(k)|$$

则 $\Delta\min$ 与 $\Delta\max$ 分别为各时刻 x_0 与 x_i 的最小绝对差值与最大绝对差值，从而有

$$\xi_i(k) = \frac{\Delta\min + \zeta\Delta\max}{|x_0(k) - x_i(k)| + \zeta\Delta\max}$$

如果计算关联程度的数列量纲不同，则要将其转化为无量纲。常用的无量纲化方法有初值化与均值化。初值化是指所有数据均用第一个数据除，然后得到一个新的数列，这个新的数列即是各不同时刻的值相对于第一个时刻的值的百分比。均值化处理就是用序列平均值除以所有数据，即得到一个占平均值百分比的数列。

关联系数只表示各时刻数据间的关联程度。由于关联系数的数很多，信息过于分散，不便于比较，为此有必要将各个时刻的关联系数集中为一个值，求平均值便是作为这种信息集中处理的一种方法。于是，绝对关联度的一般表达式为

$$r_i = \frac{1}{n}\sum_{k=1}^{n}\xi_i(k)$$

或者说 r_i 是曲线 x_i 对参考曲线 x_0 的绝对关联度。

关联度分析的目的，是在影响某参考数列 x_0 的诸多因素 x_i 中找出主要因素，也就是按对 x_0 的关联程度大小对 x_i 进行排序。

若 x_i 与 x_0、x_j 与 x_0 的关联度分别为 r_i、r_j，则有

1）$r_i > r_j$ 时，称 x_i 优于 x_j。

2）$r_i < r_j$ 时，称 x_i 劣于 x_j。

3）$r_i = r_j$ 时，称 x_i 等于 x_j。

4）$r_i \geqslant r_j$ 时，称 x_i 不劣于 x_j。

5）$r_i \leqslant r_j$ 时，称 x_i 不优于 x_j。

于是，我们就可以把影响母序列 x_0 的因素 x_i 按上述定义的优劣排队，即按各自对 x_i 的影响程度大小排序，从而完成关联度分析。

总体来说，灰色关联度分析是系统态势的量化比较分析，其实质就是比较若干数列所构成的曲线列与理想（标准）数列所构成的曲线几何形状的接近程度，几何形状越接近，其关联度越大。关联序则反映各评价对象对理想（标准）对象的接近次序，即评价对象的优劣次序，其中灰色关联度最大的评价对象为最佳。因

此，利用灰色关联度可对评价对象的优劣进行分析比较。

2.4.2 灰色综合评价法关键步骤

对事物的综合评价，多数情况是研究多对象的排序问题，即在各个评价对象之间排出优选顺序。灰色综合评判主要依据的模型是

$$R = E \times W$$

式中，$R = [r_1, r_2, \cdots, r_m]^T$ 是 m 个被评对象的综合评判结果向量；即根据 R 的数值进行排序 $W = [\omega_1, \omega_2, \cdots, \omega_n]^T$ 是 n 个评价指标的权重分配向量，其中 $\sum\limits_{j=1}^{n} \omega_j = 1$；$E$ 是各指标的评判矩阵。

E 的表达式为

$$E = \begin{bmatrix} \xi_1(1) & \xi_1(2) & \cdots & \xi_1(n) \\ \xi_2(1) & \xi_2(2) & \cdots & \xi_2(n) \\ \vdots & \vdots & \vdots & \vdots \\ \xi_m(1) & \xi_m(2) & \cdots & \xi_m(n) \end{bmatrix}$$

式中，$\xi_i(k)$ 是第 i 个方案中第 k 个指标与第 k 个最优指标的关联系数。

1. 确定最优指标集（F^*）

设 $F^* = [j_1^*, j_2^*, \cdots, j_n^*]$，式中 $j_k^*(k = 1, 2, \cdots, n)$ 是第 k 个指标的最优值。此最优值可以是诸方案中的最优值（若某一指标取大值为好，则取该指标在各个方案中的最大值；若取小值为好，则取各个方案中最小值），也可以是评估者公认的最优值。不过在确定最优值时，既要考虑到先进性，又要考虑到可行性。若最优指标过高，不能实现，则评价的结果也就不可能正确。

选定最优指标集后，可构造矩阵 D

$$D = \begin{bmatrix} j_1^* & j_2^* & \cdots & j_n^* \\ j_1^1 & j_2^1 & \cdots & j_n^1 \\ \vdots & \vdots & \vdots & \vdots \\ j_1^m & j_2^m & \cdots & j_n^m \end{bmatrix}$$

式中，j_k^i 是第 i 个方案中第 k 个指标的原始数值。

2. 指标值的规范化处理

由于评判指标间通常有不同的量纲和数量级，故不能直接进行比较。为了保证结果的可靠性，需要对原始指标值进行规范处理。

设第 k 个指标的变化区间为 $[j_{k1}, j_{k2}]$，j_{k1} 为第 k 个指标在所有方案中的最小值，j_{k2} 为第 k 个指标在所有方案中的最大值，则可用下式将 D 中原始数值变换成无量纲值 $C_k^i \in (0, 1)$。

$$C_k^i = \frac{j_k^i - j_{k1}}{j_{k2} - j_k^i} \quad i = 1, 2, \cdots, m \quad k = 1, 2, \cdots, n$$

经过变换后可得到矩阵 C 为

$$
C = \begin{bmatrix}
C_1^* & C_2^* & \cdots & C_n^* \\
C_1^1 & C_2^1 & \cdots & C_n^1 \\
\vdots & \vdots & \vdots & \vdots \\
C_1^m & C_2^m & \cdots & C_n^m
\end{bmatrix}
$$

3. 计算综合评价结果

根据灰色系统理论，将 $\{C^*\} = \{C_1^*, C_2^*, \cdots, C_n^*\}$ 作为参考数列，将 $\{C^i\} = \{C_1^i, C_2^i, \cdots, C_n^i\}$ 作为被比较数列，则用关联分析法分别求得第 i 个方案第 k 个指标与第 k 个最优指标的关联系数，即

$$
\xi_i(k) = \frac{\min\limits_i \min\limits_k |C_k^* - C_k^i| + \rho \max\limits_i \max\limits_k |C_k^* - C_k^i|}{|C_k^* - C_k^i| + \rho \max\limits_i \max\limits_k |C_k^* - C_k^i|}
$$

式中，$\rho \in [0,1]$，一般取 $\rho = 0.5$。

由 $\xi_i(k)$ 可得 E，这样综合评价结果为 $R = E \times W$ 即

$$
r_i = \sum_{k=1}^n \omega(k) \times \xi_i(k)
$$

若关联度 r_i 最大，则说明 $\{C^i\}$ 与最优指标 $\{C^*\}$ 最接近，亦说明第 i 个方案优于其他方案。依此类推，可以排出各个方案的优劣排序。

4. 灰色关联度分析具体步骤

Step1 确定比较数列（评价对象）和参考数列（评价标准）。

设评价对象为 m 个，评价指标为 n 个，则比较数列为

$$
x_i = \{x_i(k) | k = 1, 2, \cdots, n\} \quad i = 1, 2, \cdots, m
$$

参考数列为

$$
x_0 = \{x_0(k) | k = 1, 2, \cdots, n\}
$$

Step2 确定各指标值对应的权重。

可利用层次分析法等确定各指标对应的权重为

$$
W = \{\omega_k | k = 1, 2, \cdots, n\}
$$

式中，ω_k 是第 k 个评价指标对应的权重。

Step3 计算灰色关联系数 $\xi_i(k)$。

$$
\xi_i(k) = \frac{\min\limits_i \min\limits_k |x_0(k) - x_i(k)| + \rho \max\limits_i \max\limits_k |x_0(k) - x_i(k)|}{|x_0(k) - x_i(k)| + \rho \max\limits_i \max\limits_k |x_0(k) - x_i(k)|}
$$

式中，$\xi_i(k)$ 是比较数列 x_i 与参考数列 x_0 在第 k 个评价指标上的相对差值。

Step4 计算灰色加权关联度，建立灰色关联度。

灰色加权关联度的计算公式为

$$
r_i = \frac{1}{n} \sum_{k=1}^n \omega_k \xi_i(k)
$$

式中，r_i 是第 i 个评价对象对理想对象的灰色加权关联度。

Step5 评价分析。

根据灰色加权关联度的大小，对各评价对象进行排序，即建立评价对象的关联序，关联度越大其评价结果越好。

5. 实例应用

下面以一个煤炭企业管理水平的评价为例说明灰色综合评价方法。

（1）煤矿管理水平指标体系的选择　矿井管理水平的多指标评价，通常是选择同类矿井，对共同的指标进行分析，从中评价管理水平的高低。要从众多指标中选择一个指标体系，这个指标体系应能够反映所评价矿井的基本情况，指标体系中各项指标的优劣程度应能较好地反映客观现实。根据上述思想，现选择能够体现煤炭生产特征和标志的 6 项指标，即

1）产量。以评判期计划产量为100，希望完成的百分数越大越好。

2）掘进。以评判期计划掘进进尺为100，希望完成的百分数越大越好。

3）工效。以评判期计划全员工效为100，希望工效越高越好。

4）质量。以评判期商品煤计划含矸率为100，希望含矸率越低越好。

5）成本。以评判期计划吨煤成本为100，希望实际成本越低越好。

6）安全。以评判期事故率为100，希望实际事故率越低越好。

对于上述 6 项评价指标，采用的权重按上述指标出现的先后顺序依次为

$$\omega_j = (\omega_1, \omega_2, \omega_3, \omega_4, \omega_5, \omega_6) = (0.2, 0.2, 0.1, 0.15, 0.15, 0.2)$$

（2）评价数据　某矿务局有 5 个矿井，年终考核各矿企业管理情况，5 个矿井的各项评价指标数据见表 2-8。

表2-8　评价指标数据　　　　　　　　　　　　　（单位:%）

指标	一矿	二矿	三矿	四矿	五矿	理想对象
产量	123.2	112.2	92.2	118.4	87.5	123.2
掘进	90.4	114.4	91.1	120.5	85.5	120.5
工效	115.6	108.6	90.4	116.3	96.8	116.3
质量	100.5	85.2	100.7	85.7	120.5	85.2
成本	80.2	87.3	115.6	80.5	140.1	80.2
安全	85.8	91.4	94.6	60.6	80.6	60.6

（3）指标计算　把各评价对象中每一项指标的最佳值作为理想对象的指标值。最佳值从参加比选的被评对象中选取，对不同影响因素而言，有的指标以最大为好，有的指标则以最小为好，以最佳值为基础，便可构造理想对象的指标值。

现仅以一矿与理想对象的加权关联度计算为例，来说明其计算过程。

1）计算指标关联系数。

$$\xi_{11}(1) = \frac{0 + 35.7}{|123.2 - 123.2| + 35.7} = 1$$

同理，计算可得

$$\xi_{11}(2) = 0.538, \xi_{11}(3) = 0.947, \xi_{11}(4) = 0.698, \xi_{11}(5) = 1, \xi_{11}(6) = 0.540$$

2）计算加权关联度。

$$
\begin{aligned}
r_{11} &= \sum_{i=1}^{n} \xi_{11}(i)\omega_i \\
&= 1 \times 0.2 + 0.538 \times 0.2 + 0.947 \times 0.1 + 0.698 \times 0.15 + 1 \times 0.15 \\
&\quad + 0.540 \times 0.2 \\
&= 0.768
\end{aligned}
$$

用同样的方法可计算出其他几个矿井的加权关联度分别为

$$r_{12} = 0.785, \, r_{13} = 0.558, \, r_{14} = 0.973, \, r_{15} = 0.527$$

根据以上关联度，可得到关联序为

$$r_{14} > r_{12} > r_{11} > r_{13} > r_{15}$$

可见，四矿管理水平最高，二矿次之，一矿第三，三矿第四，五矿最差。

2.4.3 灰色综合评价法 Matlab 程序实现

灰色综合评价法实现的 Matlab 程序如下。

```
clear;
clc;

X = [123.2 90.4 115.6 100.5 80.2 0.858
    112.2 114.4 108.6 85.2 87.3 0.914
    92.2 91.1 90.4 100.7 115.6 0.946
    118.4 120.5 116.3 85.7 80.5 0.606
    87.5 85.5 96.8 120.5 140.1 0.806];
[m,n] = size(X);
X0 = [123.2 120.5 116.3 85.2 80.2 0.606];
W = [0.2 0.2 0.1 0.15 0.15 0.2];
delta = abs(X - repmat(X0,m,1));
xi = (min(min(delta)) + max(max(delta))). / (delta + max(max(delta)));
r = sum(xi. * repmat(W,m,1),2)
```

第3章 旅客列车停站方案优化问题

旅客列车开行方案以客运量为基础，以客流性质、特点和规律为依据，科学合理地安排包括列车开行区段、列车种类、开行对数、车底运用、停站方案和客座能力利用率等内容。列车开行方案是高速铁路旅客运输组织的核心，它能反应旅客运输的服务质量和经营策略，而列车停站方案是开行方案中最重要的组成部分之一。停站方案直接影响旅客出行的方便程度、列车旅行时间、线路的通过能力以及所能完成的客运量，完善的停站方案对于有效减少运输成本、提高运输效率和服务质量等方面有着重要的意义。

3.1　旅客列车停站方案问题描述

3.1.1　旅客列车停站方案定义

旅客列车停站方案是在列车开行径路、列车种类、编组辆数和列车开行对数确定后，根据客流需求，结合列车协调配合情况，合理安排各列车的停站序列。具体来讲，旅客列车停站方案需要确定以下内容：对于同一运行区段，一站直达列车开行比例；对于每个车站，停站列车的开行比例；对于每趟列车，总的停站次数和停靠站点。停站方案的要素包括以下几个方面：

1. 列车停靠车站次数

列车停站次数越多，越有利于中间站旅客的乘降，但会降低列车的旅行速度，增加远途旅客的旅行时间。高速铁路旅客列车的最大优势体现在列车旅行速度高，因此每趟列车的停靠车站总数应有所限制。

2. 列车停靠站点

列车停靠车站次数确定后，还应选择列车的停靠车站以服务车站以及站间的客流需求。一方面，应为旅客尽可能多地提供直达服务，即开行在两个站点之间均停站的列车，两个站点之间的旅客不需要换乘；另一方面，应为换乘的旅客乘车提供方便。

3. 列车在车站停留时间

针对某一列车而言，根据车站的等级，结合旅客乘降数量，确定列车在不同车站的停留时间。一般在高等级车站停留时间较长，在低等级车站停留时间短。

在日常运输组织方案中，列车停站方案负责规定研究范围内所有列车在其运行区间内的站点是否进行停靠，列车在沿线各站点只有停站与不停站两个选择。高速铁路列车停站方案示意图如图3-1所示，黑点表示该列车在对应的车站停车。

3.1.2　旅客列车停站模式

在国外停站方案的研究中，"站站停""隔站停"和"大站停"三种停站模式早在1968年就被 Eisele 提出。荷兰、日本等国的列车停站方式均体现出了这几种停站模式。例如，荷兰将路网划分为 Inter-City（IC）、Inter-Regio（IR）和 Agglo-Regio（AR）三个等级的系统，分别服务于城际、区域和地方的客流，车站也

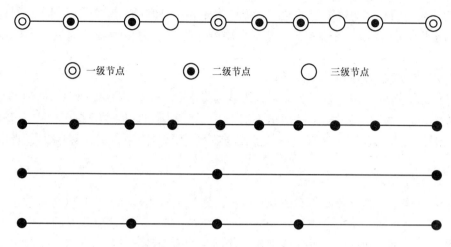

图 3-1　高速铁路列车停站方案示意图

相应地划分为 IC、IR 和 AR 站；不同种类的列车在对应等级的车站停站，如列车 IC 只在车站 IC 停站，列车 IR 在车站 IR 和 IC 停站，列车 AR 则站站停。日本的东海道新干线开行三种速度等级的列车；其中，希望号列车运行速度达到 270km/h，主要服务于东京、名古屋、大阪、京都、神户和广岛等大城市；回声号列车速度最慢，在开行区段内站站停；光号列车的停站较为灵活，作为对希望号、回声号列车的补充，便于旅客换乘。

我国高速铁路旅客列车主要采用以下几种停站模式：

1. 一站直达

在起讫点间客流足够大时，列车自始发站出发，中途不停站，直接到达终点站。开行一站直达列车可以保证列车高速运行，缩短长途旅客旅行时间，有利于吸引直达客流；另一方面，开行直达列车会对停站列车产生影响，限制区段通过能力。

2. 大站停靠

依据车站所在城市的人口数量、政治经济地位及旅客发送需求和客运设施规模等因素划分车站等级。列车在运行区段内只在大站停车，保证高等级车站间的服务需求，同时列车停站数量少，不会过多降低列车旅行速度。

3. 站站停靠

列车在区段内停靠所有车站，满足相邻车站间客流乘车的需要，方便短途旅客出行，但会降低列车旅行速度；另一方面，列车停站次数多，在站停留时间和起停附加时分对通过能力的影响较大，同时延长了动车组占用时间，增加了铁路部门运输成本。

4. 交错停站

区段内途径车站数量较多时，不同的列车选择合适的大站和小站交错停站，在服务于大站间旅客运输需求的同时，保证大站和小站间的旅客交流。列车交错停站有利于组织平均化的停站方案，充分利用线路通过能力，为旅客提供较高的服务频率。

3.1.3 旅客列车停站方案影响因素

停站方案的编制过程较为复杂，影响因素多种多样。国外普遍在车站和列车分级化的思想上建立相对简单的列车停站方案，而我国目前则主要按照"按流开车"的原则，采用建立模型等方式进行停站方案的编制。停站方案的影响因素有以下几点。

1. 客流分布

客流分布是制定停站方案的基本依据，客流量的大小和性质反映了旅客出行行为的需求。我国铁路运输组织一直本着"按流开车"的基本思想，确定列车开行区段、开行对数和列车种类。旅客列车停站是为中间站上下旅客服务的，设置停站方案的最终目标也是满足中间各站间的客流交换。客流总量大、分布不均，各车站所需满足旅客需求的服务频率不均，这就决定了列车在不同车站的停站次数不同；再加上旅客流量在不同时间段内波动明显、结构复杂、旅客出行选择的需求不一，使得列车的停站方案也变得更加多样化。

2. 车站等级

车站的等级由车站所在城市规模、经济发展状况、人口数量等决定，结合近期铁路旅客的到达量和发送量、城市交通枢纽布局、动车段配属等一系列的影响因素，通过一定的方法将车站分级。高等级的车站一般设在大型城市，旅客发送量和到达量较多，列车在站停靠次数需与站上客流量相适应，故列车在高等级车站的停靠次数也相应较多。车站的规模、线路咽喉能力和接发车能力等也会在一定程度上影响停站方案的制定；同时，政治因素影响的必停靠车站对停站方案的影响也十分重要。有文献将车站划分为 3 个层次的节点等级，对 3 个等级节点的服务频率分别要求不低于 4 次/h、1 次/h 次和 0.5 次/h。

3. 列车等级

目前运行在我国高速铁路线上的列车有速度在 250km/h 以上的高速动车组列车（G 字头列车），速度在 200km/h 以上的动车组列车（D 字头列车）以及以 160~200km/h 速度运行的城际列车。为了保障列车旅行速度，减少旅客出行时间，保证列车服务质量，对于每列车的停站数量都会有一定的限制。高等级列车平均运营速度快，旅客对于旅行时间和舒适性要求较高，停站次数少；同时，为满足中间站旅客乘降需求，低等级列车应相应增加停站次数。在我国京沪高速铁路上，高速动车组列车的停站比例一般在 30%~40%，而动车组列车的停站比例高达 80%。

4. 区段通过能力

高速铁路列车每一次停站将产生停站时间以及起停车附加时间，相对不停车的高速列车，其额外占用的时间将对通过能力产生不利影响。在停站次数和停站时间确定的条件下，停站列车的扣除系数取决于该列车在运行图上的分布，因此，停站方案的编制还受区段通过能力的影响。

3.1.4 旅客列车停站方案设置原则

在国外停站方案的研究中，列车停站是为了满足旅客乘降需要，中间各站间的客流交换主要通过列车停站的方式输送，列车停站数目越多越有利于各站旅客的乘降，从而为旅客出行提供方便；但高速列车停站次数过多会损失列车旅行速度，增加旅客旅行时间。因此，列车停站的设置既要考虑方便旅客出行，又要保证高速列车的旅行速度。此外，列车停站与客流分配相互影响，不同的停站方案吸引的客流不同，从而影响旅客对列车的选择。制定列车停站方案时应遵循以下原则：

1. 最大限度为旅客提供方便

编制停站方案的最终目标，是将各起讫点间的客流分配到相应的列车上，满足旅客的出行需求。从方便旅客的角度，制定停站方案应尽可能多地为旅客提供直达服务，减少旅客的换乘。对于满足开行直达不停站列车的客流量，优先考虑开行直达列车；剩余客流量开行停站列车，适当增加列车停站次数，为更多旅客提供服务。另一方面，应保证一定的车站服务频率，使列车在同一车站的停站时间分布尽量均衡，避免某一时段大量列车停站或无列车停站的情形，节省旅客乘车等待时间。

2. 合理利用通过能力

列车停站对通过能力的影响较大。同一运行区段，相同等级列车的停站次数应尽量接近，并按"递远递停"安排列车停站，有利于提高区段通过能力。

3. 减少铁路运输成本

列车停站延长了动车组的占用时间，降低了车底周转频率，增加了动车组需求数量、列车起停带来的额外消耗、乘务组费用以及车站的额外费用等。因此，在基本满足旅客需求的前提下，列车停站次数越少，运输企业的运营成本也就越低，相应的经济效益就会得到提高。

3.2 旅客列车停站方案模型构建

3.2.1 模型相关条件假设

城际铁路列车停站方案的确定需要考虑很多因素，在模型建立和应用的过程中，需要界定某些特定的条件和因素。在建立城际铁路列车停站方案优化模型前，做出如下假设：

（1）封闭性假设　假设整个城际铁路系统是相对封闭的，外部环境的变化在一定时空范围内不会对系统状态产生影响，系统的状态只取决于内部的参数状态。由于城际铁路的功能定位为主要满足本线旅客出行，因此只考虑城际铁路本线列车的停站和本线客流，不考虑跨线列车和跨线客流。

（2）相似性假设 假设所有列车具有很多相同的特征，如有相同的停站时间、起停附加时分和区间运行速度，列车在区间运行过程中不发生越行。

（3）确定性假设 本章所建立的模型适用于已开通运营的城际铁路，是在已有停站方案的基础上进行的优化。因此，列车的起讫点、开行对数、开行时间、编组及客流是已知的，只是对中间站的列车停站方案进行优化。

3.2.2 模型相关参数说明

在确定城际铁路列车停站方案优化模型的目标函数和约束条件前，对相关变量进行定义。

假定城际铁路旅客运输网络 $N=(S,T)$，其中，$T=\{T_i \mid i=1,2,\cdots,m\}$ 为开行列车集合，$S=\{S_j \mid j=1,2,\cdots,n\}$ 为城际铁路车站的集合。定义变量 $x_{ij} \in \{0,1\}$ 表示列车 T_i 是否在车站 S_j 停靠，如果停靠，则 $x_{ij}=1$，反之，则 $x_{ij}=0$。模型参数列表见表3-1。

表3-1 模型参数列表

参数名称	符号
列车集	$T_i=\{T_i \mid i=1,2,\cdots,m\}$
车站集	$S_j=\{S_j \mid j=1,2,\cdots,n\}$
决策变量	x_{ij}
目标函数	$Z_l \quad l=1,2,\cdots,L$
修正目标函数	Z'_l
服务频率要求	A_j
车站 j 与车站 k 之间的客流量	Q_{jk}
列车定员	P
车站 j 与车站 k 之间的平均上座率	ϑ_{jk}
线路运行列车最小停站次数	B_M
运行列车对应速度等级的最大停站次数	C_M
加权系数	ω_l

3.2.3 旅客列车停站方案优化模型

1. 模型目标函数分析

对旅客列车停站方案优化模型而言，本章考虑的目标包括列车停站总次数与列车停站均衡性两个方面。

（1）列车停站总次数 对于列车或运行线而言，停站总次数应该有一定的要求，这样不论是对提高通过能力还是对提高旅客服务质量都有着积极意义。而列车停车总次数在一定程度上体现了车站的运营管理、运输组织、经济效益等多方面的影响，因此选用停车总次数最小作为其中一个优化目标

$$\min Z_1 = \sum_{i=1}^{m} \sum_{j=1}^{n} x_{ij} \tag{3-1}$$

（2）列车停站均衡性　对于每趟列车来说，其停站次数综合在一定的数量范围内，停站次数在每趟列车上较均衡地分布，有利于实现列车的旅客运输服务时效性。列车停站均衡系数是指，每趟列车在运行途中各个站点停靠的次数与所有列车停站次数平均数之差的平方和的总和，其表达式为

$$\min Z_2 = \sum_{i=1}^{m} \left(x_{ij} - \frac{1}{m} \sum_{i=1}^{m} \sum_{j=1}^{n} x_{ij} \right)^2 \tag{3-2}$$

2. 模型约束条件分析

对旅客列车停站方案优化模型而言，本章考虑的约束条件主要包括客流节点服务频率约束和列车停站次数约束。

（1）客流节点服务频率约束　客流节点服务频率是指对于某一车站 j 而言，其全天的列车停站次数不得低于该节点等级对服务频率的要求 $l_{\min}(j)$，见式（3-3）。城际铁路客流在不同等级节点的分布差异非常明显，因此可通过客流节点的客流量确定其服务频率的合理范围，具体范围要结合城际铁路客流需求的具体情况而定。

$$\sum_{i=1}^{m} x_{ij} \geqslant l_{\min}(j) \quad \forall j = 1,2,\cdots,n \tag{3-3}$$

（2）列车停站次数约束　列车停站次数 h 的限制与列车等级有关，高等级列车速度快，为保证列车在区间内具有较高运行速度，减少旅客旅行时间，应安排较少数量的停站；低等级列车速度相对较慢，为补充高等级列车没有服务到的节点，最大限度地满足旅客需求，应安排较多的停站。但是由于城际铁路本线运行的列车都采用统一等级的列车，因而本章不考虑列车等级对停站次数的影响。因此，列车停站次数的限制条件为

$$h_{\min} \leqslant \sum_{j=1}^{n} x_{ij} \leqslant h_{\max} \quad \forall i = 1,2,\cdots,m \tag{3-4}$$

（3）变量约束　变量约束是指列车停站方案优化模型决策变量的取值范围约束，即

$$x_{ij} \in \{0,1\} \quad \forall i = 1,2,\cdots,m \quad \forall j = 1,2,\cdots,n \tag{3-5}$$

3.3　旅客列车停站方案模型求解

3.3.1　多目标转化

本章建立的优化模型中存在两个目标函数，一个是针对所有开行列车而言，总的列车停站次数之和要尽量少；另一个是针对单个开行列车而言，列车停靠的车站数量分布要尽可能均衡。可以看出，该模型是多目标优化问题。

对多目标优化问题的求解可以采用间接法，首先通过某种方法将多目标规划转

化为单目标规划问题，然后对此单目标规划求解，所得解即为多目标规划的解。本章建立的优化模型的两个目标函数优先等级相同，可以采用线性加权法分别赋予两个目标不同的权系数，将多目标函数转换为单目标函数，即

$$\min Z = \omega_1 Z_1 + \omega_2 Z_2 \tag{3-6}$$

式中，ω_1、ω_2 分别是列车停站总次数与列车停站均衡性两个目标的权重系数，代表了两个目标的重要程度。

3.3.2 遗传算法设计

遗传算法是模拟自然界生物遗传进化过程中"优胜劣汰、适者生存"的生物进化原理的随机搜索最优解的方法，借鉴自然选择、遗传和变异等遗传机制来增强个体适应性。遗传算法中用群体表示可行解集，这里的群体是指可行停站方案集。用遗传算法求解时首先要进行编码，随机产生初始种群，再经过对当前种群进行选择运算、交叉运算和变异运算等一系列操作来产生新的种群，从而逐步搜索近似最优解。

遗传学术语与遗传算法术语对照表见表 3-2。

表 3-2 遗传学术语与遗传算法术语对照表

遗传学术语	遗传算法术语
群体	可行解集
个体	可行解
染色体	可行解的二进制编码（字符串）
基因	字符串的各个分量
适应度	适应函数
选择	选择算子
交叉	交叉算子
变异	变异算子

本章所用的算法设计过程如下：

1. 编码

将优化变量表示成数字序列的过程称为编码。遗传算法常用的编码形式包括二进制编码、十进制编码以及实数编码等。结合高速铁路列车停站方案优化问题的性质，本文采用适合 0－1 规划模型的 0－1 实数编码，在此要特别注意与 0－1 二进制码的区分。

列车停站方案编码示意图如图 3-2 所示。一个个 0－1 序列车站集表示染色体的一个个基因片段，m 表示运行列车数。基因片段中的基因位点一一对应沿线线路中各个节点；基因位点取值为 1 时代表该列车在该对应节点停站，基因位点取值为 0 时代表在该节点不停站。由于始发终到站必须停车，故序列的第一位与最后一位的值为 1。

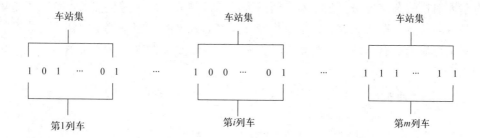

图 3-2　列车停站方案编码示意图

2. 设计适应函数

适应函数是指借鉴生物学中适应度来表示遗传算法中评价个体优劣的数学函数。在上文已将多目标函数转化为单目标函数，并用式（3-6）表示。引入阶跃函数 $J(u)$ 来发挥约束条件的作用，其表达式为

$$J(u) = \begin{cases} u/u_0 & u > u_0 \\ 1 & u \leq u_0 \end{cases} \tag{3-7}$$

由式（3-6）可知，目标函数均为求最小正值，故构建如下适应度函数

$$fit(u) = \frac{1}{\min Z + J(u)} \tag{3-8}$$

3. 确定参数

确定群体规模 G，并随机选取初始群体。确定最大代目数 m，确定杂交概率 P_b（取值范围一般在 $0.25 \sim 1.00$）、变异概率 $P_c = 1/G$ 等参数。

4. 设计遗传算子

（1）选择算子　选择算子是指以个体适应度为依据，通过一定的方法，按一定的概率 P_a 从当前群体中选择部分优良个体遗传到下一代的选择操作。采用轮盘赌复制技术来选择算子，对从群体中选出的染色体的适应值进行求和计算；随后随机生成一个范围在 0 到总和之间的数值 R；从群体中的首条染色体起，对其适应值进行累加，直到产生不小于随机数 R 的累加和时，便把最后一条染色体选择出来放入下一代中；重复上述步骤，直至选取完 G 条染色体。

$$P_i = \frac{f_i}{\sum_i f_i} \tag{3-9}$$

式中，P_i 是染色体 i 被选择的概率；f_i 是染色体 i 的适应度。

（2）交叉算子　交叉法借鉴了生物界的杂交，即将群体中选中的各个个体进行随机配对，对每一对个体按交叉概率采用某种交叉法交换部分染色体。为便于求解，本章采用单点交叉法来交叉算子。单点交叉法是指随机选择一个交叉点，即将两个连续的基因之间的分割位置作为交叉点，保持交叉点前基因不变，交叉点后所

有基因对换的杂交方法。由于本章所研究的是停站方案，为避免交叉点落在车站集中的基因位点间造成无效解，本章规定交叉点必须选择在车站集中间，进行交换的是交叉点后的所有车站集。列车停站方案交叉算子示意图如图3-3所示。

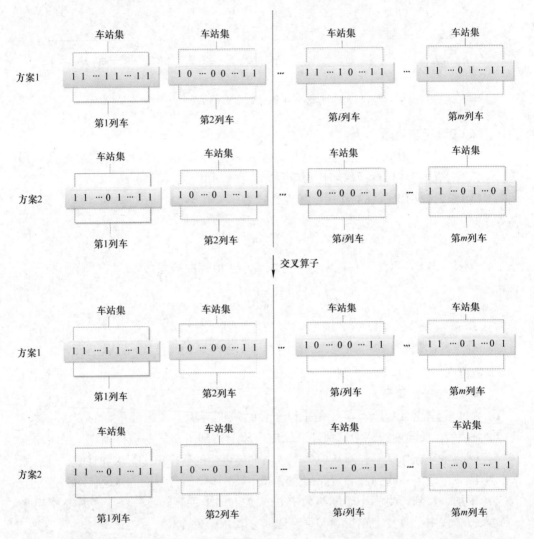

图3-3　列车停站方案交叉算子示意图

（3）变异算子　变异算子是指将群体中某一条染色体中的某一个基因采用等位基因替换。在自然界中，变异的概率一般较小，但为了丰富群体多样性以及受到的各种外界影响，仍需要亦必然发生变异。对于0-1实数编码而言，即变0为1，或变1为0。停站方案变异算子示意图如图3-4所示。

5. 确定停止规则

一般来说，停止规则都是自行规定，由于上文已确定最大代目数，故在此以选

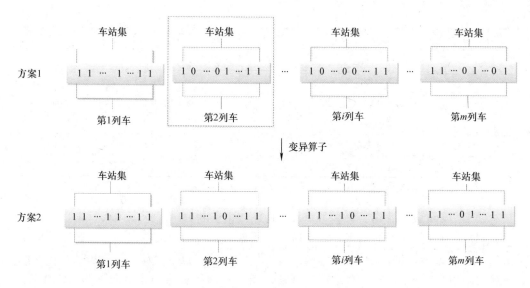

图 3-4 停站方案变异算子示意图

代数目达到最大代数目时停止迭代为停止规则。

3.4 案例分析

根据前文建立的铁路列车停站方案优化模型及遗传算法,结合广东省江湛城际铁路客流特征及开行方案现状的分析结果,对江湛城际铁路列车停站方案进行优化研究,将求解出的列车停站方案与现有的列车停站方案进行对比分析,以验证模型的有效性和算法的可行性。

3.4.1 江湛城际铁路概况

江湛城际铁路东接广珠城际铁路新会站,西至湛江西站,途经江门、阳江、茂名、湛江 4 个地级市,共设 13 个客运站。其中位于江门市的站点有江门站、双水镇站、台山站、开平南站以及恩平站,位于阳江市的站点有阳东站、阳江站以及阳西站,位于茂名市的站点有马踏站、电白站以及茂名站,位于湛江市的站点有吴川站与湛江西站。江湛城际铁路线路技术标准见表 3-3,正线采用双线轨道,设计速度为 200km/h,正线间距为 4.4m,限制坡度为 6‰,采用电力牵引与自动闭塞。

表 3-3 江湛城际铁路线路技术标准

项 目	标 准
铁路等级	国铁 I 级
正线数目	双线
速度目标值	200km/h

（续）

项　目	标　准
正线间距	4.4m
限制坡度	6‰
最小曲线半径	一般地段4000m，困难地段3500m
牵引种类	电力牵引
闭塞类型	自动闭塞
行车指挥方式	综合调度集中

注：其他技术标准执行 TB 10621—2014《高速铁路设计规范》。

　　江湛城际铁路沿线全长355km，途径江门市的新会区、双水镇、台山市、开平市、恩平市，阳江市的阳东市、江城区、阳西市，茂名市的电白区、马踏镇、茂南区，湛江市的吴川市、麻章区。其中，新会区、阳东区、江城区、电白区、茂南区、麻章区属于市辖区，双水镇、马踏镇属于乡镇级，台山市、开平市、恩平市、阳西市与吴川市的行政等级为县级市。2018年，新会区、台山市、开平市、恩平市、阳东市、江城区、阳西市、电白区、茂南区、吴川市、麻章区的常住人口分别达到86.9100、95.2500、71.0500、50.4200、46.3527、54.9445、42.2017、154.4000、100.1200、96.4600、27.2800万人，双水镇常住人口92500人，马踏镇常住人口82447人。新会区、台山市、开平市、恩平市、阳东市、江城区、阳西市、电白区、茂南区、吴川市、麻章区的城市GDP分别达到597.6240、397.8596、341.5674、181.1135、280.4750、285.9266、222.6542、613.6900、305.5700、258.9311、142.7272万元。江湛城际铁路日均客流数据见表3-4。

表3-4　江湛城际铁路日均客流数据

站名	客流量/人
江门站	—
双水镇站	53
台山站	1492
开平南站	894
恩平站	684
阳东站	208
阳江站	3895
阳西站	627
马踏站	375
电白站	355
茂名站	5095
吴川站	438
湛江西站	—

结合江湛城际铁路及沿线地区的经济社会情况、路网情况、客流特征等相关信息，得到各站相关信息见表3-5。

表3-5　江湛城际铁路沿线各站相关信息

| 站点 | 社会属性（B1） | | | | 路网属性（B2） | 设备设置（B3） | 客运需求（B4） | |
	所属地	城市行政等级（C1）	城市GDP/万元（C2）	人口数量/万人（C3）	动车所设置（C4）	客运专线数量/对（C5）	客运量/人（C6）	始发列车数量/对（C7）
江门站	新会区	市辖区	597.6240	86.9100	—	2	—	0
双水镇站	双水镇	镇	597.6240	9.2500		0	53	0
台山站	台山市	县级市	397.8596	95.2500		0	1492	0
开平南站	开平市	县级市	341.5674	71.0500		0	894	0
恩平站	恩平市	县级市	181.1135	50.4200		0	684	0
阳东站	阳东区	市辖区	280.4750	46.3527		0	208	0
阳江站	江城区	市辖区	285.9266	54.9445		0	3895	0
阳西站	阳西市	县级市	222.6542	47.2017		0	627	0
马踏站	马踏镇	镇	613.6900	8.2447		0	375	0
电白站	电白区	市辖区	613.6900	154.4000		0	355	0
茂名站	茂南区	市辖区	305.5700	100.1200		4	5095	3
吴川站	吴川市	县级市	258.9311	96.4600		0	438	0
湛江西站	麻章区	市辖区	142.7272	27.2800		2	6000	20

根据表3-5的数据，采用SPSS软件进行城市节点聚类分析可得，江门站等站的各项指标均最高，故为一级车站；其次是台山站等站，故此类车站为二级车站；余下聚类为三级车站。江湛城际铁路沿线各站聚类分析结果见表3-6。

表3-6　江湛城际铁路沿线各站聚类分析结果

节点等级	车站
一级节点	江门站、茂名站、湛江西站
二级节点	台山站、开平南站、阳东站、阳江站、电白站、吴川站
三级节点	双水镇站、恩平站、阳西站、马踏站

3.4.2　江湛城际铁路现行列车停站方案分析

江湛城际铁路现行停站方案见表3-7。

表 3-7 江湛城际铁路现行停站方案

序号	车次	站名												
		江门站	双水镇站	台山站	开平南站	恩平站	阳东站	阳江站	阳西站	马踏站	电白站	茂名站	吴川站	湛江西站
1	D7545	1		1			1	1				1		
2	D7547	1			1							1		
3	D7549	1		1			1	1				1		
4	D9741	1		1		1						1	1	1
5	D7555	1						1				1		1
6	D7489	1						1						
7	D7493	1						1				1	1	1
8	D7457	1	1			1			1		1	1		1
9	D7461	1			1		1	1			1	1		1
10	D7463	1						1				1		1
11	D7467	1			1	1	1					1		1
12	D7469	1		1				1				1		1
13	D7471	1						1				1		1
14	D7473	1		1			1					1		1
15	D9743	1	1							1		1		1
16	D7475	1			1				1	1		1		1
17	D7477	1		1			1				1	1	1	1
18	D7491	1						1				1	1	1
19	D7479	1	1				1				1	1	1	1
20	D7495	1		1				1	1			1		1
21	D7481	1	1	1		1						1		1
22	D7483	1						1				1		1
23	D7485	1		1		1					1	1		1
24	D7487	1		1										1

　　江门开往茂名方向（第 1~3 对列车），江门站停站次数为 3，双水镇站停站次数为 0，台山站停站次数为 2，开平南站停站次数为 1，恩平站停站次数为 0，阳东站停站次数为 2，阳江站停站次数为 3，阳西站停站次数为 0，马踏站停站次数为 0，电白站停站次数为 0，茂名停站 3。总停站次数为 14。

　　江门开往湛江西方向（第 4~24 对列车），江门站停站次数为 21，双水镇站停站次数为 4，台山站停站次数为 9，开平南站停站次数为 4，恩平站停站次数为 9，阳东站停站次数为 7，阳江站停站次数为 16，阳西站停站次数为 8，马踏站停站次数为4，电白站停站次数为6，茂名站停站次数为21，吴川站停站次数为9，湛江西停站21。总停站次数为140。

即从江门站到湛江西方向的总停站次数为154，只算中间停站的总次数为105次，停站均衡性为66.67。

3.4.3 江湛城际铁路列车停站方案优化

根据前文构建的列车停站方案优化模型，采用遗传算法求解之前，对相关的参数进行如下设置。

（1）节点服务频率约束 由于江湛线开行对数为24对，故在此设定一级节点服务频率最低要求为20次；二级节点服务频率最低要求为12次；三级节点服务频率最低要求为4次。

（2）列车停站次数限制 一般情况下，高速列车最大停站次数为6次。考虑到江湛城际铁路的设计速度为200km/h，故在此设列车最大停站次数为7次，最小停站次数为3次。

（3）列车停站时间 假设所有列车停站损失时间均为2min。

（4）列车定员数 江湛线上行驶的列车车型有三种：CRH1a、CRH2a和CRH6a，主要是CRH2a。CRH2a型列车的列车定员数为610人。

（5）平均客座率 根据广州南站管内各站日均数据中的江湛线每日始发上座率数据（2018年7月1日到2019年3月31日）算出其各月的日均上座率见表3-8。由表3-8可知，2018年7—10月暑运客流量较大，日均上座率较高；2019年1—3月，由于春运加上寒假的缘故，客流量增幅较大，日均上座率亦显著提高；其余月份日均上座率虽然有所降低，但江湛线整体日均上座率较高。求出江湛线的平均客座率为99%。

表3-8 江湛线日均上座率

时间	上座率
2018 年 07 月	96%
2018 年 08 月	99%
2018 年 09 月	97%
2018 年 10 月	96%
2018 年 11 月	91%
2018 年 12 月	93%
2019 年 01 月	112%
2019 年 02 月	105%
2019 年 03 月	102%

基于Matlab2012软件编写程序，并绘出江湛城际铁路现行停站方案示意图如图3-5所示。

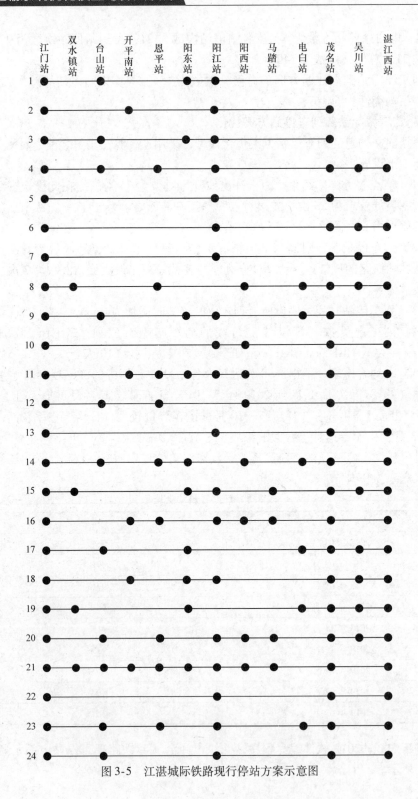

图 3-5　江湛城际铁路现行停站方案示意图

从停站总次数和停站均衡性两个方面对现行停站方案与优化方案进行对比分析，结果见表3-9。

表3-9　方案指标对比

序号	指标名称	现行方案	优化方案
1	停站总次数	154	146
2	停站均衡性	66.67	33.8333

根据表3-9中的指标变化可知，优化方案与现行方案对比，其停站总次数下降了5.2%，减少了8次；其停站均衡性偏差也下降了49.25%，减少了32.8367。

鉴于上文在目标函数权重赋值中直接选取了 $\omega_1 = 0.5$ 和 $\omega_2 = 0.5$，为保证研究的科学性与严谨性，对权重重新赋值再进行优化计算。高速铁路列车停站现行方案与各优化方案对比表见表3-10。

表3-10　高速铁路列车停站现行方案与各优化方案对比表

序号	方案类型	ω_1 取值	停站总次数	停站均衡性
1	现行方案	—	153	75.625
2	优化方案	$\omega_1 = 0.5$，$\omega_2 = 0.5$	146	33.8333
3			149	19.9583
4			149	31.9583
5			150	30.5000
6		$\omega_1 = 0.6$，$\omega_2 = 0.4$	140	59.3333
7			141	64.6250
8			147	40.6250
9			148	21.3333
10		$\omega_1 = 0.7$，$\omega_2 = 0.3$	141	64.6250
11		$\omega_1 = 0.8$，$\omega_2 = 0.2$	139	67.9583
12			141	64.6250
13		$\omega_1 = 0.9$，$\omega_2 = 0.1$	141	64.6250
14		$\omega_1 = 0.4$，$\omega_2 = 0.6$	147	24.6250
15			149	15.9583
16		$\omega_1 = 0.3$，$\omega_2 = 0.7$	149	19.9583
17			153	23.6250
18		$\omega_1 = 0.2$，$\omega_2 = 0.8$	150	26.5000
19			151	30.9583
20			153	25.6250
21		$\omega_1 = 0.1$，$\omega_2 = 0.9$	153	25.6250

从表 3-10 可以看出，当 ω_1 趋向 0、ω_2 趋向 1 时，最少停站总次数逐渐趋于 153，停站均衡性稳定在 25.6250 左右；而当 ω_1 趋向 1、ω_2 趋向 0 时，最少停站总次数稳定在 141 次左右，停站均衡性稳定在 64.6250 左右。

再对江湛城际铁路现行停站方案与优化方案中的各站停站次数进行对比分析，具体见表 3-11。各站停站次数折线图如图 3-6 所示。

表 3-11　江湛城际铁路现行停站方案与优化方案各站停站次数统计表

	江门站	双水镇站	台山站	开平南站	恩平站	阳东站	阳江站	阳西站	马踏站	电白站	茂名站	吴川站	湛江西站
方案 1	24	4	11	5	9	9	19	8	4	5	24	9	24
方案 2	24	4	9	7	6	10	10	6	5	9	21	8	24
方案 3	24	6	8	8	5	9	8	10	4	8	23	10	24
方案 4	24	5	8	11	11	6	12	6	5	9	21	7	24
方案 5	24	6	8	10	5	10	9	7	4	10	23	9	24
方案 6	24	4	8	9	5	8	12	4	4	9	20	8	24
方案 7	24	4	8	9	5	8	12	4	5	9	21	8	24
方案 8	24	5	9	11	5	9	10	7	4	10	20	8	24
方案 9	24	6	8	11	6	8	8	8	4	6	23	10	24
方案 10	24	4	8	9	5	8	11	4	5	9	21	8	24
方案 11	24	4	8	9	5	8	11	4	5	9	21	8	24
方案 12	24	4	8	9	5	8	12	4	5	9	21	8	24
方案 13	24	4	8	9	5	8	12	4	5	9	21	8	24
方案 14	24	5	9	11	5	9	8	9	4	8	23	8	24
方案 15	24	5	8	9	6	9	9	9	5	9	22	10	24
方案 16	24	6	8	9	5	9	8	10	4	8	23	11	24
方案 17	24	6	9	11	6	10	9	8	4	9	23	10	24
方案 18	24	5	8	10	5	10	9	8	4	10	23	10	24
方案 19	24	6	9	11	5	10	9	8	4	9	23	9	24
方案 20	24	7	8	12	5	10	9	8	4	9	23	9	24
方案 21	24	7	9	13	6	9	8	10	4	9	22	8	24

由图 3-6 可知，各优化方案与现行方案中各站的停站次数趋势大致较为一致，总停站次数与停站次数偏差得到减少，优化达到预期所想。

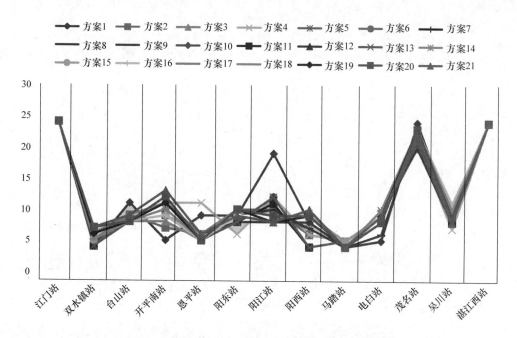

图 3-6　江湛城际铁路现行停站方案与优化方案各站停站次数折线图（见彩插）

第4章 旅客列车始发方案优化问题

列车始发方案在铁路运输组织中担任着重要的角色。列车始发方案的优劣会对后期列车运行图的编制工作产生很大的影响。因此，需要对车站旅客列车始发方案进行科学编制。

4.1 旅客列车始发方案优化问题描述

4.1.1 旅客列车始发方案定义

人们在选择铁路出行时，他们对列车的始发、终到时间域都会有所偏好，一般都不会选择在深夜或者凌晨出行。因此，在编制旅客列车运行图之前，需要考虑很多方面的因素，例如车站能力、邻线的衔接能力、总花费、线路利用能力和是否方便旅客乘降，其中是否方便旅客乘降是最主要的考虑因素。

铁路旅客运输的主要服务对象是旅客，旅客在铁路运输组织工作中有着十分重要的影响。本着服务旅客、方便旅客出行的原则，除了规定合理始发、终到时间域以及途经主要客运站的时间范围外，还需要考虑各个不同方向的旅客列车到达时刻是否衔接，以减少旅客的等待时间和中间站换乘时间，最大限度地满足旅客需求，提高服务质量。因此，本章规定 06:00—24:00 为旅客列车的始发时间域，06:00—23:00 为旅客列车的终到时间域，并以此作为基本条件。传统的确定旅客列车时间域的方法是将一天 24h 简单地划分为合理的和不合理的始发、终到时间域，假设不同时间段的旅客方便度是一样的，不考虑旅客出行的主观因素，例如上下班、与城市各种交通工具相协调等出行需求的不同，这就导致结果与旅客对列车始发、终到时间域的实际选择很不符合。另外，由于传统的确定旅客列车时间域的方法只是简单地划分合理与不合理的始发、终到时间域，划分的范围较大，没有具体到哪个时间段，经常不利于优化。

因此，在编制旅客列车运行图的时候，需要充分考虑旅客的出行规律，尽可能地满足广大旅客的出行需求。本章主要定义了旅客列车合理的始发、终到时间域的概念，以旅客出行最大方便程度和终到最大方便程度为目标构建了 0－1 规划模型，确定列车的最优发车时间域。图 4-1 所示为某车站旅客列车始发方案示意图。

4.1.2 旅客列车始发方案影响因素

在旅客列车始发方案的编制过程中，需要考虑的因素有很多，只考虑与铁路日常运营工作是否相适应是远远不够的，还需要考虑列车始发、终到时间是否合理，以及考虑途经车站时的速度情况。同时，我们还需要从其他各个方面对其编制进行考虑。从铁路运输企业经济效益的角度出发，旅客列车始发方案的编制需要满足两个目标——高效率以及低成本；从社会的服务效益角度出发，编制旅客列车始发方案就是需要使有限的列车及设备资源充分发挥其能力，使铁路达到大运量、高服务效率的运输水平。高效有序的工作效率离不开科学合理的领导和安排，如果能对旅客列车始发方案进行科学合理的编制，对旅客列车的运行进行正确的调度，就能使

时间段	列车数	合计
07:00 — 08:00		10
08:00 — 09:00		15
09:00 — 10:00		12
10:00 — 11:00		7
11:00 — 12:00		10
12:00 — 13:00		10
13:00 — 14:00		12
14:00 — 15:00		13
15:00 — 16:00		8
16:00 — 17:00		14
17:00 — 18:00		6
18:00 — 19:00		9
19:00 — 20:00		9
20:00 — 21:00		8
21:00 — 22:00		6
22:00 — 23:00		3
23:00 — 24:00		1

图 4-1　某车站旅客列车始发方案示意图

铁路运输水平得到进一步的提升，同时也会为铁路运输带来客流。旅客列车始发方案的编制涉及方方面面，其编制过程也十分严谨，每个环节缺一不可，需要严格准确地执行。影响旅客列车始发方案编制的因素有如下几个：

1. 旅客出行需求的影响

旅客在铁路旅客运输工作中起着十分重要的作用。铁路旅客运输服务的对象是旅客，因此旅客的出行需求必定会对旅客列车开行方案以及旅客列车始发方案的制定和优化产生影响。每个旅客的出行需求、出行目的都是各不相同的，并且随着社会水平的不断提高，出行需求也日益多样化。分析不同的旅客出行需求特征，从满足旅客出行需求出发，才能最大限度地对旅客列车的始发方案进行优化。因此，这就需要旅客列车始发方案的设计更加灵活，要求列车的出发与到达符合旅客出行规律，能最大限度地方便旅客出行，减少等待时间，提高列车上座率和服务效率。

2. 平峰时段开行列车频次的均衡性

相对于既有线而言，高速铁路的行车密度和客流量都较大，并且具有客流较集中、时段性差异大的特点。因此在编制列车运行方案图时，需要着重考虑高峰时段与平峰时段列车开行需求的均衡性。高速铁路列车始发方案不仅要满足旅客高峰时段的客流需求，而且还要为各种旅客出行需求提供可能，这就要求列车在平峰时段的开行频次具有均衡性。

3. 开行方案的影响

随着铁路行业的飞快发展以及人们生活水平的不断提高，铁路运输成为更多人的出行选择，这就需要不断增加列车的开行数量。可在车站规模不变的情况下，一味地加开列车会导致现阶段主干线运输能力越来越紧张，旅客列车始发方案的编制难度也越来越大。再者，旅客列车的开行方案合理，列车的始发、终到以及途经车站的时间相协调，可以使旅客的旅行时间缩短，这样旅客的出行满意度和运输服务水平都能得到相应提高。不过，仅仅缩短旅客的旅行时间是不够的，还应该制定良好的停站方案，缩短旅客的等待时间。列车停站频次均衡，能让旅客的等待时长减少，让旅客出行更加便捷，还可以使全线的通过能力得以提升。

4. 行车安全要求的影响

旅客列车行车安全是减少行车风险及隐患、保证旅客生命财产不受损伤的重要原则，是运输服务的一项重要质量指标，是一切客运作业的首要要求。铁路建设正处于历史的最高峰，线路的运输任务繁重，列车运行十分密集，铁路安全管理任务极为艰巨。铁路运输安全关乎整个社会和人们的生命财产安全，一旦铁路运输在生产过程中发生了事故，造成的人员伤亡和国家损失是十分严重的。因此必须要高度重视铁路运输安全问题，严格按照运输作业标准来对列车始发方案进行编制。

5. 交通接驳情况

随着我国铁路网的逐步扩大，轨道交通出行已经被越来越多的人接受，也有越来越多的人选择轨道交通出行。如果人们需要利用轨道交通方式出行，就需要通过城市公共交通或私人交通来完成从居住地到客运站这一过程的通行，这就对铁路旅客的换乘提出了要求——城市交通与车站接驳状况是否良好直接影响到人们对轨道交通方式的使用。因此，为了方便旅客换乘，在编制铁路列车运行方案图时，还需考虑列车的出发和到达时间与城市交通方式的运营时间是否衔接。

6. 车站与线路能力的影响

车站与线路能力也是编制旅客列车始发方案的重要影响因素。在旅客列车始发方案的编制过程中，至关重要的一个环节就是合理安排列车到发时间间隔内接发列车，即合理安排列车的始发、终到时间。合理安排列车到发时间就需要保证旅客列车的到发与客运站设备能力相适应。否则，就会出现旅客列车集中到发而客运站到发线能力超负荷的情况，导致列车始发方案及列车运行方案图难以实施。因此，方案的编制要充分利用车站以及线路能力，在允许范围内合理控制利用率，才能使编制的方案更好地实施。

7. 旅客出行时间的影响

铁路是最主要的交通设施之一，它承载着重要的社会责任。铁路旅客运输的对象就是旅客，铁路运输的原则就是服务旅客、方便旅客。因此，铁路旅客运输必须要以满足旅客需求为前提，来扩大铁路市场的需求，从而增加铁路部门的经济效益。旅客的出行需求有时候是因为本身工作的需要，在上下班高峰期时刻，应该合理地安排列车发车时间。与此同时，铁路旅客运输受节日的影响也很大，如在春运期间旅客出行需求量会出现突增的情况，这时列车始发方案的最大目的就是尽可能多地发送旅客。可以看出，旅客的出行时间会对列车的始发方案产生很大的影响，这样就更需要为旅客提供合理的运输计划，提高车站平均服务水平。

4.1.3 旅客列车始发方案设置原则

旅客列车始发方案的设置需要遵循以下原则：

1. 提高旅客出行方便性

根据客流情况变化，在运行技术及运营成本允许的前提下，列车发车间隔时间应尽可能地缩小。当列车的运行时间过长时，一部分车站的到发时间就会无法满足旅客的期望时间，从而降低旅客在运输过程中的满意度。因此，在编制列车运行图时要尽可能最大限度地满足旅客出行的需要，提升服务水平；根据旅客出行的需求，尽可能地按时段和服务频率合理安排列车运行线，制定出合理的列车始发和终到时刻。

2. 提高动车组的运用效率

正确合理地使用动车组，提高动车组的运用效率是评判旅客列车运营计划编制质量的一项重要指标。如何通过合理的安排，使有限的动车组充分发挥，获得最大的效益是列车运行方案图编制工作最重要的目标。

3. 合理利用线路的能力

折返能力的优劣关系到全线线路能力能否得到释放，折返线的折返能力是释放全线能力的关键。因此，折返线的利用需要进行合理安排，折返时间也需要进行反复计算，以确保准确无误，保证折返作业的正常运作，避免影响正常的运输作业。除折返能力外，其他线路能力也要合理地安排，只有充分利用线路能力，全线的运输工作才能有效地进行。例如，在正线安排备车停放，以便高峰时段投入运行等。

4. 在保证运量需求的条件下，尽量降低运营车数

由于旅客列车车底的高昂费用，出于节约成本，在实际工作运行中总是希望通过尽量降低运营车数来达到完成规定要求的旅客运输任务。

5. 考虑车站能力

列车运行应满足车站能力的要求。为了避免列车集中到发造成客流拥堵，尤其需要考虑客流大站的疏散能力。由于车站会出现旅客列车集中到达或者集中出发的情况，在旅客列车集中到发的时间段内，列车的到发时间间隔要合理安排，同时还需要保证与车站技术作业相配合，否则就会导致车站大面积拥堵、秩序混乱，不能在正常的时间段内接发列车。车站能力与客运站技术作业能力相协调，可以使得列车更良好地运行，同时还能使车站的作业效率得以提高，从而在应对各种晚点等突发事故时，能更有效快速地解决问题，避免旅客的拥堵。

6. 充分考虑本线与邻线的协调与衔接

列车在列车运行图上均衡铺画的目的是为了保证协调好列车的到发时间以及与邻线之间的衔接。为了避免出现列车载客负荷过重或出现空车的情况，旅客列车运行图需要合理考虑本线与邻线首末班车在载客能力与时间方面的协调与衔接是否一致。

4.2　旅客列车始发方案优化模型构建

4.2.1　建模基础

旅客列车始发方案的编制受到多方面因素的影响，其中，旅客是重要的影响因素之一。收集旅客在出行过程中时间上的选择偏好数据，并对旅客在始发、终到时间的选择行为进行分析，对旅客列车始发方案的优化研究具有重要意义。本章采用问卷调查法，收集旅客在出行过程中对时间的选择偏好数据。然后，把旅客所选择的时间段的比例作为该时间段的旅客出行满意度。最后，运用软件对旅客出行满意度曲线进行拟合，获得旅客出行满意度函数，并以此作为模型的目标函数。

本次调查，在线上投放的关于旅客出发满意度的问卷共有 311 份，在回收获得的问卷中，有效的问卷份数为 298 份，无效问卷数为 13 份。本次问卷调查的有效问卷回收率为 95.8%。对获得的问卷数据进行处理，得到旅客出发时段选择统计表见表 4-1，相应直方图如图 4-2 所示。

表 4-1　旅客出发时段选择统计表

时间段	计数	占比	时间段	计数	占比
6:00—7:00	21	7.05%	15:00—16:00	83	27.85%
7:00—8:00	24	8.05%	16:00—17:00	43	14.43%
8:00—9:00	44	14.77%	17:00—18:00	29	9.73%
9:00—10:00	95	31.88%	18:00—19:00	33	11.07%
10:00—11:00	79	26.51%	19:00—20:00	47	15.77%
11:00—12:00	40	13.42%	20:00—21:00	31	10.40%
12:00—13:00	29	9.73%	21:00—22:00	22	7.38%
13:00—14:00	58	19.46%	22:00—23:00	13	4.36%
14:00—15:00	98	32.89%	23:00—24:00	8	2.68%

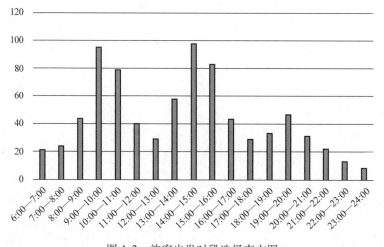

图 4-2　旅客出发时段选择直方图

设函数图像横轴代表时间（min），纵轴代表始发时间满意程度，运用 Matlab 软件中的 Curve Fitting Tool 工具箱对出发满意度函数曲线进行拟合，效果如图 4-3 所示。

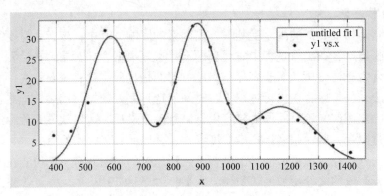

图 4-3　旅客出发时间满意度曲线拟合效果

采用的拟合函数为 3 次高斯曲线函数，其表达式为

$$f(x) = a_1 \exp\left[-\left(\frac{x - b_1}{c_1}\right)^2 \right] + a_2 \exp\left[-\left(\frac{x - b_2}{c_2}\right)^2 \right] + a_3 \exp\left[-\left(\frac{x - b_3}{c_3}\right)^2 \right] \quad (4-1)$$

基于 Matlab2012 软件 Curve Fitting Tool 的拟合结果为

Coefficients（with 95% confidence bounds）：

$a1$ ＝　　32.91　　（27.47, 38.35）

$b1$ ＝　　883.5　　（866.4, 900.6）

$c1$ ＝　　98.92　　（73.13, 124.7）

$a2$ ＝　　30.49　　（25.54, 35.45）

$b2$ ＝　　589.3　　（573.9, 604.8）

$c2$ ＝　　111.9　　（88.64, 135.2）

$a3$ ＝　　13.6　　（9.38, 17.83）

$b3$ ＝　　1170　　（1116, 1223）

$c3$ ＝　　162.1　　（77.91, 246.3）

Goodness of fit：

SSE：65.19

R – square：0.9551

Adjusted R – square：0.9152

RMSE：2.691

SSE（和方差）这一统计参数计算的是拟合数据与原始数据对应点的误差的平方和，SSE 越接近于 0，说明模型的选择与拟合更好，数据预测也越成功；R – square（确定系数）由预测数据与原始数据均值之差的平方和（SSR）、原始数据和均值之差的平方和（SST）两个参数确定，R - square 系数的正常取值范围为 [0，1]，越接近1，表明方程变量对 y 的解释能力越强，模型对数据拟合得也越好；RMSE（统计参数）也称回归系统的拟合标准差，是均方差（MSE）的平方根。

本次在线上发放的关于旅客到达满意度的问卷共 377 份，在回收的问卷中，有效的问卷份数为 372 份，无效问卷数为 5 份。本次问卷调查的有效问卷回收率为 98.8%。对所获得的数据进行整理并统计后，得到旅客到达时段选择统计表见表4-2，相应直方图如图4-4所示。

表4-2　旅客到达时段选择统计表

时间段	计数	占比	时间段	计数	占比
6:00—7:00	18	4.84%	15:00—16:00	104	27.96%
7:00—8:00	17	4.57%	16:00—17:00	88	23.66%
8:00—9:00	39	10.48%	17:00—18:00	63	16.94%
9:00—10:00	97	26.08%	18:00—19:00	39	10.48%
10:00—11:00	107	28.76%	19:00—20:00	54	14.52%
11:00—12:00	71	19.09%	20:00—21:00	47	12.63%
12:00—13:00	38	10.22%	21:00—22:00	29	7.80%
13:00—14:00	54	14.52%	22:00—23:00	19	5.11%
14:00—15:00	87	23.39%	23:00—24:00	19	5.11%

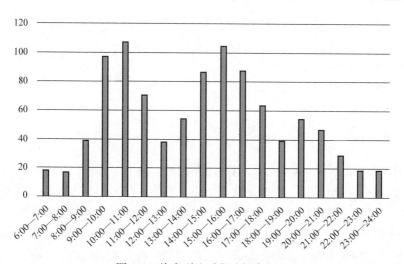

图4-4　旅客到达时段选择直方图

同样以时间（min）为横轴、到达时间满意程度为纵轴，运用 Matlab 软件中的 Curve Fitting Tool 工具箱对到达满意度函数曲线进行拟合，效果如图4-5所示。

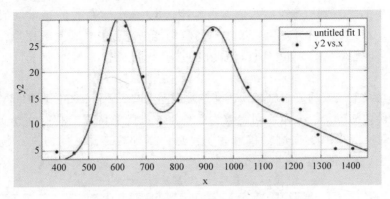

图 4-5　旅客到达时间满意度曲线拟合效果图

同样采用拟合函数为 3 次高斯曲线函数，其表达式同式（4-1）。基于 Matlab2012 软件 Curve Fitting Tool 的拟合结果为

Coefficients（with 95% confidence bounds）：

a1 ＝　　　23.33　　（17.59，29.07）

b1 ＝　　　606.8　　（592.9，620.6）

c1 ＝　　　82.81　　（55.24，110.4）

a2 ＝　　　14.83　　（8.643，21.02）

b2 ＝　　　930.6　　（907.5，953.7）

c2 ＝　　　92.15　　（44.03，140.3）

a3 ＝　　　13.77　　（8.469，19.08）

b3 ＝　　　976　　（862.6，1089）

c3 ＝　　　463.3　　（307.3，619.4）

Goodness of fit：

SSE：38.87

R – square：0.9669

Adjusted R – square：0.9375

RMSE：2.078

从图 4-2 可以看出，旅客出行时对时间段的选择各不相同。旅客出发时段选择统计直方图中共出现了两个选择高峰和一个小高峰，分别在早中晚都有满意度最高的时间段。两个选择高峰分别为 9:00—10:00 和 14:00—15:00，小高峰为 19:00—20:00，这与人们上下班情况十分符合。旅客对始发时间段的选择比重表明了该时间段旅客出行的方便程度，即作为该时间段内旅客出发的满意度，用 Z_1 表示。

图 4-4 所示为旅客在 06:00—24:00 到达时段选择直方图。从图中可以看出，旅客期望的到达时间段各不相同。旅客列车终到时间选择统计直方图中同样出现了两个选择高峰和一个小高峰，第一个高峰时段出现在 10:00—11:00 这一时间段内，

而第二个高峰和小高峰分别出现在 15:00—16:00 和 19:00—20:00 这两个时段内。旅客对终到时间段的选择比重表明了该时间段旅客到达的方便程度，即作为该时间段内旅客到达的满意度，用 Z_2 表示。

4.2.2 模型相关条件假设

旅客列车始发方案的确定需要考虑很多因素，在模型建立和应用的过程中，需要界定某些特定的条件和因素。本章在建立旅客列车始发方案优化模型前，做出如下假设：

1）封闭性假设：假设整个城际铁路系统是相对封闭的，外部环境的变化在一定时空范围内不会对系统状态产生影响，系统的状态只取决于内部的参数状态。由于城际铁路的功能定位是主要满足本线旅客出行，因此本章只考虑城际铁路本线列车的停站和本线客流，不考虑跨线列车和跨线客流。

2）相似性假设：假设所有列车具有很多相同的特征，如有相同的停站时间、起停附加时分和区间运行速度，列车在区间运行过程中不发生越行。

3）确定性假设：本章所建立的模型适用于已开通运营的城际铁路，是在已有停站方案的基础上进行的优化。因此，列车的起讫点、开行对数、开行时间、编组及客流是已知的，只是对中间站的列车停站方案进行优化。

4.2.3 模型相关参数说明

在构建旅客列车始发方案优化模型前，对相关参数进行定义如下：

$L = \{ l_i \mid i = 1, 2, \cdots, l \}$ 表示由车站始发的列车集合；决策变量 x_i 表示列车 l_i 的始发时间；t_i 表示列车 l_i 的在途运行时间；y_i 表示列车 l_i 的终到时间；I_f 表示车站连续发出两趟列车的最小间隔时间。

4.2.4 旅客列车始发方案优化模型

1. 模型目标函数分析

制定合理的旅客列车始发方案的主要目的是为了尽可能地为旅客的出行提供方便，提高旅客在出行过程中的满意度，让铁路运输服务水平能得到进一步的提升。良好的旅客始发方案能给旅客运输带来很多积极的影响，使列车运输优于其他交通运输方式，提高列车的上座率。因此，在确定旅客列车合理始发、终到时间的优化模型上，主要考虑以下两个目标：第一个是旅客对整个车站所有始发列车满意程度最高的优化模型，第二个是旅客对整个车站所有到达列车满意程度最高的优化模型。

以所有旅客列车的总体出发时间满意度最大为目标，计算公式为

$$\max Z_1 = \sum_{i=1}^{l} 32.9\exp\left[-\left(\frac{x_i - 883.5}{98.9} \right)^2 \right] + 30.5\exp\left[-\left(\frac{x_i - 589.3}{111.9} \right)^2 \right] +$$
$$13.6\exp\left[-\left(\frac{x_i - 1170}{162.1} \right)^2 \right] \tag{4-2}$$

以所有旅客列车的总体到达时间满意度最大为目标，计算公式为

$$\max Z_2 = \sum_{i=1}^{l} 23.3\exp\left[-\left(\frac{y_i - 606.8}{82.8}\right)^2\right] + 14.8\exp\left[-\left(\frac{y_i - 930.6}{92.2}\right)^2\right] +$$

$$13.8\exp\left[-\left(\frac{y_i - 976}{463.3}\right)^2\right] \tag{4-3}$$

2. 模型约束条件分析

旅客列车始发方案优化主要考虑以下几个约束条件。

（1）旅客列车终到时间表达约束　旅客列车终到时间，其表达公式为

$$(x_i + t_i)\bmod 24 = y_i \quad \forall i = 1, 2, \cdots, l$$

（2）发车最小时间间隔约束　指任意两列旅客列车始发时间间隔必须不小于车站最小安全始发时间间隔，其表达公式为

$$|x_i - x_j| \geqslant I_f \quad \forall i, j = 1, 2, \cdots, l \quad i \neq j$$

（3）变量定义域约束　旅客列车始发时间与终到时间均处于 $[0, 24]$，则有

$$x_i, y_i \in [0, 24] \quad \forall i = 1, 2, \cdots, l$$

$$x_i, y_i \in Z \quad \forall i = 1, 2, \cdots, l$$

4.3　旅客列车始发方案优化模型求解

在求解多目标模型时，基于化简思想，应先将多目标通过数学方法转化为单目标模型。本章构建的数学模型为双目标数学规划模型，因此先将双目标化为单目标并对目标函数进行修正，再用模拟退火算法对其进行求解。

4.3.1　多目标转化

本章研究模型的目标函数有两个，一个是所有旅客列车的总体出发时间满意度 Z_1 最大化，另一个是所有旅客列车的总体到达时间满意度 Z_2 最大化。因此，本章所研究的问题是一个多目标优化（Multi – Objective Optimization，MO）问题。一般的多目标优化问题均由一组目标函数及相关的等式和不等式约束条件组成。

设 $x \in R^n$，$f_i(x)(i = 1, 2, \cdots, m)$、$g_j(x)(j = 1, 2, \cdots, p)$、$h_k(x)(k = p + 1, p + 2, \cdots, q)$ 为给定的 n 元函数，一般的最优化问题的提法是在约束条件 $g_j(x) \leqslant 0$，$j = 1, 2, \cdots, p$ 和 $h_k(x) = 0$，$k = p + 1, p + 2, \cdots, q$ 之下，求 x 使目标向量函数 $\boldsymbol{F}(x)$ 取极小值（或极大值），其中 $\boldsymbol{F}(x) = [f_1(x), f_2(x), \cdots, f_m(x)]^{\mathrm{T}}$，$m \geqslant 2$，$f_m(x)$ 为多目标向量函数中的函数之一，$g_j(x) \leqslant 0$ 称为不等式约束条件，$h_k(x) = 0$ 称为等式约束条件，$x = (x_1, x_2, \cdots, x_n)^{\mathrm{T}}$ 称为设计变量或决策变量，MO 函数的数学模型可表示为

$$\min F(x) = \min(f_1(x), f_2(x), \cdots, f_m(x))$$

$$\text{s. t.} \begin{cases} g_j(x) \leqslant 0 & j = 1, 2, \cdots, p \\ h_k(x) = 0 & k = p + 1, p + 2, \cdots, q \end{cases} \tag{4-4}$$

在对多目标优化问题的模型进行求解时，需要选择适合的方式将多目标问题转

化为单目标问题，然后再进行模型的求解。本章选取了线性加权法来实现多目标模型到单目标模型的转化目标。

线性加权法是对多目标的各目标按其重要性赋权后对其进行寻优的多目标规划问题求解方法，本章的模型目标函数可最终表示为

$$\max Z = \max\{\omega_1 Z_1 + \omega_2 Z_2\}$$

$$\omega_1 + \omega_2 = 1 \tag{4-5}$$

4.3.2　模拟退火算法设计

模拟退火（Simulated Annealing，SA）算法是一种源于物理热力学中固体退火原理的常见全局优化算法。这一算法的本质思想是将固体加热使其温度足够高，使得固体内能增大，分子间处于无序运动的状态，再让其缓慢地自然冷却，让缓慢冷却的分子在温度下降过程中的每一个温度下尽量处于平衡状态，使固体分子逐渐趋于有序，从而使得固体温度回归至常温时系统内能降至最低状态。上述过程中，温度缓慢下降是退火过程中的一个关键步骤，如果温度迅速下降或者高温固体被"碎熄"，那么会导致固体内部分子由于运动不充分而导致整个系统内能只能达到局部最小。

1982年，Kirkpatrick等人引入上述物理退火过程的思想，并结合局部搜索策略以及统计学原理，第一次提出了一种叫作模拟退火的算法用于求解大规模组合优化问题（即NP完全问题）的近似算法。该算法的思想是，采用Metropolis准则接受当前解或者邻域解，并使用冷却进度表控制算法流程，从而在多项式时间内得到研究问题的一个非劣解或者近似最优解。其中，Metropolis准则统计学中的一种重要性采样方法，其计算公式为

$$P_t(i \to j) = \begin{cases} 1 & f(j) < f(i) \\ e^{-\Delta f/t} & f(j) \geq f(i) \end{cases}$$

式中，$f(i)$和$f(j)$是目标函数在状态i和j上的目标值，$\Delta f = f(j) - f(i)$；t是退火过程中的温度，表示控制参数；$P_t(i \to j)$为温度t条件下接受从当前解i转移到新解j的概率。

SA的基本思想是：对研究问题设置一个初始解，并根据某种规则（邻域函数）产生候选解，在恒温状态下根据当前解不断产生邻域解并执行Metropolis选择，执行一定的步数后控制温度缓慢下降，然后重复前一步骤，直到满足停止准则。

使用模拟退火算法求解旅客列车始发方案优化涉及解空间结构如何设计、初始解如何生成、评价函数如何设计、邻域解如何生成以及算法如何终止等几个算法设计核心问题。

1. 解空间结构设计

根据旅客列车始发方案优化调整模型特点，设计以下解空间编码方案。

1）用$L \times m$维数字矩阵表示列车开行方案，其中，L为车站始发旅客列车数

量，m 为旅客列车始发时间的二进制编码长度。车站列车始发方法编码示意图如图 4-6 所示。

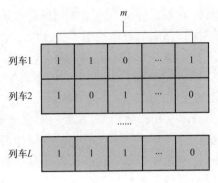

图 4-6　车站列车始发方法编码示意图

2）矩阵中所有数字的取值均为 0 或 1，每个列车对应的 m 位二进制编码表示该列车的始发时刻，其转换公式为

$$t = \mathrm{round}\Big(\sum_{i=0}^{m-1} s_i \times 2^i \Big/ \sum_{i=0}^{m-1} 2^i \times 1440\Big) \qquad (4\text{-}6)$$

式中，s_i 是位点 i 的取值。

2. 初始解的生成

执行模拟退火算法需要一个初始解以开始其局部搜索过程。由于初始解的选择对模拟退火算法最后收敛结果无显著影响，对于本章所涉及的旅客列车始发方案优化问题，算法直接随机生成一个初始可行解即可。

3. 评价函数设计

评价函数是用来决定当前解与邻域解是否被接收的评价公式。为便于理解以及充分体现客观性，常用的评价函数一般为目标函数或者目标函数的某种线性化处理。在本章所研究的旅客列车始发方案优化模型中，由于目标函数值 Z 为旅客综合时间满意度最大化，而退火算法机制是趋于留存能量值较小的解，故评价函数 F 可表示为

$$F = \frac{D}{Z} = \frac{D}{\omega_1 Z_1 + \omega_2 Z_2} \qquad (4\text{-}7)$$

式中，D 是合适的正整数，依据所研究问题的数值大小决定。

4. 邻域解构造方法

邻域函数是模拟退火算法中由当前解产生邻域解的技术方法，其构造策略需要结合研究问题的解空间结构特点进行设计。本章采取的方法是，随机选择某趟始发列车的某个位点，然后改变其取值，如图 4-7 所示。

5. 算法终止准则

模拟退火算法分为内外两层循环，故其包括内外两个终止准则。

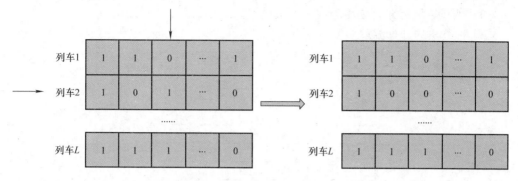

图 4-7　旅客列车始发方案邻域解构造示意图

（1）内循环终止准则　采用与问题规模相关联的步数抽样，即当内循环次数达到某一与始发旅客列车数乘以某个系数值的对应步数时，该温度下的算法内循环终止。

（2）外循环终止准则　采用设置终止温度阈值的方法，即当温度下降到某一设定的阈值时，算法终止并输出结果。

6. 算法基本流程

综合以上算法关键要素分析，基于自适应邻域搜索调整策略的模拟退火算法的具体实施流程如下所示：

Step1　基础数据的加载，为旅客列车始发方案优化所需数据做准备。所需基础数据包括车站列车时间间隔、列车运行时间等数据。

Step2　算法参数设置，包括算法初始温度 t_s、算法结束温度 t_f、温度衰减参数 α 以及马尔可夫链长度（最大恒温迭代次数）m_k。

Step3　初始化，随机生成初始旅客列车始发方案可行解，即 $X \leftarrow \Omega$，计算其评价函数值 F，令当前温度为 $t \leftarrow t_s$，当前恒温迭代次数 $n \leftarrow 1$。

Step4　根据前文设计的邻域解构造方法随机生成当前旅客列车始发方案 X 的一组邻域解 $\{X_{\mathrm{neigh}}\}$，并选择具有最优下层目标函数值的解 Best $\{X_{\mathrm{neigh}}\}$。

Step5　执行 Metropolis 选择，计算邻域解评价函数值 F'，以及两个解的函数差值 $\Delta F = F' - F$，按照如下方法选择接受原解或邻域解为当前解：

1）如果 $\Delta F < 0$，接受邻域解为当前解，恒温迭代次数 $n \leftarrow n + 1$。

2）如果 $\Delta F > 0$ 且 $\exp(-\Delta F / t) > \mathrm{rand}(0,1)$，接受邻域解为当前解，恒温迭代次数 $n \leftarrow n + 1$。

3）其余条件下，接受原解为当前解，恒温迭代次数 $n \leftarrow n + 1$。

Step6　恒温迭代判定，如若当前恒温迭代次数比马尔可夫链长度小，即 $n < m_k$，转 Step5；否则，转 Step7。

Step7　降温退火，根据设置的温度衰减参数降低系统温度 $t \leftarrow \alpha t$。

Step8　算法终止判定，如果当前温度大于算法结束温度，即 $t > t_f$ 时，转

Step4；否则算法终止，输出当前解为最优解。

上述算法的计算流程如图4-8所示。

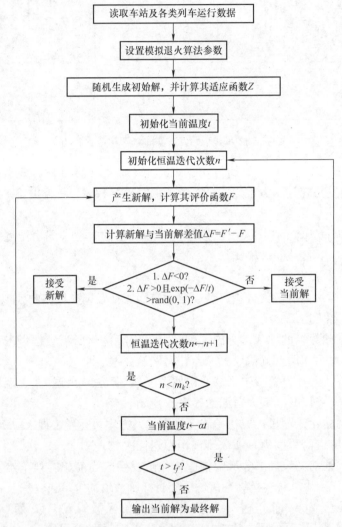

图4-8 基于模拟退火的列车始发方案优化算法示意图

4.4 案例分析

4.4.1 广州东站概况

广州东站接驳功能较为齐全，是广州铁路枢纽的重要组成部分，同时也是我国大型铁路枢纽站之一。由于独特的地理优势，广州东站承担着穗莞深（广州－东莞－深圳）城际铁路、广深（广州－深圳）铁路、广九（广州－香港九龙）铁路、广梅汕（广州 – 梅州 – 汕头）铁路等多条铁路的旅客列车始发终到作业。虽然相比于广州其他两站（广州南站和广州火车站），广州东站承担的客流量并不多，但2016 年的数据显示，广州东站日均输送旅客量也达到 6.5 万人次。

广州东站的规模并不大，站房的总建筑面积只有 11.4km²。广州东站设有站台7 座，其中包括 1 座基本站台和 6 座中间站台。站内设有股道共 14 条，其中包括 4条正线和 10 条到发线。

4.4.2　广州东站现行列车始发方案

广州东站衔接着多个方向的列车，从 2020 年广州东站列车到发时刻表中筛选出 27 次列车始发、终到时间作为模型的基础数据，具体见表 4-3。

表 4-3　广州东站现行列车始发方案

序号	车次	始发站	始发时间	终到站	终到时间	运行时间
1	T8379	广州东	07:04	大埔	14:00	6h56min
2	T8376	广州东	08:28	南雄	12:25	3h57min
3	T219	广州东	11:12	合肥	05:35	18h23min
4	K936	广州东	13:15	松滋	03:52	14h40min
5	K729	广州东	14:48	大同	05:29	38h41min
6	K932	广州东	15:26	石门县北	03:24	12h18min
7	Z14	广州东	17:13	沈阳北	22:37	29h24min
8	K442	广州东	17:20	南昌	07:02	13h42min
9	Z236	广州东	19:58	哈尔滨西	06:49	34h51min
10	K9021	广州东	21:40	汕头	06:00	8h20min
11	Z168	广州东	22:56	青岛	05:22	30h26min
12	K441	南昌	14:48	广州东	05:04	14h16min
13	K730	大同	14:20	广州东	05:28	39h8min
14	K796	上饶	16:35	广州东	06:49	14h14min
15	T171	南昌	18:29	广州东	06:59	12h30min
16	K9022	汕头	15:59	广州东	23:12	7h13min
17	Z235	哈尔滨西	21:39	广州东	08:16	34h37min
18	T220	合肥	14:00	广州东	08:43	18h43min
19	K931	襄阳	11:55	广州东	08:48	20h53min
20	K935	襄阳	19:45	广州东	13:14	17h29min
21	Z13	沈阳北	06:38	广州东	13:45	31h7min
22	T156	汉口	19:36	广州东	14:02	18h26min
23	T8366	梅州	09:50	广州东	15:39	5h49min
24	T8375	南雄	13:05	广州东	17:02	3h57min
25	Z167	青岛	14:03	广州东	18:51	28h48min
26	K1665	南昌	09:25	广州东	21:50	12h25min
27	T8381	大埔	15:38	广州东	22:20	6h42min

4.4.3 广州东站始发方案优化

根据上面收集到的数据，在 Matlab2012a 软件上编写模拟退火算法求解广州东站 27 趟长途列车始发时间优化问题。设算法的初始温度 T_0 和终止温度 T_{end} 分别为 999 和 1×10^{-4}，马尔可夫链长度 m_k 为 60，温度衰减参数 α 为 0.09。

算法收敛过程如图 4-9 所示。从图中可以看出，该始发方案优化算法在一开始迭代后目标转化值上下起伏，反复交替，到了 150 代以后，算法逐渐趋于平稳并开始收敛。

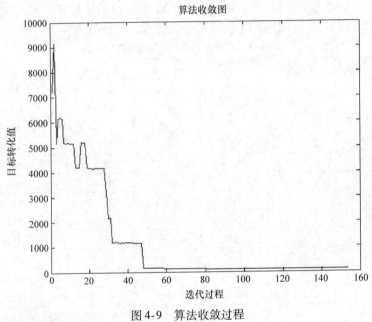

图 4-9　算法收敛过程

算法为概率型的智能优化算法，在运行 10 次后取最优结果。得到广州东站优化列车始发方案见表 4-4。

表 4-4　广州东站优化列车始发方案

序号	车次	始发站	始发时间	终到站	终到时间	运行时间
1	T8379	广州东	08：16	大埔	15：12	6h56min
2	T8376	广州东	11：54	南雄	15：51	3h57min
3	T219	广州东	20：41	合肥	15：04	18h23min
4	K936	广州东	18：40	松滋	09：20	14h40min
5	K729	广州东	19：42	大同	10：23	38h41min
6	K932	广州东	22：08	石门县北	10：26	12h18min
7	Z14	广州东	09：25	沈阳北	14：49	29h24min
8	K442	广州东	21：06	南昌	10：48	13h42min

（续）

序号	车次	始发站	始发时间	终到站	终到时间	运行时间
9	Z236	广州东	23：12	哈尔滨西	10：03	34h51min
10	K9021	广州东	14：19	汕头	22：39	8h20min
11	Z168	广州东	11：28	青岛	17：54	30h26min
12	K441	南昌	20：08	广州东	10：24	14h16min
13	K730	大同	18：18	广州东	09：26	39h8min
14	K796	上饶	19：04	广州东	09：18	14h14min
15	T171	南昌	03：25	广州东	15：55	12h30min
16	K9022	汕头	09：03	广州东	16：16	7h13min
17	Z235	哈尔滨西	08：39	广州东	19：16	34h37min
18	T220	合肥	16：24	广州东	11：07	18h43min
19	K931	襄阳	14：42	广州东	11：35	20h53min
20	K935	襄阳	15：57	广州东	09：26	17h29min
21	Z13	沈阳北	09：46	广州东	16：53	31h7min
22	T156	汉口	15：10	广州东	09：36	18h26min
23	T8366	梅州	10：39	广州东	16：28	5h49min
24	T8375	南雄	13：29	广州东	17：26	3h57min
25	Z167	青岛	05：24	广州东	10：12	28h48min
26	K1665	南昌	21：29	广州东	09：54	12h25min
27	T8381	大埔	10：09	广州东	16：51	6h42min

　　将表4-4数据代入式（4-2）、式（4-3）和式（4-5）可得：优化前，实际方案的旅客对列车始发、终到时间的总满意程度值是 $Z_0 = 621$，优化后旅客对列车始发、终到时间的总满意程度值是 $Z' = 704$。与实际方案相比，优化方案旅客总满意程度提高了 13.4%。由此可以说明，经模型优化后的旅客列车始发方案可以达到提高旅客出行满意度的效果。

第5章 动车组运用方案相关问题

5.1 动车组运用方案问题描述

5.1.1 动车组运用方案概念

动车组运用方案是指在动车组类型、数量、列车运行图、修程修制以及动车组运用规则既定的基础上，考虑动车组检修地点与能力等相关约束，并以动车组使用数量和运用均衡为目标，对动车组完成图定运输任务以及检修作业进行安排的一种综合运用方案，它是动车组运用与检修工作的基础。

动车组运用方案编制研究主要涉及的对象有两个：一是列车运行线，二是动车组，其实质就是列车运行线与动车组之间的相互搭配，保证图定的每一条列车运行线均有与之相适应的动车组担当该运行线的运输任务。某城际铁路线路运行图如图5-1所示，图中共有7条列车运行线任务需要动车组承担。

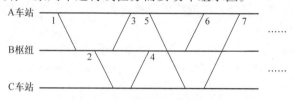

图5-1　某城际铁路线路运行图

在列车运行线一定的情况下，动车组担当运输任务的计划由动车检修段进行具体安排。由于动车组数量有限，同时也为提高动车组的利用效率，一般动车检修段在安排动车组运用计划时，一列动车组需承担多个交路、多条运行线的运输任务，这就存在同一动车组承担多条列车运行线之间相互衔接的问题。

5.1.2 动车组运用方案影响因素

研究动车组运用影响因素时，主要分析各因素在成网条件下对动车组运用的影响，重点对城际客运专线运输组织模式、动车组运用方式、动车组检修问题等因素进行分析研究。

（1）运输组织模式　客运专线运输组织模式主要是对客运专线所开行的列车形式进行确定。在线路相互连通、成网条件下，列车跨线运行由于具有提升铁路服务质量、方便旅客出行、减少旅客换乘次数、缩短旅行时间等优点，日益受到广大旅客的青睐，但也对各客运专线相互之间的连通性提出了更高的要求，增加了铁路运输组织的复杂度，对编制客运专线开行方案与动车组运用方案具有重要影响。

（2）动车组运用方式　动车组运用方式作为动车组运用方案的关键内容，在编制路局动车组运用方案之前，结合动车组跨线运行和各动车组运用方式的特点，选择适合各地区城际客运专线网动车组运行的运用方式。根据动车组运用整备与检修一体化的指导思想，动车组运用方式可主要分为固定运用方式与不固定运用方式两种。

1）固定运用方式。动车组固定运用方式主要参照了我国既有线客车车底运用方式，它是指高速铁路动车组在给定的运输任务区段间固定往返运行。

2）不固定运用方式。动车组不固定运用方式是指在高速铁路成网条件下，动车组运行区段不固定，动车组在担当完成某一区段的运行任务后，下一次所担当的运行区段没有限制。

（3）动车组检修　动车组检修是动车组运用计划的重要内容，它是保障动车组正常承担列车运输任务的基础。随着客运专线路网规模的不断扩大，动车组运行的区域范围也将不断扩展，始发、终到车站也将逐渐增多，动车检修段的规划布局与检修能力将对动车组能否高效运用产生重要影响。

1）动车检修段的规划布局。动车检修段的规划布局直接影响着动车组在需要进行检修或运用时能否及时接入或送出，以及动车组能否及时到达检修地点或指定的始发车站。

2）动车检修段的检修能力。动车检修段的检修能力影响着待检动车组能否在规定的时间内进行检修、完成各级检修整套作业流程。检修段的检修能力主要受检修场地固定检修设备、检修人员配置以及检修人员技能熟练度等相关因素影响。

（4）其他因素

1）动车组检修计划。动车组检修计划是为保证动车组能够正常运用，铁路车辆部门根据动车组运用维修规程对管内所有动车组制定的一份动车组定期检查和修理方案计划。

2）动车组乘务计划。动车组乘务计划的主要内容是铁路客运部门根据铁路值乘制度，对动车组的乘务方式进行确定，安排相应乘务组担当动车组车内旅客的服务任务。

5.1.3　动车组运用方案编制原则

动车组运用方案编制原则主要包括以下几点。

（1）保证开行方案及列车运行图任务完成的前提下使用车组数最少　在保证列车开行等级、种类、经由线路、停站方案等开行方案确定，列车运行图中每条运行线的内容都被遍历的前提条件下，以动车组使用数量最少为目标函数，编制动车组运用计划。

（2）运用交路与开行方案衔接良好　制定好列车开行方案，安排列车开行等级、种类、起讫点、数量、经由线路、编组内容、停站方案、客座能力利用率、车底运用等内容后，列车担当的运输任务及具体的检修作业安排需要与列车开行方案有紧密的联系，在此基础上对动车组运用计划进行编制。

（3）交路中车站满足车组入段检修要求　动车组在运用过程中，在各始发、终到站间往返运行，构成交路。若要保证动车组可以在线路上平稳高效地运行，则交路中的始发、终到站需要具备相应检修条件，以满足动车组的检修需求。

（4）每一车次仅能安排在唯一交路中　动车组列车的开行，自始发站至终到站均由一个车组来担当运输任务。动车组运行过程与货物运输作业不同，不涉及摘解和再编组，因此每一车次能且仅能安排在一个运用交路中。

（5）尽量保证动车组的紧凑衔接与均衡使用　由于动车组造价昂贵，应尽量使动车组的接续更为紧凑，从而提高动车组的运用效率；同时均衡使用动车组，不仅为移动设备的科学调配使用提供良好的前提保障，还能在一定程度上提高动车组运用计划的稳定性。

5.2　动车组运用方案模型构建

5.2.1　模型相关条件假设

为方便构建模型，现做相关条件假设如下：

1）列车运行图已定且均按图行车。本章在列车运行图固定的基础上，研究动车组运用问题，建立动车组运用优化模型，故须假设城际列车均按图行车，列车运行线的始发、终到车站均不会变更，安排的列车运行线均安全正点地出发与到达，列车运行计划的调整对动车组运用的影响不予考虑。

2）不考虑动车组编组模式。本章主要研究城际客运专线具有客流量大且稳定的特点，故假定城际客运专线动车组不采用重联编组模式。

3）不考虑检修所检修限制。本章假设各检修所的检修范围和检修能力不受限制，且各检修所能够检修非配属予该所的动车组车辆。

4）不考虑动车组类型限制。在研究动车组运用的过程中，一方面，虽然动车组类型较多，但各类型动车组日常检修、修程、修制基本一致；另一方面，当前各铁路局管内城际客运专线上多数运行有不同类型的动车组列车，故假设不考虑动车组类型对动车组运用的影响。

5）不考虑车站存放动车组限制。动车组存车线数是指在各车站及动车组检修、整备场所能够停放动车组的线路数量。在客运专线运输组织实际过程中，车站停留的动车组数量不能超过规定停放列车的线路数量。本章假设各车站存车线数量不影响动车组在站停留，且任意动车运用所的动车组数量均能满足相应动车组的需要数量。

5.2.2　模型相关参数设置

根据给出的某路局管内城际铁路网列车运行图，S 表示局管内具有列车始发、终到车站的集合，$S = \{s_1, s_2, \cdots, s_n\}$；$L$ 表示城际铁路网列车运行图中动车组对应的列车运行线的集合，$L = \{l_1, l_2, \cdots, l_i, \cdots, l_n\}$，其中 i 表示城际铁路网列车运行图中编号为 i 的列车运行线。根据动车组运用问题分析，对列车运行线 i 中所包含的列车基本信息进行如下定义：①s_{if} 表示列车运行线 i 中列车的始发车站；②s_{id} 表示列车运行线 i 中列车的终到车站；③t_{if} 表示列车运行线 i 中列车的始发时刻；④t_{id} 表示列车运行线 i 中列车的终到时刻；⑤d_i 表示列车运行线 i 需要列车运行的距离。

在动车组检修问题方面：N_R 表示可进行 R 级检修或整备的车站集合，$R \in \{rj, lz, zl\}$，其中 rj 表示日常检修，lz 表示立即折返，zl 表示动车组夜间入段驻留或在站驻留等。动车组检修周期由 T_R 与 L_R 共同决定，T_R 表示动车组 R 级检修作业定检时间，ΔT_R 表示 R 级检修作业定检允许波动的时间；L_R 表示 R 级检修作业定检的动车组运行里程数，ΔL_R 表示 R 级检修作业定检允许波动的公里程数；$\sum d_{iR}$ 表示动车组承担列车运行线 i 到达终到站 s_{id} 后，自上一次 R 级检修作业的总走行里程数；$\sum T_{iR}$ 表示动车组承担列车运行线 i 到达终到站 s_{id} 后，与上一次 R 级检修作业的间隔时间；T_{Rb} 表示 R 级检修或立即折返的作业时间标准，分别用 T_{rjb} 和 T_{lzb} 表示动车组日常检修和立即折返的作业时间标准。

定义参数 $M_{iR} \in \{0,1\}$ 表示列车运行线 i 的终到车站是否能够进行动车组 R 级检修作业，若列车运行线 i 的终到车站能够进行动车组 R 级检修作业，则 $M_{iR}=1$；否则，$M_{iR}=0$。

在列车运行线接续方面：当两条列车运行线 i、j 之间接续时，一般前一条运行线 i 的终到站与后一条运行线 j 的始发站相同且能够满足车站的最小接续时间标准。为提高动车组运用效率，缩短动车组在站等待时间，可考虑动车组在空车调拨方式下进行列车运行线间的相互接续。

动车组空车调拨（$\forall s_{jf} \neq s_{id}$）是指动车组在担当列车运行线 i 运输任务到达终到站 s_{id} 后调拨至相邻始发车站 s_{jf}，承担列车运行线 j 运输任务的过程，该情况在动车组实际运用组织中经常出现。采用空车调拨，一方面可以通过异地接续，提前将动车组转为运用状态，缩短动车组停留时间，提高动车组的利用效率，动车组运用较为灵活；另一方面，由于动车组可以采用异地接续，使得动车组接续两条列车运行线更为紧凑，当出现突发情况动车组运用需要进行调整时，难度较大。

在考虑动车组空车调拨情况下，对列车运行线 i 接续列车运行线 j 之间的停留时间用参数 C_{ij} 进行表示。

$$C_{ij} = \begin{cases} t_{jf} - t_{id} & \begin{aligned} & t_{jf} - t_{id} \geqslant T_b, \forall s_{jf} = s_{id} \text{ 或} \\ & t_{jf} - t_{id} \geqslant T(s_{id}, s_{jf}) + 2T_{kb} + \Delta T, \forall s_{jf} \neq s_{id} \end{aligned} \\ \\ 0 & \begin{aligned} & t_{jf} - t_{id} < T_b, \forall s_{jf} = s_{id} \text{ 或} \\ & t_{jf} - t_{id} < T(s_{id}, s_{jf}) + 2T_{kb} + \Delta T, \forall s_{jf} \neq s_{id} \end{aligned} \end{cases} \tag{5-1}$$

式中，T_b 是同一车站，两条运行线的接续时间标准；$T(s_{id}, s_{jf})$ 是从列车运行线 i 的终到车站 s_{id} 运行至列车运行线 j 的始发车站 s_{jf}，空动车组所需要的最小运行时间；T_{kb} 是运行线 j 的列车始发或运行线 i 的列车终到与空动车组之间的接续时间；ΔT 是限制空车调拨的附加时间，在本章中，如果两站之间允许动车组空车调拨，可将其设定为 0；如果两车站之间不允许动车组空车调拨，可将其设定为极大值，如 1440。

为便于计算动车组接续时间总和，增加两条虚拟列车运行线，用 0 和 $(n+1)$ 表示。该两条列车运行线分别为所有链的始发、终到点，任何一条链的径路均由列车运行线 0 开始，最终到达列车运行线 $(n+1)$ 结束。

虚拟始发列车运行线 0 与各列车运行线进行单向连接，连接弧的权值用参数 C_{0i} 表示为 $C_{0i} = t_{if} - \Omega$，其中，Ω 为常数。

虚拟终到列车运行线 $(n+1)$ 可接续各列车运行线，连接弧的权值用参数表示为 $C_{i(n+1)} = 1440 - t_{id}$。

定义变量 $x_{ij} \in \{0, 1\}$ 表示列车运行线 i 与列车运行线 j 是否接续，若同一动车组担当列车运行线 i 与列车运行线 j 的接续任务，则 $x_{ij} = 1$，否则，$x_{ij} = 0$。

定义变量 $Y_{iR} \in \{0, 1\}$ 表示在到达列车运行线 i 的终到站 s_{id} 后，是否需要进行动车组的 R 级检修作业。由于 $R \in \{rj, lz, zl\}$，根据检修作业的优先级 $rj > lz > zl$，对其进行定义如下

$$Y_{irj} = \begin{cases} 1 & \begin{array}{l} \sum d_{irj} \in [L_{rj}, L_{rj} + \Delta L_{rj}] \text{ 或 } (\sum d_{irj} < L_{rj}, \sum d_{jrj} > L_{rj} + \Delta L_{rj}, x_{ij} = 1) \text{ 或} \\ \sum T_{irj} \in [T_{rj}, T_{rj} + \Delta T_{rj}] \text{ 或 } (\sum T_{irj} < T_{rj}, \sum T_{jrj} > T_{rj} + \Delta T_{rj}, x_{ij} = 1) \end{array} \\ 0 \qquad\qquad\qquad\qquad\qquad\qquad \text{其他} \end{cases}$$

$$Y_{ilz} = \begin{cases} 1 & Y_{irj} = 0 \\ 0 & \text{其他} \end{cases}$$

$$Y_{izl} = \begin{cases} 1 & Y_{irj} = 0 \text{ 且 } Y_{ilz} = 0 \\ 0 & \text{其他} \end{cases}$$

5.2.3 动车组运用方案模型

1. 目标函数分析

在列车运行图既定的情况下，本章主要研究成网条件下城际客运专线动车组交路段优化生成的问题，为实现动车组运用的经济效益以及科学化，故其目标函数主要有以下两个：一是在简化城际客运专线运输组织、满足运输任务的前提下，尽量使生成的动车组交路段数量最少，促使动车组高效利用；二是均衡动车组交路段运用效率，便于动车组调度及特殊情况下的临时调整。

（1）目标函数 1　动车组交路段数量最少，即是指动车组作为运用车，在既定完成运输任务的时间周期内，所有动车组交路段的总运用时间最少，可表示为

$$\min Z_1 = \sum_{i=1}^{n} (t_{id} - t_{if}) + \sum_{i=0}^{n+1} \sum_{j=0}^{n+1} C_{ij} x_{ij} \tag{5-2}$$

其中，动车组交路段的总运用时间包括担当运输任务的总运行时间 $\sum\limits_{i=1}^{n} (t_{id} - t_{if})$，日常检修、一级检修的总检修时间，在站停留总时间以及空车调拨的总运行时间。在既定列车运行图的条件下，动车组担当运输任务的总运行时间一定，即 $\sum\limits_{i=1}^{n} (t_{id} - t_{if})$ 为常数。因此，为使动车组交路段数量最少，即动车组交路段中非生产作业时间之和最小，也即所有动车组交路段接续时间之和最小，则有

$$\min Z_1 = \sum_{i=0}^{n+1} \sum_{j=0}^{n+1} C_{ij} x_{ij} \tag{5-3}$$

（2）目标函数 2　动车组利用均衡，即是指每一交路段利用较均衡。为保证动

车组的均衡运用，可采用利用率均方差最小的形式表示，即

$$\min Z_2 = \sum_{m=1}^{Q} (\rho_m - \bar{\rho})^2 \tag{5-4}$$

式中，Q 是动车组交路段的数量；$\bar{\rho}$ 是所有动车组的平均利用率，是所有动车组担当运输任务的总运行时间与所有动车组总运用时间的比值，即

$$\bar{\rho} = \frac{\sum_{i=1}^{n} (t_{id} - t_{if})}{\sum_{i=1}^{n} (t_{id} - t_{if}) + \sum_{i=0}^{n+1} \sum_{j=0}^{n+1} C_{ij} x_{ij}} \times 100\% \tag{5-5}$$

对于任意一列动车组 m，其利用率为该动车组担当其运输任务的总运行时间与该动车组总运用时间的比值，即

$$\rho_m = \frac{\sum T_m^1 (s_{id}, s_{if})}{\sum T_m^1 (s_{id}, s_{if}) + \sum T_m^2 (s_{id}, s_{if})} \tag{5-6}$$

式中，$\sum T_m^1 (s_{id}, s_{if})$ 是动车组 m 承担运输任务时总运行时间；$\sum T_m^2 (s_{id}, s_{if})$ 是动车组 m 非生产作业的总消耗时间。

2. 约束条件

在考虑空车调拨的情况下，自动生成动车组交路段，分析动车组数学模型中的约束条件，主要是为确定最优解的可行域范围。通过主、客观因素分析，模型中主要考虑的约束条件有：列车运行线约束、动车组检修约束、接续约束等。

（1）列车运行线约束　列车运行线是动车组担当运输任务的基础。当列车运行图固定时，对于列车运行图中任意一条实体列车运行线，必须有且仅有一个动车组交路段包含该列车运行线，即

$$R_1 : \sum_{j=1}^{n} \sum_{i=0}^{n+1} x_{ij} = 1$$

$$R_2 : \sum_{i=1}^{n} \sum_{j=0}^{n+1} x_{ij} = 1$$

对于虚拟初始列车运行线 0，它是所有动车组交路段的第一条列车运行线，是动车组交路段的起始点，则有

$$R_3 : \sum_{i=1}^{n} x_{i0} = 0$$

对于虚拟终到列车运行线（$n+1$），它是所有动车组交路段的最后一条列车运行线，是动车组交路段的最终点，则有

$$R_4 : \sum_{i=1}^{n} x_{(n+1)i} = 0$$

（2）动车组检修约束　在动车组的修程修制（本章只考虑日常检修）中，规定当达到 R 级定检时间或定检里程时，动车组必须根据规定到达指定地点进行 R 级检修作业；同时根据动车组状态的唯一性，在任意时刻，一个动车组有且只有一

种作业状态，即

$$R_5 : \sum_{i,j \in k} x_{ij} d_j \leq L_R + \Delta L_R \quad k \text{ 表示链 } k \text{ 中经过点的集合}$$

$$R_6 : \sum_{i,j \in k} x_{ij} (C_{ij} + t_{jd} - t_{jf}) \leq T_R + \Delta T_R \quad k \text{ 表示链 } k \text{ 中经过点的集合}$$

$$R_7 : M_{irj} Y_{irj} + Y_{ilz} + Y_{izl} = 1 \quad \forall i,j$$

$$R_8 : Y_{iR} \leq M_{iR} \quad \forall i$$

（3）接续约束　在考虑空车调拨的情况下，同一动车组接续两条列车运行线时，前一条列车运行线的终到站与后一条列车运行线的始发站可以是不同站，但始发站的始发时间和终到站的终到时间之差必须要满足两车站的接续时间，即

$$R_9 : Y_{iR} x_{ij} T_{iR} \leq C_{ij} \quad \forall i, j$$

（4）变量约束　在定义的上述变量中，均为 0 - 1 变量，故有以下变量约束

$$R_{10} : x_{ij}, \ T_{iR} \in \{0, \ 1\}$$

根据以上分析可知，动车组交路段优化数学模型为多目标规划模型。本章在求解该模型时，将两个目标分层进行求解，其中目标函数 1 作为主目标，目标函数 2 作为次目标。综上所述，动车组交路段的数学模型可表示为

$$\text{obj.} \begin{cases} \min Z_1 = \sum_{i=0}^{n+1} \sum_{j=0}^{n+1} C_{ij} x_{ij} & \text{主目标} \\ \min Z_2 = \sum_{m=1}^{Q} (\rho_m - \bar{\rho})^2 & \text{次目标} \end{cases}$$

$$\text{s. t.} \begin{cases} \sum_{j=1}^{n} \sum_{i=0}^{n+1} x_{ij} = 1 \\ \sum_{i=1}^{n} \sum_{j=0}^{n+1} x_{ij} = 1 \\ \sum_{i=1}^{n} x_{i0} = 0 \\ \sum_{i=1}^{n} x_{(n+1)i} = 0 \\ \sum_{i,j \in k} x_{ij} d_j \leq L_R + \Delta L_R \quad k \text{ 表示链 } k \text{ 中经过点的集合} \\ \sum_{i,j \in k} x_{ij} (C_{ij} + t_{jd} - t_{jf}) \leq T_R + \Delta T_R \quad k \text{ 表示链 } k \text{ 中经过点的集合} \\ M_{irj} Y_{irj} + Y_{ilz} + Y_{izl} = 1 \quad \forall i,j \\ Y_{iR} \leq M_{iR} \quad \forall i \\ Y_{iR} x_{ij} T_{iR} \leq C_{ij} \quad \forall i,j \\ x_{ij}, Y_{iR} \in \{0,1\} \end{cases}$$

5.3　动车组运用方案模型求解

通过动车组的运用过程分析得出，动车组的运用过程与旅行商的走行过程较为相似：运行图中需要担当运输任务的动车组相当于旅行商问题（TSP）中需要经过的旅行地点；动车组担当两条运行线之间的相互接续相当于两个旅行地点之间的走行路径；由于在安排动车组运用计划时，有多列动车组同时担当运输任务，可看作多位旅行商同时拜访多个旅行地点。因此，构建动车组交路段网络模型可参照多旅行商（MTSP）网络模型，并以动车组交路段数学模型为基础，构建基于 MTSP 的动车组交路段网络模型，为模型的算法设计提供基础。

5.3.1　动车组运用方案网络模型构建

动车组交路段的自动生成是动车组运用方案中至关重要的组成部分，它是编制动车组运行交路的基础，可安排动车组担当相关列车运行线的运输任务，提高动车组运用效率，减少动车组的使用数量。同时，由于动车组的运用问题相似于多旅行商问题，可以将动车组的运用问题描述为带有方向的点线结合网络形态，建立基于MTSP 的动车组交路段网络，将所有在城际客运专线网上铺画的城际列车运行线代替城际客运专线网的实际线路，分别定义为一个点，以接续时间及空车调拨条件约束判断两点之间是否连接。由于铺画的列车运行线遍布在城际客运专线网上，从而建立一个动车组交路段网络模型，为求解动车组交路段数学模型提供相关基础。

基于 MTSP 的动车组交路段网络模型是一种有向图，可以采用带有方向的有向图 $G = (V, E)$ 来表示，具体构建思路如下：

$V = \{v_i \mid i = 1, 2, \cdots, N\}$ 是动车组网络模型中实体节点的集合，表示列车运行图中所有列车运行线的集合 TL，即 v_i 表示列车运行图中的列车运行线 $TL\{i\}$。其中 v_i 主要包括的信息有列车运行线 i 的列车车次 $TN\{v_i\}$、始发车站 $DS\{v_i\}$、始发时间 $DT\{v_i\}$、终到车站 $FS\{v_i\}$、终到时间 $FT\{v_i\}$、需要运行距离 $S\{v_i\}$，即 $TL = \{TN, DS, DT, FS, FT, S\}$。

$E = \{e_{ij} \mid i, j \in V\}$ 是动车组网络模型中弧的集合，表示网络模型中两个节点接续关系的集合，即 $e_{ij} = (v_i, v_j)$ 表示两条运行线 v_i 和 v_j 之间的单向连接、接续关系，两节点之间是否存在弧主要由约束条件 R_7 进行判断确定。若单向链接，则弧 e_{ij} 具有一定权值 C_{ij}，权重值的取值与式（5-1）的取值方式一致。

v_s 作为动车组运用网络模型中的虚拟初始点，表示计算动车组交路段接续时间的起点，其连接所有列车运行线，各连接弧取值参考公式 $C_{0i} = t_{if} - \Omega$。

v_t 作为动车组运用网络模型中的虚拟终点，表示计算动车组交路段接续时间的终点，其接续所有列车运行线，各连接弧取值参考公式 $C_{i(n+1)} = 1440 - t_{id}$。

根据以上分析，构建出基于 MTSP 的动车组交路段网络如图 5-2 所示。

目标函数 1：动车组非生产作业时间最少可以转化为网络模型中节点连接，形

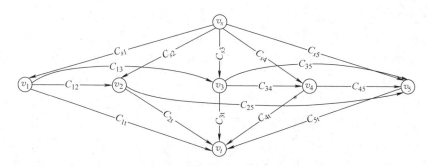

图 5-2　基于 MTSP 的动车组交路段网络

成多条可行链后，所有链上弧的权重值之和最小。

目标函数 2：各条链上弧的权重值之和与该条链所有点、弧权重值之和的比值尽可能相一致。

约束条件 R_1 和 R_2：列车运行图中每一条实际列车运行线有且仅有一个动车组交路段包含该列车运行线可以转化为每个节点（除 v_s 和 v_t 外）有且只有一条进入弧和流出弧。

约束条件 R_3：可以转化为没有进入弧。

约束条件 R_4：可以转化为没有流出弧。

约束条件 R_7：在完成运行线运输任务后动车组检修、整备或提留作业的唯一性可以转化为任意时刻任一点有且只有一个状态。

约束条件 R_5、R_6、R_8 和 R_9：主要通过求解过程中的条件判断来实现。

5.3.2　动车组运用方案网络算法设计

根据建立的动车组交路段模型可知，该数学模型属于多目标非线性整数规划模型，结合基于 MTSP 构建的动车组运用网络模型，本章拟采用禁忌 - 蚂蚁算法对其进行求解。

禁忌 - 蚂蚁算法是禁忌搜索算法和蚁群算法相结合的一种现代算法，该算法解决组合优化问题的基本思路为：用一组蚂蚁的走行径路表示待优化问题的可行解，所有蚂蚁走行路径构成了解空间；当蚂蚁访问过某一点后，在此次可行解的搜索过程中该点被禁忌，不允许其他蚂蚁再次访问，同时蚂蚁在走行路径过程中会释放信息素；随着时间的推移，较短路径上积累的信息素浓度逐渐增高，选择该路径的蚂蚁也逐渐增多，最终蚂蚁在正反馈的作用下选择最佳的走行路径，即是优化问题的最优解。在运用到本章所研究的优化问题时，以下即为算法设计的具体思路。

1. 可行解的构造

在求解动车组运用优化模型可行解的过程中，由于受到检修、接续条件的约束，动车组运用模型的可行解不是单一的一条链，而是由多条链组合而成。一只蚂蚁的走行路径即为一条链，故可行解需要多只蚂蚁共同进行构造。在蚂蚁搜索接续线路的过程中，其走行路径要受到修程修制、接续时间、接续地点等条件的约束。

为了保证每个节点有且只有一只蚂蚁访问，每组蚂蚁开始访问之前，设置一个禁忌表 B。当某只蚂蚁访问 v_i 时，将该点从待访问节点的集合 V' 中删除，同时将该点记录到该组蚂蚁的禁忌表 B 中，直至待访问节点的集合 V' 为空集，一组可行解即构造完成。

可行解的构造：首先引入一只蚂蚁，按照接续条件等约束构造一条链，该条链中 v_i 单向连接 v_j 即表示动车组在担当列车运行线 v_i 运输任务后又接续担当列车运行线 v_j 的运输任务；判断该蚂蚁是否可以找到接续节点，如果找到，则该蚂蚁继续搜索，如果找不到，则再次判断待访问节点的集合 V' 是否为空集；如果找不到，则引入另一只蚂蚁，按照接续条件等约束在余下的节点中寻找一条最优的链，其访问过程与上一只蚂蚁相同；依此类推，网络图内所有节点有且只有一次被访问过，即找到 k 条链，形成一组可行解 X；最后运用信息素更新规则，对网络图内所有弧的信息素进行更新，为引入下一组蚂蚁做准备。

2. 路径的选择

在初始时刻各条弧的信息素数量相等，取 $\tau_{ij} = C$（C 为常数）。在蚂蚁走行过程中，访问的路径会留有蚂蚁释放的一定量信息素 Q（Q 为常数），其中该路径上的各条弧的信息素会有一定增量，即

$$\Delta\tau_{ij}^k (t, t+1) = \begin{cases} \dfrac{Q}{C_{ij}} & \text{蚂蚁 } k \text{ 经过弧 } (v_i, v_j) \\ 0 & \text{其他} \end{cases}$$

式中，$\Delta\tau_{ij}^k (t, t+1)$ 是蚂蚁 k 在 $(t, t+1)$ 时间段内在弧 $e_{ij} = (v_i, v_j)$ 上留下的信息素量，即蚂蚁 k 访问过弧 $e_{ij} = (v_i, v_j)$ 后，该弧的信息素增量。

蚂蚁 k 在路径的行进过程中根据各弧的信息素浓度大小来选择方向，其中蚂蚁 k 在 t 时刻由节点 v_i 转移至节点 v_j 的概率为

$$P_{ij}^k(t) = \begin{cases} \dfrac{[\tau_{ij}(t)]^\alpha [\eta_{ij}(t)]^\beta}{\sum\limits_{w \notin B} [\tau_{iw}(t)]^\alpha [\eta_{iw}(t)]^\beta} & w \notin B \\ 0 & w \in B \end{cases}$$

其中 $\eta_{ij}(t) = 1/C_{ij}$ 是启发函数，表示弧 $e_{ij} = (v_i, v_j)$ 的期望度，在本章中为列车运行线 v_i 与列车运行线 v_j 接续时间的倒数；α 是信息素重要程度因子，其值越大，表示信息素的浓度在转移中起的作用越大，$0 \leqslant \alpha \leqslant 5$；$\beta$ 是启发函数重要程度因子，其值越大，表示启发函数在转移中起的作用越大，即蚂蚁会以较大的概率转移至接续时间短的节点，$0 \leqslant \beta \leqslant 5$；$B$ 是该组蚂蚁的禁忌表。

3. 信息素的更新

在初始时刻，每条弧的信息素浓度相同。随着时间的推移，各条弧的信息素浓度也会随之衰减，同时每构造出一组可行解，该组蚂蚁会在访问的路径上留下一定量的信息素。因此，当一组蚂蚁访问过所有节点后，各条弧的信息素浓度需进行实

时更新，即

$$
\begin{cases}
\tau_{ij}(t+1) = \rho\tau_{ij}(t) + \Delta\tau_{ij}(t,t+1) \\
\Delta\tau_{ij}(t,t+1) = \sum_{k=1}^{m} \Delta\tau_{ij}^{k}(t,t+1)
\end{cases}
$$

式中，$\tau_{ij}(t+1)$ 是 $t+1$ 时刻，弧 $e_{ij} = (v_i, v_j)$ 上的信息素浓度；ρ 是信息素的残留因子，表示弧上信息素的残余浓度，取值为 $0 < \rho < 1$，在本章中 ρ 取 0.8 左右较合适；$\Delta\tau_{ij}(t, t+1)$ 是一组蚂蚁在弧 $e_{ij} = (v_i, v_j)$ 上留下的信息素总增量。

4. 求解算法步骤

根据前文分析，基于禁忌 – 蚂蚁的动车组运用方案求解算法步骤如下。

Step1 输入基础数据，设定参数值。输入既定的列车运行图上列车运行线的基础数据信息，建立数据结构，包括列车运行线车次、始发车站、终到车站、始发时间、终到时间、运行时间、运行距离以及终到车站是否具有检修能力等信息；同时对算法中的 α、β、ρ、Q 等参数进行设定；设定最大的迭代次数 $NC_{\max}$。

Step2 初始化设置。设置迭代次数 $NC = 1$，网络图中各条弧的信息素初始设定为常数 $\tau_{ij} = C$。

Step3 可行解构造。

1）将蚂蚁 k 随机分配至一个起点 v_i，同时节点 v_i 从待访问点的集合 V' 中剔除，并存储到蚂蚁 k 的禁忌表 B_i^k 中。

2）搜索与节点 v_i 相接续的节点，采用轮盘赌法访问下一接续节点 v_j。根据转移概率公式，计算与节点 v_i 有接续关系的所有弧的转移概率。采用轮盘赌法选择访问的接续点 v_j，判断是否满足接续条件，若满足，则蚂蚁 k 移动到该节点 v_j，同时该节点 v_j 也从待访问点集合 V' 中剔除，储存至蚂蚁的禁忌表 B_i^k 中；若不满足，则继续下一步。

3）判断蚂蚁 k 搜索是否停止，如果蚂蚁 k 找不到符合条件的节点，则搜索停止并引入另一只蚂蚁，即 $k \leftarrow k+1$，转到 1）；否则，以节点 v_j 为搜索基点，转到 2）。

Step4 记录当前最优解。如果网络图中节点的集合 V' 为空集，则该组蚂蚁搜索停止；记录使用蚂蚁数量 $m = k$，计算所有蚂蚁访问过弧的接续时间之和，得出当前函数目标值 Z，与之前保存的最小目标函数值进行比较，选择较优解（即蚂蚁走行路径与该路径下的目标函数值 Z）进行保存。

Step5 更新信息素。根据所保存的当前最优解，利用信息素更新方程式，更新网络中弧的信息素浓度，并对弧上信息素浓度的最大、最小值进行控制，即保证 $\tau_{\min} \leqslant \tau_{ij} \leqslant \tau_{\max}$。

Step6 判断是否满足最大迭代次数。更新迭代次数 $NC \leftarrow NC + 1$，如果 NC 小于设置的迭代次数 $NC_{\max}$，则转到 Step3；否则，循环终止。

Step7 输出最优解。通过多次迭代，当前最好解就是求解问题的最优解，输出蚂蚁最优走行路径及其相应的目标函数值，算法结束。

根据以上求解步骤，得到求解动车组运用模型的算法流程图，如图 5-3 所示。

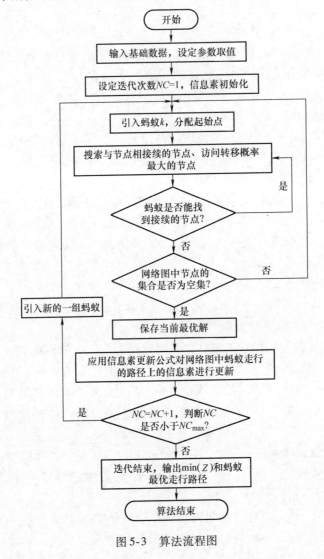

图 5-3　算法流程图

第6章 铁路客运站到发线运用优化问题

6.1 铁路客运站到发线运用问题描述

6.1.1 铁路客运站到发线运用问题概念

铁路客运站到发线运用计划是在规定时段内所有列车占用到发线的计划，如图 6-1 所示。

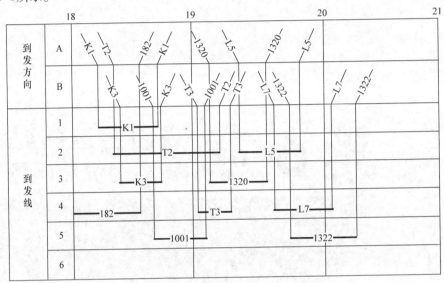

图 6-1 某铁路客运站到发线运用计划

到发线运用计划编制的依据是列车到发时刻、列车出入库计划和《车站行车工作细则》的有关规定。编制客运站到发线运用计划时，必须考虑以下几点：

1）一条到发线同一时间内只能接发一趟列车。一趟列车一旦占用了一条到发线便一直占用到离去时为止，中途不能再转到其他到发线，也就是说，一趟列车在同一时间只能占用一条到发线。

2）方便旅客旅行。为了便于旅客乘降，尽量减少旅客在站内的走行距离与走行时间，也就是将始发、终到等上、下车旅客较多的列车尽量安排在靠近基本站台的到发线。

3）为列车安排的到发线长度、设备应能满足列车在到发线上的作业要求。

4）同一到发线接发的相邻列车时间间隔应大于最小安全时间间隔。

5）由于客运站旅客列车到发时刻相对稳定，为了方便车站的客运工作组织，尽量按照到发线固定使用方案安排到发线。

6）有效地使用车站各种既有行车技术设备。对于确定的列车运行图和车站既有行车设备，应尽量均衡地使用，使各项设备的利用率趋于均衡。

由此可见，铁路客运站到发线运用优化问题，就是建立一定时间（一昼夜、一个班或一个阶段）内，每列旅客列车从开始占用到发线时刻起至腾空到发线时刻止的时间段在其合适到发线上的时序排列模型，并给出相应的算法。

通过对客运站到发线运用计划的内容及影响因素进行分析，进一步描述其应遵守的条件和优化目标。可以看出，到发线运用优化问题是一个具有空间和时间二维特性的组合优化问题。为了简化对时间维度的描述，本小节引入时间片的概念，将列车占用到发线的起止时刻转化为列车占用到发线的起止时间片，简化列车之间由于占用到发线的时间交叉而产生的约束，为建立到发线运用优化模型奠定基础。

6.1.2 铁路客运站到发线运用影响因素

铁路客运站到发线运用影响因素主要包括列车运行图、调车进路以及列车进路，具体分析如下：

1. 列车运行图对到发线运用的影响

列车运行图是一个技术文件。运行图表示了列车运行时间和空间的关系，它规定了列车在车站的到达时刻、发车时刻、停车时间和通过时刻以及机车交路等，构成了为列车分配到发线和进路的时间约束。对于停站列车，图到时刻就是列车在到发线上停稳的时刻，图发时刻就是列车起动的时刻，在列车进站之前和出站之前都要提前为列车准备好接车进路和发车进路，设备的预占用和起始占用时刻要早于图定的到开时刻。对于不停站列车，其到达和出发时间是相同的，也就是运行图中不包含列车对设备的占用时间，到发线运用计划就是以运行图为依据编制的，在对运行图进行调整时，到发线运用方案也需要变更。

2. 调车进路对到发线运用的影响

站内的调车作业主要就是机车出入段、始发列车车底出客车整备所和终到列车车底入客车整备所。列车的接发作业进路容易与调车作业进路形成敌对进路，如果两作业占用进路时间有交叉，则需要在空间上错开和在时间上隔离。在时间上隔离就是在不影响接发车安全作业的前提下进行调车作业，即在接发车作业的间隔时间中完成调车作业；在空间上错开就是通过调整到发线进而形成平行进路。

3. 列车进路对到发线运用的影响

车站的接发车作业主要包括两列列车同端咽喉和异端咽喉作业的情况。其中，异端咽喉作业就算两作业时间交叉，由于存在明显的空间间隔，进路也不会交叉；在满足到发线分配的硬约束即时间交叉的列车不能分配在同一到发线上的前提下，到发线也无须调整。在同端咽喉作业的两列列车容易产生进路冲突，当两列车在进路上的作业时间有重合时，若可调整进路使两者形成平行进路，则无须调整到发线；若进路无法调整，则必须重新为列车分配到发线，使其形成平行进路；若到发线无法调整，则需要通过相应的间隔时间，对两作业占用敌对进路的时间进行隔离。

6.1.3 铁路客运站到发线运用原则

在为客运站到开的列车分配到发线时，需满足以下原则：

1) 一条到发线同一时间只能被一列车占用，一列列车从开始占用某一条到发线到结束占用此到发线的期间内，半途不能再转到其他的到发线上。一列车只能为其分配一条到发线。

2) 根据车站咽喉区的布局，为列车安排合适的到发线，避免行车作业进路与调车作业进路之间产生冲突，高效安全地接发旅客列车。

3) 为了避免对通过不停站列车的行驶速度产生影响，确保车站工作人员的人身安全，以及降低车站设备的损耗率，不停站列车应该全部由正线接发。

4) 停站有乘客上下车的列车必须接入邻靠站台的到发线上。

5) 有整备作业的列车必须停在有相应作业设备的到发线上，比如有上水、上油作业的列车就必须停在有上水、上油设备的到发线上。

6) 有些到发线上下行列车都可以接发，但为了尽量减少上下行列车的进路冲突，上下行列车应尽量接入各自运行方向的到发线。如果上行列车或下行列车密集到发，则应灵活运用线路。

7) 均衡紧凑地使用到发线，减少到发线的空费时间。同时，也要为到发线预留一定空闲时间，保证在遇到特殊情况时有空间进行调整。

6.2 铁路客运站到发线运用优化模型构建

6.2.1 建模基础

终到、始发列车占用到发线的起止时间与调车作业密切相关。在编制到发线运用计划时，列车占用到发线的时间是固定的。大型客运站在站作业旅客列车占用到发线起止时间见表 6-1。

表 6-1 列车占用到发线起止时间

列车类型	占用到发线开始时间	占用到发线结束时间
通过旅客列车	列车到达时刻	列车出发时刻
立折旅客列车	到发列车到达时刻	出发列车出发时刻
终到旅客列车	列车到达时刻	车底入库开始时刻
始发旅客列车	车底出库结束时刻	列车出发时刻

在到发线运用计划中，列车到、发和转线的时间是以时分为单位来表示的。一条到发线在同一时间内只能被一列车占用，占用到发线的时间存在交叉的列车不能使用同一条到发线。

6.2.2 模型相关条件假设

为了便于模型的构建，根据高速铁路枢纽车站技术作业的特征和模型的目的，对到发线运用优化问题进行合理简化，做出如下假设：

1) 列车接入各到发线时间基本相同，能够按图定时间到达车站或从车站发出，并且保证高铁枢纽车站的到发场能够为所有到达的列车安排相应进路出入车站。

2）不存在影响铁路、车站正常运行的事故，站内设施设备能够正常运作。事故的出现将会极大地影响整个车站或区间的运作，因此该模型需要排除出现事故的可能性。

3）具有接续关系的动车组，要在同一到发线上进行接续，不得转换其他到发线。如不在同一到发线进行接续，则需要调车作业并增加额外的作业。

4）确定高铁枢纽车站站型，根据列车在高铁枢纽站到发时刻表的信息确定列车的种类、作业类型、运行时刻以及方向等模型的基础信息。

5）列车接入到发线均需满足模型的约束条件。

6）模型计算的是日计划中的一个时段，在该时段列车占用到发线不受该时间段范围外的到发线已占用的影响。

6.2.3 模型相关参数说明

铁路客运站到发线运用优化问题中所涉及的相关参数及变量如下：

集合 $T = \{i \mid i = 1, 2, \cdots, m\}$ 表示计划日内车站所有列车集合，其中，i 与 m 分别表示列车的编号与数量；集合 $H_1 = \{h_i \mid i = 1, 2, \cdots, m\}$ 表示列车长度集合；集合 $D = \{j \mid j = 1, 2, \cdots, n\}$ 表示车站到发线集合，其中，j 与 n 分别表示到发线的编号与数量；集合 $H_2 = \{h_j \mid j = 1, 2, \cdots, n\}$ 表示到发线长度集合；$T_{\min}$ 表示同一条到发线发出和接入相邻两列车应满足的最小安全时间间隔；t_{ij}^s 表示列车 i 占用到发线 j 的开始时刻；t_{ij}^e 表示列车 i 占用到发线 j 的结束时刻；μ 表示车站到发线占用均衡系数，即平均每条到发线被占用的平均时间；x_{ij} 为 0－1 变量，取值为 1 时表示列车 i 占用到发线 j，取值为 0 时表示列车 i 不占用到发线 j。

6.2.4 铁路客运站到发线运用优化模型构建

1. 目标函数分析

本模型的目标函数分为到发线占用均衡和检票口客运作业量均衡两个部分。

车站在进行技术作业时应该均衡使用车站设备，如道岔、线路、到发线等，避免过度使用设备造成设备磨损，故以到发线占用时间的均衡度作为模型的第一个目标，设定占用到发线的时间与各平均时间之差的平方和为到发线占用的均衡度，其计算公式为

$$\min Z = \sum_{j=1}^{n} \Big[\sum_{i=1}^{m} (t_{ij}^s - t_{ij}^e) x_{ij} - \mu \Big]^2$$

其中，车站到发线占用均衡系数 μ 的计算公式为

$$\mu = \frac{\sum\limits_{i=1}^{m} t_{ij}^s - t_{ij}^e}{N_L}$$

2. 约束条件分析

在优化模型中，设定的约束条件要充分考虑占用到发线的原则。

1）一条到发线只能接发一趟列车，其数学表达式为

$$\sum_{j=1}^{n} x_{ij} = 1 \quad \forall i = 1, 2, \cdots, m$$

2）一趟列车只能占用一条到发线并且中途不得转线，其数学表达式为

$$\sum_{i=1}^{m} x_{ij} = 1 \quad \forall j = 1, 2, \cdots, n$$

3）占用同一到发线的相邻列车应满足最小安全间隔时间，其数学表达式为

$$\left| t_{i_2 j}^{s} - t_{i_1 j}^{e} \right| \geq T_{\min} \quad \forall i_1, i_2 = 1, 2, \cdots, m$$

4）列车占用的到发线的长度应大于列车的车底长度，其数学表达式为

$$h_j x_{ij} - h_i x_{ij} \geq 0 \quad \forall i = 1, 2, \cdots, m \quad j = 1, 2, \cdots, n$$

6.3 铁路客运站到发线运用模型求解

最大最小蚂蚁系统（Max – Min Ant System，MMAS）在 AS 算法的基础上引入了 4 项主要改进。首先，它强调了对最优路径的开发：只有迭代最优的蚂蚁，也就是在当前迭代中构建出最优路径的蚂蚁，或者是至今最优的蚂蚁，才被允许释放信息素。然而，由于某些边上的信息素增长过快，这种策略可能会导致停滞现象的出现，即所有蚂蚁都搜索同一条路径，尽管这些边所在的路径也许是比较好的，却常常不是最优的路径。为了抵消这种影响，MMAS 提出了另外一项修改就是把信息素大小的取值范围限制在一个区间 $[\tau_{\min}, \tau_{\max}]$ 内。另外，信息素的初始值被设定为其取值的上界，并与一个较小的信息素挥发速率相结合，目的是使得算法能在最初的搜索步骤中探索更多可能的路径。最后，在 MMAS 中，每当系统到达了停滞状态，或者在一定数量的迭代过程中不再有更优的路径出现，那么所有的信息素值都会被初始化。

在应用蚁群算法时，解构造图的建立方法、信息素、启发式信息的表达方式、选择策略、局部搜索算法会严重影响到算法的收敛性，是蚁群算法实现中的技术细节问题，需要针对问题的特点，设计合理的解决方案，从而使算法能够以较大概率收敛到全局最优解。本小节将给出基于到发线运用优化算法各技术问题的具体解决方案。为了加快算法的收敛速度，提高解的性能，在建立解构造图时，图中列车的排列顺序并不是任意的。本节设计了一个列车排序算法，将列车根据其安排到发线时的困难程度由大到小排序，图中列车节点按照该顺序排列，并按照这一顺序逐个为列车选择到发线。

1. 解构造图

蚁群算法的关键问题之一是如何将要解决的问题映射为解构造图，通过人工蚂蚁在该图从起点上行走到终点的路线得到问题的可行解。

图 6-2 所示为到发线运用问题解构造图，其中 a_i 表示列车集合 A 中的列车 i，

A 是通过排序算法排序后的列车集合；d_j 表示到发线集合 D 中的到发线 j；实线 e_{ij} 表示列车 a_i 可以使用到发线 d_j，其权值为列车 i 使用到发线 j 的费用 c_{ij}；虚线 e'_{ij} 为辅助边，用于连接 d_i 与 a_j，其权值为 0。为了保证每次迭代都能找到可行解，在 D 中添加元素 d_0 表示虚拟到发线，列车在没有满足约束条件的到发线时可以选择 d_0，列车 i 使用到发线 d_0 的权值为 $c_{i0} = M$。

蚂蚁在图上构建解的过程就是蚂蚁从起点 a_1 行走到 a_{n+1} 的过程，蚂蚁行走的路线就构成了到发线运用计划的可行解。图 6-2 中的粗实线为蚂蚁在解构造过程中的行走路线，代表一个可行解 S。因此，到发线运用计划问题的可行解 S 可以表示为蚂蚁经由实边的集合。例如路线 $a_1 \rightarrow d_1 \rightarrow a_2 \rightarrow d_2 \rightarrow a_3 \rightarrow d_3 \rightarrow a_4$，表示列车 a_1 使用到发线 d_1，列车 a_2 使用到发线 d_2，列车 a_3 使用到发线 d_3，$S = \{e_{11}, e_{22}, e_{33}\}$。

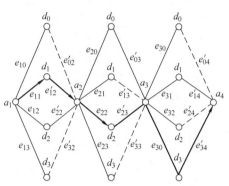

图 6-2　到发线运用问题解构造图

2. 信息素的表示、初始化及更新原则

信息素 τ_{ij} 是指将到发线 d_j 分配给列车 a_i 的期望度。蚂蚁以信息素作为媒介进行交流，信息素对算法性能的影响是巨大的。蚂蚁搜索到的解性能越好，蚂蚁在其所经过的边上留下的信息素越浓。因此，在到发线运用问题中，信息素的取值应与解的目标函数值成反比。根据最大最小蚂蚁系统（MMAS）的思想，只有迭代最优蚂蚁（构造出本次迭代最优解的蚂蚁）或全局最优蚂蚁（构造出全局最优解的蚂蚁）才被允许释放信息素。为了避免出现迭代停滞，将信息素的取值限制在一个区间 $[\tau_{\min}, \tau_{\max}]$。当所有蚂蚁都构建完路径之后，算法将根据解的性能更新解构造图各边上的信息素。

（1）信息素的初始化　为了在迭代初期扩大蚂蚁在解空间的搜索范围，解构造图中所有实边上的信息素均被初始化为 $\tau_{\max}$，即 $\tau_{ij}(0) = \tau_{\max}$。图中所有的虚边为辅助边，不起决策作用，因此虚边上没有信息素。

（2）信息素更新原则　信息素更新策略是蚁群算法的关键步骤之一，信息更新过快将导致算法陷入局部最优甚至停滞，信息更新过慢则收敛速度缓慢，无法搜索到最优路线。算法采用的信息素更新原则是在每次迭代结束后，由全局最优蚂蚁或本次迭代最优蚂蚁更新信息素，并且将信息素的取值限制在区间 $[\tau_{\min}, \tau_{\max}]$ 中。在解的构造过程中，不进行局部信息素更新。

信息素的更新原则表示为

$$\tau_{ij}(t+1) = \rho \tau_{ij}(t) + \Delta \tau_{ij}$$

式中，t 是迭代次数；$\Delta\tau_{ij}$ 是本次迭代后信息素增量；ρ 是信息素的挥发系数，$\rho <$ 1，其取值可以随着求解的过程而改变，在求解初期 ρ 可以取较小的值，以期算法在开始时搜索更多的路径。

为使 $\tau_{ij}(t+1)$ 处于区间 $[\tau_{\min},\ \tau_{\max}]$ 内，算法信息素更新规则为

$$\tau_{ij}(t+1) = \begin{cases} \tau_{ij}(t+1) & \tau_{\min} \leqslant \tau_{ij}(t+1) \leqslant \tau_{\max} \\ \tau_{\max} & \tau_{ij}(t+1) > \tau_{\max} \\ \tau_{\min} & \tau_{ij}(t+1) < \tau_{\min} \end{cases}$$

其中，信息素上界 $\tau_{\max}$ 与下界 $\tau_{\min}$ 的取值可根据实验确定。

3. 选择策略

第 k 个蚂蚁在处于列车节点 a_i 时，使用一个概率型 $P_{ij}^k(t)$ 的决策规则来选择下一个到发线节点 d_j。$P_{ij}^k(t)$ 是信息素 τ_{ij} 和启发式信息 η_{ij} 的函数，表示列车 a_i 使用到发线 d_j 的概率，其表达式为

$$P_{ij}^k(t) = \begin{cases} \dfrac{\alpha\tau_{ij} + \beta\eta_{ij}}{\sum\limits_{j \in N_i^k}(\alpha\tau_{ij} + \beta\eta_{ij})} & j \in N_i^k \\ 0 & j \notin N_i^k \end{cases}$$

式中，η_{ij} 是启发式信息，指列车 a_i 使用到发线 d_j 的启发式期望度，规定 $\eta_{ij} = 1/c_{ij}$；α、β 是用于表征信息素 τ_{ij} 与启发式信息 η_{ij} 在构造解时的作用程度。

在搜索的初始阶段，信息素被初始化为初始值，对蚂蚁的行为不起任何指导作用，这会导致算法构建出质量很低的路径。而启发式信息的主要作用就是避免这种情况的发生，它使得蚂蚁在一开始就倾向于构造好的路径。当 $N_i^k \neq \varnothing$ 时，蚂蚁 k 在列车节点 a_i 根据概率 $P_{ij}^k(t)$ 采用轮盘赌方式选择下一个到发线节点；当 $N_i^k = \varnothing$ 时，列车 a_i 没有可用的到发线，故只能选择到发线 d_0。

4. 局部搜索

在蚁群优化算法中，解是由蚁群概率性地构造得到的，其效果相对来说不是很好。因此，在实际应用中，蚁群算法总是与下降搜索、模拟退火、禁忌搜索等邻域搜索算法相结合。一方面，邻域局部搜索算法能够进一步改进各个蚂蚁构造产生的问题解；另一方面，因为蚁群在构造解时，受信息素踪迹的指引，蚂蚁能够为邻域搜索算法构造出好的初始解。

蚂蚁通过解构造找到初始解后，引入局部搜索策略，调整初始解中明显不合适的到发线使用方案。本文采用 2 – opt 方法，即对每次迭代产生的解中列车所用到发线进行两两交换。

基于 MMAS 的客运站到发线运用优化算法流程图如图 6-3 所示。

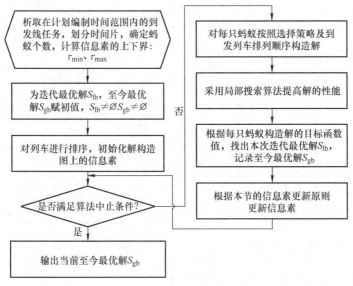

图 6-3   基于 MMAS 的客运站到发线运用优化算法流程图

6.4   案例分析

6.4.1   广州南站概况

广州南站是华南地区铁路客运站的核心，连接着多条铁路，如京广、广深港、南广、广珠城际等，是世界级交通枢纽。广州南站接发列车的站场分别是京广场与广珠场。本案例主要分析车站的广珠场接发列车的运用，广珠场站型布置如图 6-4 所示。广珠场设有 9 条到发线，南端主要接发广珠城际列车、江湛线列车，北端主要接发贵广线列车、南广线列车并且接入动车所 A、B 线。

ⅩⅩⅣ、ⅩⅩⅢ为广珠场的两条正线。一般来说，正线只能用于接发通过列车，如由碧江开往广珠动车所方向的列车可以直接从ⅩⅩⅣ股道经广珠动车所 A 线进入动车所；由碧江开往盐步南或盐步贵方向的列车可以直接从ⅩⅩⅣ股道通过然后在右端的咽喉区进行转线进入贵广上行线；由广珠动车所方向开往碧江方向的列车可以直接经由广珠动车所 B 线通过ⅩⅩⅣ股道。由盐步南或盐步贵方向开往碧江方向的列车可以直接在右端的咽喉区转线直接进入ⅩⅩⅢ股道。对于始发和终到的列车，在动车所进行整备检修后由广珠动车所 A 线或 B 线进入到发场准备发车或离开到发场进入动车所进行整备检修。

6.4.2   广州南站现行到发线运用方案

广州南站具有多个到发场，衔接着多个方向，列车允许接入的到发场也有相应规定；根据该规定，从 2019 年广州南站列车基本接续表中筛选出广珠场 8∶00—10∶00 时段的作业计划为模型的基础数据。接发上下行方向的列车到发时刻表以及股道占用情况见表 6-2。

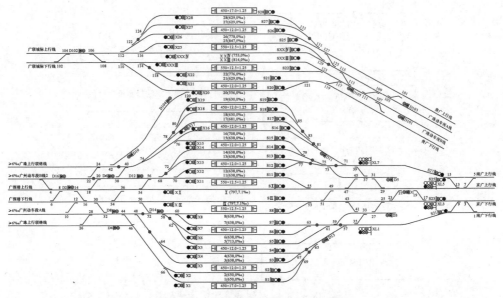

图6-4　广州南站广珠场站型布置

表中碧江方向等同于广珠城际方向；盐步贵方向以及盐步南方向是经由贵广线方向，另外贵阳与南宁方向的线路并线，开往这两个方向的列车均可以经由贵广线方向。

表6-2　列车到发时刻表以及股道占用情况

序号	接入方向	到达车次	股道	到达时刻	出发车次	股道	出发时刻	发出方向
1	碧江	C7692	20	8:08	C7693	20	8:44	碧江
2	碧江	C7602	23	8:33	C7603	23	9:25	碧江
3	盐步贵	0D213	24	8:33	D214	24	9:00	盐步贵
4	碧江	D1842	25	8:38	D1842	25	8:48	盐步贵
5	盐步贵	0D1881	27	8:38	D1882/3/2	27	9:06	盐步贵
6	盐步贵	0D2943	28	8:47	D2944/5	28	9:11	盐步贵
7	广珠所	0D1811	26	8:51	D1810	26	9:20	盐步贵
8	碧江	C7222	20	8:55	C7223	20	9:10	碧江
9	盐步贵	D7457	22	8:59	D7457	22	9:05	碧江
10	广珠所	0C7713	24	9:10	C7713	24	9:35	碧江
11	广珠所	0D3753	21	9:12	D3754	21	9:36	盐步贵
12	盐步贵	D4283	25	9:16	D3822/3	25	9:42	盐步贵
13	碧江	C7614	28	9:18	C7615	28	9:40	碧江
14	碧江	C7236	22	9:23	C7237	22	9:50	碧江
15	广珠所	0D3605	26	9:27	D3606	26	9:54	盐步贵
16	碧江	C7648	20	9:33	C7649	20	10:00	碧江
17	广珠所	0D3607	25	9:52	D3608	25	10:18	盐步贵
18	碧江	0C7272	27	9:53	D7461	27	10:14	碧江
19	碧江	C7660	22	9:58	C7661	22	10:20	碧江

注：1. 表中数据为2019年信息。

2. 车次前加"0"是指在该站不进行载客营业的空车底。

由车站站型平面图可得，广州南站广珠场到发线数量为9，其集合表达为 $D = \{j \mid j = 20,21,\cdots,28\}$；由列车到站时刻表可得列车数量为19，按列车到达次序给列车标号，如 C7692 为编号 1，C7602 为编号 2，OD213 为编号 3 等，其集合表达为 $T = \{i \mid i = 1,2,\cdots,19\}$。

广州南站动车组占用到发线时间参数，见表6-3。

表6-3 动车组占用到发线时间参数

作业类型	接车	发车
出入广珠场	按图定时刻提前10min	按图定时刻延迟2min
出入广珠场	按图定时刻提前4min	按图定时刻延迟2min

由表6-2和表6-3可得广州南站广珠场8：00—10：00时段列车占用到发线起止时刻见表6-4。

表6-4 各个列车占用到发线起止时刻

车次	类型	占用时刻
C7692/C7693	终到/始发	[7:58,8:46]
C7602/ C7603	终到/始发	[8:23,9:27]
0D213	始发	[8:29,9:02]
D1842	站停	[8:28,8:50]
0D1881	始发	[8:34,9:08]
0D2943	始发	[8:43,9:13]
0D1811	始发	[8:47,9:22]
C7222/C7223	终到/始发	[8:45,9:12]
D7457	站停	[8:49,9:07]
0C7713	始发	[9:06,9:37]
0D3753	始发	[9:08,9:38]
D4283/D3822/3	终到/始发	[9:06,9:44]
C7614/C7615	终到/始发	[9:08,9:42]
C7236/C7237	终到/始发	[9:13,9:52]
0D3605	始发	[9:23,9:56]
C7648/C7649	终到/始发	[9:23,10:02]
0D3607	始发	[9:48,10:18]
0C7272	始发	[9:49,10:16]
C7660/C7661	终到/始发	[9:48,10:22]

广州南站广珠场同一条到发线发出和接入相邻两列车最小安全时间间隔 $T_{\min} = 3\text{min}$，即后行列车占用到发线的开始时间减去前行列车占用到发线结束时间应不小于3min。车次 C7692、C7602、C7222、D7457、0C7713、C7614、C7236、C7648、

0C7272、C7660 的列车长度为 8，车次为 0D213、D1842、0D1881、0D2943、0D1811、0D3753、D4283、0D3605、0D3607 的列车长度为 16；到发线为 21、22、23、24、25、26、27、28 道的长度为 20，编号为 20 的到发线长度为 10。因此，有客运营业的长编或重联动车组禁止接入 20 道。

基于 Matlab2012 软件编写 MMAS 算法对前文建立的模型进行求解，得出广州南站 8：00—10：00 时段广珠场现行到发线运用方案如图 6-5 所示，优化到发线运用方案如图 6-6 所示，将优化方案与现行方案进行对比。

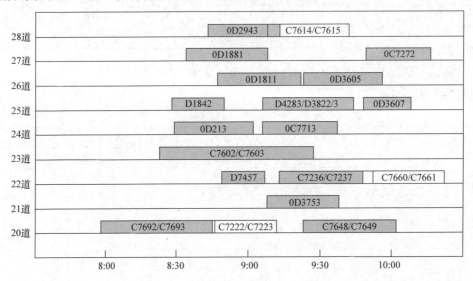

图 6-5　广州南站广珠场现行到发线运用方案

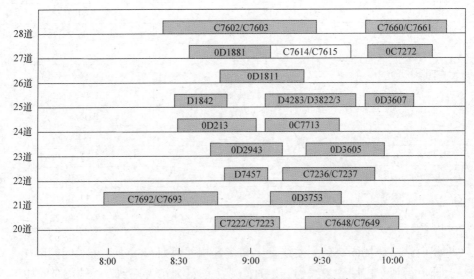

图 6-6　广州南站广珠场优化到发线运用方案

根据图 6-5 和图 6-6，可以得出现行运用方案与优化后的运用方案对比见表 6-5。

表 6-5　现行运用方案与优化后的运用方案对比

股道编号	接发列 车数/列		到发线被占用 时间总和/min		占用同一到发线相邻 两列车最小时间间隔/min	
	现行	优化	现行	优化	现行	优化
20	3	2	105	57	－1	11
21	1	2	30	78	—	22
22	3	2	91	84	－4	6
23	1	2	64	64	—	10
24	2	2	71	71	4	4
25	3	3	81	81	4	4
26	2	1	68	68	1	—
27	2	3	61	68	41	0
28	2	2	64	64	－5	21
方差	4.89	2.89	4576.22	3374.22	—	—

从到发线占用均衡角度来看，现行方案的目标值 $Z = 4576.22$，优化方案的目标值 $Z = 3374.22$。将现行方案与优化方案相比，现行方案的到发线被占用时间总和的方差较大，说明各到发线间占用的时间长度不均匀；每条到发线接发列车数相差较大。显然，经过优化后得出的方案使得各到发线接发列车数以及各到发线被占用时间的方差值变小，均衡程度变高。其次，现行方案中，占用 20、22、26、28 股道的相邻两辆列车最少时间间隔都小于 $T_{min} = 3min$，说明两列车将会在 20、22、26、28 股道同时发生空间角度和时间角度上的冲突。经优化后，干扰次数从 4 次降到 1 次，除 27 股道外，其他股道都能满足占用同一到发线的相邻列车最小时间间隔 3min，能够有效避免或减少列车运行时的交叉干扰，使得到发线占用均衡程度上升 26.27%。

第7章 运输组织评价

7.1 中欧班列开行效益评价

7.1.1 中欧班列开行效益评价体系

1. 中欧班列开行投入分析

（1）资金投入 为确保中欧班列的正常运行，需要前期的资金投入，包括班列的线路使用费、折旧费、维修费等。本节所指的资金投入主要是中欧班列的开行成本，即班列开行所需要的各项费用总和。随着货运量的增加，相应的开行成本也会增加。目前，中欧班列的开行收益主要来自货运收入，货运量所产生的货运收入远大于开行成本，因此货运量与班列的开行收益相关性较强。

（2）设备投入 中欧班列的设备投入主要是集装箱和动车组车底。随着中欧班列的需求量增加，相应的班列购置费、设备投入、维修费用和开行资金也会增加。班列自运行以来，由于发展速度快，出现了货源流动性大、认可度低等问题。一些城市的班列空箱运输现象严重，特别是回程货源缺乏造成班列资源浪费，运输成本增加，因此班列的发送箱数要与班列的需求量相匹配。随着中欧班列的发展逐渐成熟，"渝新欧""郑欧""汉新欧"的回程占比逐渐增加。中欧班列的去回程均衡开行有利于统筹组织境内外铁路的运输，提升车辆、集装箱的使用效率，从而降低物流成本。因此，在中欧班列的发展过程中将回程占比作为衡量中欧班列规模效益的重要指标。回程占比是指在统计周期内，回程开行数量与去程、回程中欧班列总开行数量的比值。

（3）人工投入 中欧班列的运行过程需要列车设备操作人员和基础设施服务人员对班列站点进行报关报检、设备检修以及装卸等工作，工作人员工作效率的提升，可以减少中欧班列的站点服务时间，使中欧班列开行出发和到达的时间点更准确。时间点的准确度在一定程度上提升了班列的总体运行效率，节省了因时间拖延而造成的成本损失。因此，雇员人数在合理化的前提下，可以侧面反映运输效率的高低。

（4）经贸风险 中欧班列运输过程中存在的经贸风险主要包括两个方面：其一，货物的价值量越高，企业承担的风险越大；其二，随着运输时间的延长，货物的货值会出现贬值现象。不同货物的时间价值和贬值率不同，在运输过程中要考虑重点品类占比情况，将运输货值、重点品类的占比、贬值率作为班列运输过程所需要承担的经济风险依据。

2. 中欧班列开行产出分析

（1）货运产出 中欧班列开行的经济效益与班列的货物运输量有着密切的联系。货运量增多、集装箱的利用率越高以及需求量增加，都会使得班列的发班频次相应增加，而列车的开行次数直接决定收入的高低。货运周转量是货运总量与班列运行线路的平均运距的乘积。货主的满意度是指中欧班列在运输过程中货主对班列运输的综合服务质量评价，它反映了货主在选择运输方式时的偏好程度，影响着中欧班列在海陆空三种运输方式的市场份额和客户吸引力。

（2）资金产出 中欧班列的资金产出主要是指资金收入，班列的主要收入是运输费用，班列的开行情况对其货运收入有直接影响，因此本节将开行收入用货物的运输费用收入表示。班列的开行净利润是指作为企业的收入所得扣除班列开行的成本消耗，直接通过所得数值的正负来判断。边际贡献值则是反映中欧班列补偿固定成本的能力。因此，中欧班列开行的经济收益主要通过运输费用、净利润和边际贡献值来表示。这三项指标与开行经济效益成正相关性。

（3）效率产出 中欧班列的效率产出是指劳动成果，即班列开行的综合设施和人员利用效率。一列正常开行的中欧班列，主要通过整列集装箱满载率来体现其运输的总体效率产出。由于中欧班列的运输效益产出主要是重箱，因此中欧班列的满载率是按集装箱载重达到满载条件的重箱占所有重箱数量的比值来判断的。满载率反映了中欧班列货源组织对集装箱运能供给的利用水平，是评价中欧班列质量的综合性指标。

基于现有的中欧班列开行方案的评价所建立的指标体系，结合上述建立指标的原则和方法，充分考虑中欧班列开行模式的经济效益特点，综合考虑经济效益的各种影响因素，对指标体系进行相应的划分和简化，得到中欧班列开行方案的经济效益指标体系如图7-1所示。

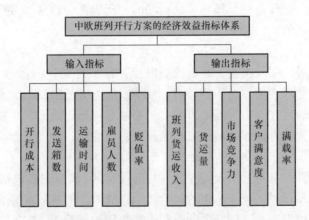

图7-1 中欧班列开行方案经济效益指标体系

7.1.2 郑州局中欧班列开行现状分析

郑州地处中原，作为全国主要的枢纽城市，综合交通运输发达，交通线路贯穿我国南北方向，连接东西部地区，区位优势显著。随着郑州中欧班列运行常态化，与欧洲国家货物贸易往来增多，使得班列的发班频次增速明显。郑州作为"一带一路"的重要节点城市，境内向东与沿海港口对接，通过空铁和海铁联运的方式实现与日韩等亚太国家的经济贸易往来，目前已经成为辐射全国省市的主要集散地和中转中心，被称为国内的物流枢纽中心。

郑州国际陆港公司成立于2013年，主体运营郑州国际陆港对外开放平台和郑欧班列陆路国际物流通道建设。郑欧班列的主体运行路线为郑州—汉堡/慕尼黑，经过两次转关、两次换轨。

在中欧班列公司中，郑欧班列的总货物价值、重量和业务范围都处于模范地位，打造了上门"一站式"服务平台与在线运营综合服务信息平台。目前，郑欧班列是国内唯一的高频往返均衡开行，实现全负荷去程回程达到满载的班列，在货物总价值和重量方面均名列前茅。由于郑欧班列的运输效率高，集装箱单位运营成本低，因此在中欧班列中市场化程度最高，是国内唯一与全程沿线国家直接合作（无中间代理商）的中欧班列运营平台公司。

随着线路的不断增多，出入境口岸不断拓展，可选择性增多。郑欧班列主线路（郑州—汉堡）出入境口岸线路图如图7-2所示。

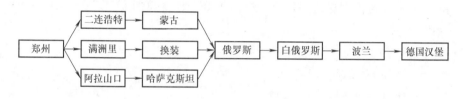

图7-2　郑欧班列主线路出入境口岸线路图

7.1.3　郑州局中欧班列开行效益 DEA 评价

郑欧班列开行方案评价指标体系由五项输入指标和五项输出指标构成，各项指标分别在前期进行处理，作为不同投入产出的代表性指标。

五项输入指标：x_1是开行成本（十万元）；x_2是发送箱数（百箱）；x_3是运输时间（千小时）；x_4是雇员人数（万人）；x_5是贬值率（%）。

五项输出指标：y_1是班列货运收入（千万元）；y_2是货运量（万吨）；y_3是市场竞争力（%）；y_4是客户满意度（%）；y_5是满载率（%）。

目前，中欧班列的运输模式主要包含直达开行和集结中心集结开行两种方式，因此本节研究就以这两种模式为对象。郑欧班列开行方案主要以点对点直达的开行模式运行，集结中心开行方案主要以乌鲁木齐集结中心为研究对象，以郑州—汉堡直达运输和乌鲁木齐集结中心到汉堡两种运输模式为决策单元（DMU）进行模型验证。通过调研得到的经济效益评价指标数据见表7-1，其中市场竞争力（y_3）和客户满意度（y_4）两项定性指标无法用较为准确的数据来描述，因此本节在评价前对这两项指标进行了模糊处理。其中，专家打分主要以表格的形式进行，随机抽取 20 位专家的打分结果进行处理。

$\text{DMU}_j = \{$集结中心集结开行方案，点对点直达开行方案$\}$ （$j = 1, 2$）

表 7-1 中欧班列开行方案经济效益评价指标数据

DMU$_j$		DMU$_1$	DMU$_2$
输入指标	x_1	0.6345	0.7143
	x_2	0.4600	0.4100
	x_3	0.3120	0.3530
	x_4	0.1503	0.1612
	x_5	0.0680	0.0720
输出指标	y_1	0.1662	0.1652
	y_2	0.0387	0.0369
	y_3	0.9600	0.9400
	y_4	0.9800	1.0400
	y_5	0.9800	0.9700

利用 DEA 评价模型进行评价，DMU$_1$ 的 DEA 评价规划为

$$\min\theta$$

$$\text{s. t.}\begin{cases} 0.6345\lambda_1 + 0.7143\lambda_2 \leqslant 0.6345\theta \\ 0.46\lambda_1 + 0.41\lambda_2 \leqslant 0.46\theta \\ 0.312\lambda_1 + 0.353\lambda_2 \leqslant 0.312\theta \\ 0.1503\lambda_1 + 0.1612\lambda_2 \leqslant 0.1503\theta \\ 0.068\lambda_1 + 0.072\lambda_2 \leqslant 0.068\theta \\ 0.1662\lambda_1 + 0.1652\lambda_2 \geqslant 0.1662\theta \\ 0.0387\lambda_1 + 0.0369\lambda_2 \geqslant 0.0387\theta \\ 0.96\lambda_1 + 0.94\lambda_2 \geqslant 0.96\theta \\ 0.98\lambda_1 + 1.04\lambda_2 \geqslant 0.98\theta \\ 0.98\lambda_1 + 0.97\lambda_2 \geqslant 0.98\theta \\ \lambda_1 \geqslant 0,\ j = 1,\ 2 \end{cases}$$

利用 Matlab 2012 软件求解，DMU$_1$ 与 DMU$_2$ 对应的 θ 分别为 0.762、0.781。对决策单元进行比较，排序结果为 DMU$_1$ < DMU$_2$。

通过以上分析测算结果，可以得到中欧班列的开行方案经济效益分析结果：中欧班列的点对点直达开行模式与集结中心集结开行模式相比较，点对点直达开行模式的固定设备投入和站点装卸投入变化较小；当货运量增加、满载率迅速增长时，点对点直达开行模式的经济效益明显优于集结中心集结开行；同时也说明货运量少、满载率低时，点对点直达开行模式中的设备投入和站点投入会造成浪费，成本消耗增加，而集结中心集结开行模式由于集结货物方便，会将各地的零散货物集结满载运输，大大节省了运输成本。

7.2 危险品道路运输风险评价

7.2.1 危险品道路运输风险评价体系

1. 人员因素

人作为车辆、机械设备的操作者，是危险品道路运输中发生事故最关键的影响因素。危险品运输不同于普通货物运输，对相关作业人员的身体素质与专业技能要求较高，作业人员必须持有相应的资质证书方可上岗。对于长期从事长途运输的人员，当在运输过程中出现路耗时间久、无法得到充足的休息时，容易出现疲劳驾驶的现象，会严重影响危险品运输的安全性。

2. 车辆设备因素

危险品道路运输中的车辆、设备的安全性能和可靠性是保障运输安全的关键。运输车辆与设备的新旧程度、磨损程度以及采用的安全技术含量等因素都会直接影响危险品道路运输的安全性。若运输车辆设备、零件存在老化、损坏程度比较大的现象，则会对车辆运输安全造成负面影响，容易导致事故的发生。运输车辆的动力参数、轴距参数、制动参数以及最小转弯半径等参数能够体现运输车辆的性能，车辆的性能越差，则在运输过程中存在的风险隐患也越大。

3. 危险品因素

危险品的种类很多，不同的危险品具有不同的理化性。由于危险品具有易燃、易爆、腐蚀和毒害等危险特性，一旦运载危险品的车辆在运输过程中发生危险事故，不仅会对事故周边沿线居民的生命健康和财产造成严重威胁，还会对周边的生态造成破坏。危险品的特性会随着周边温度的变化而变化，接触外界火源或受到外界压力等容易引发火灾、爆炸事故。

4. 运输环境因素

良好的运输环境因素是保障危险品道路运输安全的重要因素之一，恶劣环境条件会增加危险品运输风险，进而增加运输事故发生的概率。运输环境因素主要包括气象条件、交通状况、道路环境和周边人口密度等。道路环境的好坏主要体现在道路宽度、道路设计以及路面状况等，当运输车辆行驶在路面较窄、坡陡、弯道多的路段时，会增加运输难度，不利于驾驶人进行危险品运输任务。

5. 组织管理因素

组织管理因素作为危险品道路运输中的触发因素，不会直接导致运输事故的发生，但会间接影响危险品运输的安全性。多起运输事故的发生主要是由于安全管理制度不完善、不到位，导致作业人员的安全责任意识差、安全防范意识低下。

综合考虑危险品道路运输的各种影响因素，对指标体系进行相应的划分和简化，得到危险品道路运输风险评价体系如图7-3所示。

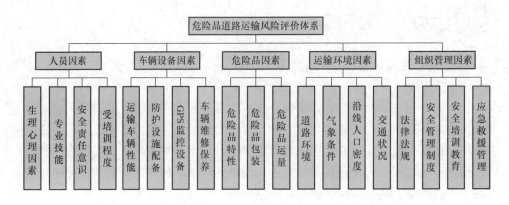

图 7-3 危险品道路运输风险评价体系

7.2.2 危险品道路运输风险现状分析

西安某危险品运输公司成立于 1997 年，是专业开发环保制冷剂金冷四氟乙烷（HFC－134a）及相关有机氟产品的高科技企业，为国内最大的四氟乙烷生产基地。四氟乙烷 R－134a 属于氢氟烃类（HFC）物质，而非消耗臭氧层物质（ODS），有良好的综合性能，是一种有效且安全的 CFC－12 替代品，目前主要应用于多数使用 R－12 制冷剂的领域，包括冰箱、冷柜、中央空调等制冷设备，同时还可作为气雾推进剂、医用气雾剂以及镁合金保护气体等。

对西安至上海某港口的运输任务进行评价。此次任务的路线是从西安某公司出发运送至上海某港口，由 2 名工龄分别为 1 年和 4 年的员工执行，且都具备驾驶证以及道路运输证。他们驾驶一辆工作年限为 3 年，荷载为 25t 的厢式运输车辆，运输的货物为装有四氟乙烷的钢瓶。公司为车辆配备了 GPS 监控设备，且其他防护设备较为齐全。车辆于当月未进行维修保养，日常检查不合格次数为 1 次，也未发生过较大的运输事故。此次任务全线长为 1397.1km，途经 11 个高速路段，其中 2 个为绕城高速。途径城市包括西安、渭南、三门峡、洛阳、平顶山、漯河、周口、蚌埠、滁州、南京、常州、苏州、上海。其他相关数据参考文献《危险品道路运输风险辨识及安全评价研究》（作者：李嘉雯）。

7.2.3 危险品道路运输风险模糊评价

1. 构建评价指标

此次危险品道路运输风险评价主要由 20 名危险品道路运输领域的专家、管理人员和相关政府管理人员组成的专家小组对运输任务风险进行辨识和评价。根据前文构建的危险品道路运输风险评价体系，假设危险品道路运输风险指标因素集为 A，则 A 中包含 5 个一级指标因素，即 A ＝ {B_1,B_2,B_3,B_4,B_5} ＝ {人员因素，车辆设备因素，危险品因素，运输环境因素，组织管理因素}，A 的 5 个二级指标因素分别为 B_1 ＝ {b_{11},b_{12},b_{13},b_{14}} ＝ {生理心理因素，专业技能，安全责任意识，受培训程度$\}$；$B_2 = \{b_{21}, b_{22}, b_{23}, b_{24}\}$ = $\{$运输车辆性能，防护设施配备，GPS 监控设备，车辆维修保养$\}$；$B_3 = \{b_{31}, b_{32}, b_{33}\}$ = $\{$危险品特性，危险品包装，危险品运量$\}$；$B_4 = \{b_{41}, b_{42}, b_{43}, b_{44}\}$ = $\{$道路环境，气象条件，沿线人口密度，交通状况$\}$；$B_5 = \{b_{51}, b_{52}, b_{53}, b_{54}\}$ = $\{$法律法规，安全管理制度，安全培训教育，应急救援管理$\}$。

通过危险品道路运输风险评价指标分析及专家打分，得到的指标权重集如下：

1）准则层指标权重向量：$\boldsymbol{\omega}_A = (0.329, 0.204, 0.104, 0.130, 0.233)$。

2）人员因素指标权重向量：$\boldsymbol{\omega}_{B1} = (0.191, 0.392, 0.275, 0.142)$。

3）车辆设备因素指标权重向量：$\boldsymbol{\omega}_{B2} = (0.374, 0.204, 0.186, 0.236)$。

4）危险品因素指标权重向量：$\boldsymbol{\omega}_{B3} = (0.232, 0.464, 0.304)$。

5）运输环境因素指标权重向量：$\boldsymbol{\omega}_{B4} = (0.295, 0.220, 0.117, 0.368)$。

6）组织管理因素指标权重向量：$\boldsymbol{\omega}_{B5} = (0.235, 0.407, 0.148, 0.210)$。

2. 模糊评价步骤

（1）构建评语集 将危险品道路运输的风险集划分成极大、较大、一般、较小、极小 5 个等级，并进行临界值的设定："极大"表示 0.8～1 分，"较大"表示 0.6～0.8 分，"一般"表示 0.4～0.6 分，"较小"表示 0.2～0.4 分，"极小"表示 0～0.2 分。根据设定的临界值，构建评语集 $V = (0.9, 0.7, 0.5, 0.3, 0.1)$。

（2）构建模糊判断矩阵 向危险品道路运输研究领域的专家发放调查问卷 20 份，最终回收有效问卷 20 份，将危险品道路运输指标评价等级确定为"极大""较大""一般""较小"和"极小"。通过对收回的 20 份问卷进行数据分析，得到危险品道路运输风险发生概率统计结果见表 7-2。

表 7-2 危险品道路运输风险发生概率统计结果

评价指标		评价指标集				
		极大	较大	一般	较小	极小
人员因素	生理心理因素	0.4	0.4	0.2	0	0
	专业技能	0.7	0.3	0	0	0
	安全责任意识	0.5	0.4	0.1	0	0
	受培训程度	0.3	0.5	0.2	0	0
车辆设备因素	运输车辆性能	0.4	0.5	0.1	0	0
	防护设施配备	0	0.1	0.4	0.4	0.1
	GPS 监控设备	0	0.2	0.6	0.2	0
	车辆维修保养	0.3	0.5	0.2	0	0
危险品因素	危险品特性	0	0.2	0.6	0.1	0.1
	危险品包装	0.2	0.4	0.3	0.1	0
	危险品运量	0	0.3	0.5	0.2	0

（续）

评价指标		评价指标集				
		极大	较大	一般	较小	极小
运输环境因素	道路环境	0.3	0.6	0.1	0	0
	气象条件	0.1	0.5	0.4	0	0
	沿线人口密度	0	0.1	0.5	0.3	0.1
	交通状况	0.4	0.5	0.1	0	0
组织管理因素	法律法规	0.6	0.4	0	0	0
	安全管理制度	0.5	0.4	0.1	0	0
	安全培训教育	0.4	0.3	0.2	0.1	0
	应急救援管理	0.2	0.5	0.2	0.1	0

根据表 7-2 的统计结果，构建模糊判断矩阵为

$$\boldsymbol{R}_{B1} = \begin{bmatrix} 0.4 & 0.4 & 0.2 & 0 & 0 \\ 0.7 & 0.3 & 0 & 0 & 0 \\ 0.5 & 0.4 & 0.1 & 0 & 0 \\ 0.3 & 0.5 & 0.2 & 0 & 0 \end{bmatrix}$$

$$\boldsymbol{R}_{B2} = \begin{bmatrix} 0.4 & 0.5 & 0.1 & 0 & 0 \\ 0 & 0.1 & 0.4 & 0.4 & 0.1 \\ 0 & 0.2 & 0.6 & 0.2 & 0 \\ 0.3 & 0.5 & 0.2 & 0 & 0 \end{bmatrix}$$

$$\boldsymbol{R}_{B3} = \begin{bmatrix} 0 & 0.2 & 0.6 & 0.1 & 0.1 \\ 0.2 & 0.4 & 0.3 & 0.1 & 0 \\ 0 & 0.3 & 0.5 & 0.2 & 0 \end{bmatrix}$$

$$\boldsymbol{R}_{B4} = \begin{bmatrix} 0.3 & 0.6 & 0.1 & 0 & 0 \\ 0.1 & 0.5 & 0.4 & 0 & 0 \\ 0 & 0.1 & 0.5 & 0.3 & 0.1 \\ 0.4 & 0.5 & 0.1 & 0 & 0 \end{bmatrix}$$

$$\boldsymbol{R}_{B5} = \begin{bmatrix} 0.6 & 0.4 & 0 & 0 & 0 \\ 0.5 & 0.4 & 0.1 & 0 & 0 \\ 0.4 & 0.3 & 0.2 & 0.1 & 0 \\ 0.2 & 0.5 & 0.2 & 0.1 & 0 \end{bmatrix}$$

用模糊综合评价方法的评判模型 $\boldsymbol{Y} = \omega\boldsymbol{R}$ 来计算一级指标的综合评判矩阵，其

中 ω 表示各层指标权重的集合。

（3）一级模糊评价

1）"人员因素"的一级模糊综合评价为

$$\boldsymbol{Y}_{B1} = \boldsymbol{\omega}_{B1}\boldsymbol{R}_{B1} = (0.531, 0.375, 0.094, 0, 0)$$

2）"车辆设备因素"的一级模糊综合评价为

$$\boldsymbol{Y}_{B2} = \boldsymbol{\omega}_{B2}\boldsymbol{R}_{B2} = (0.220, 0.362, 0.278, 0.119, 0.020)$$

3）"危险品因素"的一级模糊综合评价为

$$\boldsymbol{Y}_{B3} = \boldsymbol{\omega}_{B3}\boldsymbol{R}_{B3} = (0.093, 0.323, 0.431, 0.130, 0.023)$$

4）"运输环境因素"的一级模糊综合评价为

$$\boldsymbol{Y}_{B4} = \boldsymbol{\omega}_{B4}\boldsymbol{R}_{B4} = (0.258, 0.483, 0.213, 0.035, 0.012)$$

5）"组织管理因素"的一级模糊综合评价为

$$\boldsymbol{Y}_{B5} = \boldsymbol{\omega}_{B5}\boldsymbol{R}_{B5} = (0.446, 0.406, 0.112, 0.036, 0)$$

（4）二级模糊评价　综上可知，西安至上海的危险品道路运输任务的最终评价结果为

$$\boldsymbol{Y}_A = \boldsymbol{\omega}_A \begin{bmatrix} \boldsymbol{Y}_{B1} \\ \boldsymbol{Y}_{B2} \\ \boldsymbol{Y}_{B3} \\ \boldsymbol{Y}_{B4} \\ \boldsymbol{Y}_{B5} \end{bmatrix} = (0.367, 0.388, 0.186, 0.051, 0.008)$$

（5）综合评价值　根据评语集对西安至上海的危险品运输任务进行加权平均计算。

1）"人员因素"的综合评价为

$$\boldsymbol{S}_{B1} = \boldsymbol{Y}_{B1}\boldsymbol{V}^{\mathrm{T}} = 0.787$$

2）"车辆设备因素"的综合评价为

$$\boldsymbol{S}_{B2} = \boldsymbol{Y}_{B2}\boldsymbol{V}^{\mathrm{T}} = 0.629$$

3）"危险品因素"的综合评价为

$$\boldsymbol{S}_{B3} = \boldsymbol{Y}_{B3}\boldsymbol{V}^{\mathrm{T}} = 0.566$$

4）"运输环境因素"的综合评价为

$$\boldsymbol{S}_{B4} = \boldsymbol{Y}_{B4}\boldsymbol{V}^{\mathrm{T}} = 0.688$$

5）"组织管理因素"的综合评价为

$$\boldsymbol{S}_{B5} = \boldsymbol{Y}_{B5}\boldsymbol{V}^{\mathrm{T}} = 0.752$$

6）西安至上海的危险品道路运输任务的最终风险综合评价为

$$\boldsymbol{S}_A = \boldsymbol{Y}_A\boldsymbol{V}^{\mathrm{T}} = 0.711$$

西安至上海的危险品道路运输任务风险综合得分为 0.711 分，介于 0.6 ~ 0.8 分之间，根据风险等级分值得出此次运输任务风险性较大，在运输过程中存在诸多

问题。因此，需要采取相应的对策措施对运输风险进行管控。

7.3 公共交通票价方案评价

7.3.1 公共交通票价方案评价体系

1. 企业运营成本

公交企业的运营成本主要包括公交车辆费用、运营燃料费用等，它们在制定票价时起着重要的作用。公交企业主要是以票款收入为主要收入来源，若公交企业要获得一定的经济收益，则企业的收入要大于企业的运营成本，其中企业运营时收支平衡是最低的经济收益限度，这也是票价制定时的底线。当收支不平衡时，企业收入小于运营成本，公交企业就要通过降低服务质量的方式来达到平衡；在严重情况下，可能会采取停运的措施。合理的票价水平应该建立在市场经济规律的基础上，既要符合低价政策，又要符合公益性、福利性原则，也要对企业具有一定的经济优势。

2. 乘客价值意愿

城市公共交通作为主要出行方式之一，其票价制定关系到居民的切身利益。对于城市公共交通来说，相对较高的价格应该与高质量的服务相对应。如果公共交通价格高于乘客的价值意愿，那么乘客就会考虑其他交通工具，这将对公共交通的发展产生负面影响。因此，在制定票价时，必须考虑到乘客对于公共交通方式的价值意愿，以此来鼓励其使用公共交通作为出行方式。

3. 政府财政支持

城市公交作为城市交通的主要运输方式之一，有明显的公益性特征。我国目前低价政策的实施，可能会导致公共交通企业在运营时产生收支不平衡的情况，此时就需要政府的财政支持。政府应在统筹社会效益的同时也要考虑公交公司的运营成本，而财政补贴可以在一定程度上弥补企业收支不平衡所造成的损失。有了政府财政补贴的支持，票价可以适当下调，从而降低乘客的出行成本，实现社会的福利化，公交公司也可以更好地提高客运服务质量，以此来吸引更多乘客选择乘坐公共交通。当政府财政补贴过少或者没有时，公共交通公司则会根据其运营成本和费用来制定票价，由于企业要维持公共交通的正常运营，票价往往较高，不仅对乘客选择公共交通出行造成了影响，也不利于公交系统的良好运行。

7.3.2 渭南市公共交通票价方案仿真

已知渭南市公共交通基础背景为基准票价 1 元，刷卡折扣率为 0.9，以基础背景为参考设计，从基准票价和刷卡折扣率两个角度对方案进行调整（表 7-3），通过模拟分析，比较不同方案下的公交需求量、运营收入以及财政补贴等指标。

表7-3 不同票价方案下公交需求量发展水平模拟值

方案	基准票价/元	刷卡折扣率
基础背景	1	0.9
方案一	1	0.7
方案二	1.5	0.7
方案三	1.5	0.5
方案四	2	0.7
方案五	2	0.5

1. 公交需求量

公交需求量反映了在城市交通出行总体需求中公交承担的出行量，体现了公交在机动车出行方面对缓解城市交通拥堵的贡献，较高的出行需求量意味着较多的出行者放弃私人交通工具转向公交出行。通过城市公共交通票价系统动力学情景模拟仿真结果，不同方案下公交需求量仿真结果见表7-4。

表7-4 不同票价方案下公交需求量发展水平模拟值

年份	方案一	方案二	方案三	方案四	方案五
2020	6798.0	6782.8	6798.0	6775.3	6790.4
2021	7263.1	7233.5	7270.6	7211.6	7248.2
2022	7714.0	7670.8	7728.6	7628.8	7692.2
2023	8152.5	8090.0	8173.9	8029.9	8117.5
2024	8580.3	8500.1	8608.0	8417.6	8533.1
2025	8992.4	8896.6	9025.6	8794.5	8934.2

2. 运营收入

运营收入主要反映了公交企业运行能力，较高的公交收入有利于公交企业发展。通过城市公共交通票价系统动力学方案模拟仿真结果，不同方案下运营收入仿真结果见表7-5。

表7-5 不同票价方案下运营收入发展水平模拟值

年份	方案一	方案二	方案三	方案四	方案五
2020	2542.2	2811.1	2467.5	3074.7	2698.8
2021	2682.4	2979.9	2597.0	3274.9	2854.3
2022	2829.1	3156.1	2733.0	3491.1	3016.8
2023	2982.6	3346.9	2875.5	3723.3	3193.4
2024	3142.8	3545.1	3024.4	3971.5	3377.1
2025	3316.2	3758.0	3186.3	4235.7	3574.9

3. 财政补贴

财政补贴主要根据企业的运营收入和运营成本来计算，通过城市公共交通票价系统动力学方案模拟仿真结果，不同方案下公交车数量仿真结果见表7-6。

表7-6 不同票价方案下财政补贴发展水平模拟值

年份	方案一	方案二	方案三	方案四	方案五
2020	4097.5	3863.4	4171.2	3617.3	3958.3
2021	4323.3	4095.4	4391.3	3852.8	4186.3
2022	4559.9	4337.5	4621.2	4107.1	4424.6
2023	4807.3	4599.8	4862.1	4380.3	4683.6
2024	5065.4	4872.1	5114.0	4672.3	4953.0
2025	5345.0	5164.7	5387.8	4983.2	5243.2

根据表7-4~表7-6的数据，选择2025年为评价年，三项评价指标取值见表7-7。

表7-7 2025年不同方案下各项评价指标模拟值

方案/指标	公交需求量	运营收入	财政补贴
方案一	8992.4	3316.2	5345.0
方案二	8896.6	3758.0	5164.7
方案三	9025.6	3186.3	5387.8
方案四	8794.5	4235.7	4983.2
方案五	8934.2	3574.9	5243.2

7.3.3 渭南市公共交通票价方案灰色评价

根据专家评分法，公交需求量、运营收入、财政补贴三个指标的权重向量分别为 $\boldsymbol{\omega} = (0.3, 0.4, 0.3)$。

渭南市公共交通票价方案灰色评价步骤如下：

1. 构造理想对象

把各评价对象中每一项指标的最佳值作为理想对象的指标值。最佳值从参加比选的被评对象中选取，由于公交需求量、运营收入、财政补贴三个因素均以最大为好，以五个方案中各指标最大值为基础，便可构造理想对象的指标值，即

$$X_0 = \begin{bmatrix} 9025.6 & 4235.7 & 5387.8 \end{bmatrix}$$

待评价对象数列为

$$X = \begin{bmatrix} 8992.4 & 3316.2 & 5345.0 \\ 8896.6 & 3758.0 & 5164.7 \\ 9025.6 & 3186.3 & 5387.8 \\ 8794.4 & 4235.7 & 4983.2 \\ 8934.2 & 3574.9 & 5243.2 \end{bmatrix}$$

2. 计算指标关联系数

$$\xi_{11}(1) = \frac{0 + 1049.4}{|8992.4 - 9025.6| + 1049.4} = 0.969$$

同理可计算 $\xi_{11}(2) = 0.533$、$\xi_{11}(3) = 0.961$。

3. 计算加权关联度

$$r_{11} = \sum_{i=1}^{n} \xi_{11}(i)\boldsymbol{\omega}_i = 0.969 \times 0.3 + 0.533 \times 0.4 + 0.961 \times 0.3 = 0.792$$

用同样的方法可计算出其他几个票价方案的加权关联度：

$$r_{12} = 0.789、r_{13} = 0.800、r_{14} = 0.862、r_{15} = 0.785$$

根据以上关联度可建立关联序如下：

$$r_{14} > r_{13} > r_{11} > r_{12} > r_{15}$$

可见，方案四最优，方案三次之，方案一第三，方案二第四、方案五最差。

第 8 章 出行行为分析问题

交通的目标是安全、有效地运送人和货物，在这个过程中，人流和货流是运转的主体，交通设施和服务（交通系统）是运转的客体。因此，研究人们的出行特征和出行行为规律是研究交通问题的基础，是进行交通规划、设计、建设与管理的一项不可缺少的基础工作。

出行选择行为研究是交通问题研究和实践的基础，无论是交通规划、日常交通管理，还是制定交通需求管理政策，都需要对出行者的出行选择行为和决策方式进行深入分析和研究，依此建立合理的出行选择行为模型，进而对交通需求做出正确的描述与预测。交通出行选择行为包括出行目的地选择、出发时间选择、出行方式选择、出行路径选择等。在出行过程中，出行活动特征属性、备选方案属性、出行者社会经济属性和行为决策方式会对出行选择行为产生影响。出行选择通常涉及多个备选方案，每个方案有多种属性，各属性在不同状态下结果也有所不同，是一个需要从多维度考虑的复杂问题。

8.1　居民出行行为概述

8.1.1　居民出行行为内涵

由于社会分工的存在，城市中的居民无法自给自足日常生活所需的所有物质或信息，因此必然会与外界进行物质交换或信息交流。由于不同人或单位在城市中离散分布产生相互间的距离，在此过程中一定会产生位移，这也就是交通需求产生的根本原因。城市居民出行是整个城市交通系统的重要组成部分，是其他属性出行的基础，它以个人的出行需求为主导，受到个人属性、交通设施等多因素相互影响的复杂决策与行动过程。在这个过程中，居民是活动的直接参与者和发起者，自主完成空间位置的转移。交通工具和道路设施是整个活动过程的载体；与此同时，居民在出行过程中还受到出行环境的影响，这里的环境不只是出行者出发地和目的地及其之间的环境，还包括整体社会环境和个人日常生活所处的工作生活环境。综上，居民出行活动的过程和结果受到主体、客体和环境三者的共同作用。

通过以上分析认为，"城市居民出行行为"可描述为行为主体为了满足其出行需求，在与出行载体和出行环境的相互作用下，产生的一系列行动和心理活动。具体过程如下：出行者根据自身的需求，首先确定出行的目的地，同时考虑自身情况和出行环境等因素，在所有具备使用条件的出行方式中选择能够使自身效用最大的出行方式，花费一定时间和费用到达目的地的过程。在这一过程中，出行者不仅受到出行目的的引导，还会被出行成本、个人属性和出行属性所约束。由此可以看出，城市居民出行行为不仅是一个个体获取信息进行分析决策与行动的过程，更是一个出行主体和载体相互配合与环境共同决定的过程和结果。

8.1.2　居民出行方式分类与特征比较

在居民做出出行决策后，就需要对出行方式进行选择。出行方式是指从始发地位移至目的地所借助的交通工具和行动方法，一次出行可使用一种或多种交通工具，这与出行属性和居民的个人属性有关，而采用的交通工具种类往往与出行距离密切相关。若一次出行中使用了不止一种交通工具，则在研究中将此次出行中起到首要作用的交通工具认定为本次出行的出行方式。各种出行方式在运行速度、适用距离、运行成本、灵活性、消耗能源、运输效率等方面各有优劣。因此，充分了解城市居民的出行方式备选集中各种方式的特征是研究其一系列选择行为的基础。

居民的出行方式主要有地铁、地面公交、小汽车、出租汽车、自行车、步行，在通勤出行中还有相当部分的班车出行比例。各种出行方式分别具有以下特点。

（1）步行　具有灵活、自由、环保等优点，但是存在速度慢、受天气条件影响、消耗体能等劣势。当出行距离非常短，或者道路状况不适合其他交通工具使用时，才会选择步行；对于中长距离出行，由于步行耗时过长，根本无法适应快节奏外出的时间要求，尤其是在通勤出行中，无论距离长短基本都不会采用步行。然而，步行还是在整体的出行比例中占据一席之地，主要由于：①日常生活和工作中存在一些距离极短不适合使用交通工具的出行需求，如写字楼员工中午外出就餐、小区居民外出取快递等；②无须依赖交通工具，具有较强的灵活性；③一些特殊群体（如老年人、残疾人）活动范围小，乘坐交通工具困难；④乘坐各种交通工具出行无法做到各交通工具间、交通工具与出发地和目的地之间无缝衔接，需要步行接驳。

（2）自行车（含电动自行车）　具有灵活机动、停车方便、绿色环保等优势，同时出行速度较步行明显加快，可节省一定时间，并且出行费用低、容易停车、易实现点到点对接，非常适合中、短距离出行，但是同样存在受天气和季节影响大、消耗体力较多、速度较机动车慢等不利因素；更重要的是，随着机动车数量的增加，城市自行车辅助设施建设不足，自行车出行存在着较大的安全隐患，因此，自行车难以成为大城市主要的出行选择。

（3）小汽车　具有速度快、舒适度高、机动灵活等其他出行方式难以比拟的优点，虽然出行花费较大，但仍颇受出行者青睐。小汽车的出现满足了城市居民多样化的出行需求，不过其运行过程中产生的巨大负外部性也造成了极大的经济损失，如交通拥堵、环境污染、交通事故伤害等。城市居民出行离不开小汽车，但是无论从城市发展的总体角度考虑还是居民出行的个体角度考虑，都必须对小汽车的规模和使用频率加以管理和限制。很多大城市都出台了如"购车摇号""尾号限行"和"停车收费"等政策，亦是出于此方面考虑。

（4）地面公交（公交车）　具有运量大、能耗低、出行花费小的优点，是城市居民出行的重要保障，也是通勤族出行的重要选择，尤其是对于中低收入者来说，乘坐地面公交出行较为经济、便捷。但是近些年来，随着城市交通道路拥堵的加剧，道路通行条件持续恶化，公交车的准点率无法保障、行车速度持续降低，这在一定程度上阻碍了居民选择公交出行的热情，加之其舒适性差、灵活性低的特点，及其经营机制、管理水平存在一定问题造成整体运行效率较低，逐渐无法满足城市居民多样化的出行需求，导致越来越多的客流转向轨道交通。

（5）轨道交通　作为城市的大众出行工具，轨道交通具有客运量大、速度快、能耗低、污染少的特点，十分适合中长距离出行。由于与其他交通方式重叠交叉少，可有效缓解交通拥堵，唯一的缺点在于建设前期成本巨大。目前，我国大多数大城市都处于轨道交通建设高峰期，随着城市轨道交通体系的逐步完善，越来越多的居民将选择乘坐轨道交通出行。

（6）出租汽车　具有便捷舒适、机动灵活的特点，能够充分满足对时间和出行服务质量要求较高的出行需求，但是出行花费较大，运量有限，空闲时间空载情况较多，造成资源浪费的同时还会加剧城市交通拥堵。最近兴起的网约出租汽车，凭借自身的科技信息和价格优势迅速成为一种与传统出租汽车类似的出行方式，深受年轻人喜爱。其继承了出租汽车优势的同时，还通过互联网技术，提供了预约、等候时间预计、拼车、路况查询等新服务，服务质量明显高于传统出租汽车，还能够减少空载运行问题，但是在车辆准入监管和安全、保险方面存在一些问题，亟待完善。

从各种出行方式的特性评价可以看出，每种出行方式都有各自的优势和劣势，例如，公共交通运输效率高、污染小，但舒适度低；私人交通工具舒适度高、速度快，但运输效率低、能耗高。我国人口总量多、人口密度高、土地空间有限、单位时间内出行需求高的特点，决定了市民出行主要得依靠集约化、大运量的公共交通，优先发展轨道交通和地面公交势在必行。公共交通工具和私人交通工具主要呈现竞争状态，使用量此消彼长，假若给予公共交通支持使之具有相对优势，那么小汽车使用量必定会下降。

公共交通的规划优先、用地规划优先、路网布局的规划优先、枢纽规划优先，特别是综合性交通枢纽的规划优先是提高公交分担率的保障。此外，通过以下几点措施都可以提高公共交通运输水平，使更多居民出行选择公共交通，减少使用小汽车出行：①公共交通投资、票价、财政补贴、税收等方针政策的倾斜扶持和保障，以及对非公交车辆的局部限制政策；②在城市道路上采用公交车借用非机动车道、开辟专用公交车道，实行公交信号优先，在交叉路口设立公交优先专用信号灯，对公交车辆进行优先控制；③优先使用科学的信息技术手段，如智能售票系统、电子站牌、智能调度系统等。

8.1.3　居民出行方式选择的影响因素分析

出行行为与其影响因素之间的关系是统计相依关系，通过统计分析以及模拟仿真，可以观察出行行为及其影响因素的相关性及相关程度。居民在出行中表现出的一切出行行为，不仅受交通运输系统内在因素的影响，还会受运输系统之外其他因素的影响。概括起来，影响出行行为的因素大致可以分为以下几种类型：

（1）出行环境因素　出行环境因素主要是指影响所有出行者选择的共同性宏观因素，虽然没有直接影响出行者的选择过程，但是会对其形成潜在的影响。出行的环境特征包括自然环境特征和社会环境特征，随着交通系统运输水平的不断进步，自然环境对于居民出行选择的约束越来越少，社会环境所起的作用越来越明显。本节主要通过政策因素、经济因素、文化因素和信息科技因素四方面来研究出行环境影响。

1）政策因素主要指为了提高交通系统运行效率，促进交通系统与经济建设、城市规划等因素更好地协调发展等目标而制定的交通管理规定和交通系统建设规划，居民的出行必定会参与交通系统的运行，因此一定会受到政策因素的影响。政策因素对居民出行的影响体现在以下几方面：政府部门在综合交通政策上，确立某种方式优先的地位，并在政策措施的实施上给予支持；在城市规划建设上，确立各种出行方式优先的顺序，并对优先发展的出行方式规划建设优先考虑；经济上对优先发展的出行方式扶持，即在资金投资、财政税收政策等方面向其倾斜；在交通资源的使用，特别是道路的使用与管理上，确立某出行方式优先的权利；上述措施都会使被扶持的出行方式较其他出行方式形成优势，为居民带来某方面的高效用体验，增加其选择的可能性。同时还可以通过一定手段对其他出行方式进行限制，毫无疑问，不同的交通发展策略，会促使居民采用不同的出行方式。

2）经济水平与当地居民出行方式选择有密不可分的关系，交通设施建设通常以经济水平为保障，交通管理和规划同样是为经济建设服务。因此，地区的总产值、人均产值、产业结构、经济发展战略等因素都会对当地居民的出行方式产生潜在的影响。

3）文化因素是指出行者所处的文化氛围，通过其价值评判体系来影响居民出行的效用体验。面对同样的出行成本和出行体验，对于同种出行方式但个人属性不同的出行者来说，其效用有可能是完全不同的，这主要是由于其价值观的差异导致了要素偏好的不同，文化因素对于出行选择决策有着潜移默化的影响。

4）信息科技因素对居民出行的影响主要体现在两方面：第一，随着通信设备和互联网的发展，人们无须通过位移来面对面进行信息交换，造成了出行量的减少；第二，随着都市生活节奏的加快，时间价值越来越高，现代互联网技术所提供的导航、路况查询、实时公交信息查询在很大程度上减少了居民出行由于信息不足而等候所浪费的时间。与信息技术结合程度弱的出行方式必定会出现客流下降的情况，新兴的网络预约出租汽车对于传统出租汽车行业的冲击就是一个很好的例子。

（2）出行工具及服务因素　除步行外，其他出行方式均需要借助交通工具完成出行过程，出行者大部分的出行体验都是在与交通工具的接触和等待中完成。交通工具的运行速度、安全性、准点率、舒适度、经济性，以及交通运输相关部门所提供的服务质量或者交通政策，也对出行行为有很大的影响。

1）运行速度。交通工具的运行速度直接决定了出行时间，在出行距离确定的情况下，出行时间越短，其出行效率越高。

2）安全性。出行过程中，人身财产不受到损失是乘客选择此出行方式最基本的要求，但是由于交通事故具有突发性的特点，乘客往往无法正确估计其发生概率和损失的期望值，加之各种出行方式的安全系数在不断提高，出行者对此方面考虑得比较少。

3）准点率。交通工具能够按时到达预定点，对于出行者的出行规划至关重要。准点率低下，不仅会浪费大量等待时间，还会带来更多的不确定性，由于厌恶损失等心理因素的存在，会极大降低出行满意度。

4）舒适度。舒适度主要是指乘坐交通工具过程中的疲劳程度和体能消耗情况，主要受到车内拥挤情况、车内设施及服务水平等多因素综合影响，难以客观衡量，而且城市内出行一般花费时间和距离较短，对舒适度要求并不高。

5）经济性。使用交通工具出行必定会带来一定的经济花费，也就是使用此交通工具所付出的成本，也可以理解为获得使用权的难易程度，这在选择过程中和使用后的评价中起到比较重要的作用。

（3）出行者个人和家庭因素　出行者是出行行为的主体，相同的出行体验，会给不同的出行者带来不同的效用，其他影响因素需要结合出行者自身情况才能准确体现其作用。出行者的特性因素主要包括个人属性、家庭属性和出行属性。

1）个人属性主要指出行者自身特点，包括自然属性和社会属性两方面。自然属性主要是指性别、年龄、身体状况、知识水平等自身固有因素；社会属性主要指职业、收入、是否拥有私人交通工具等参加社会活动而具有的因素，其主要通过购买力和认知水平来影响出行方式的选择。其中，起主要作用的是收入水平，因为收入决定了出行者对于各种出行方式的参与能力和自身的时间价值，收入的提高会减少出行费用对其选择的约束，改变消费与获得效用的平衡点。

2）家庭属性是指出行者家庭所具有的特性。出行者在选择其出行方式时，通常会考虑其家庭成员的出行特性，选取对于整个家庭最合适的出行方式。家庭属性包括家庭人口数、家庭人口职业、是否有小孩或老人、家庭成员收入情况以及家庭中拥有的交通工具等。

3）出行属性是指一次出行或多次出行中总体的特点，如出行目的、出行距离、出行时段等因素。出行目的可大致分为通勤出行和休闲娱乐出行，两者在时间要求紧迫性、出行频率和舒适度等方面有着明显的不同，因此在选择出行方式时会存在较大差异。不同的出行方式在不同的距离段，都有着自身独特的优势，比如短距离出行更适合选择灵活、机动的自行车，长距离出行选择地铁更加方便快捷。城市出行存在着明显的高峰和非高峰时段，不同时段路面和交通工具内部的拥挤程度存在明显差异，居民出行时必然会将此因素纳入出行方式选择的考虑范围。

8.2 居民出行行为调查、预测及特征分析

8.2.1 居民出行行为调查设计

1. 调查方法介绍

（1）RP 调查方法　此方法调查内容是一些已实施的措施，从而得到实际的概率，接着建立相应的模型，RP 调查是当前主要的调查方法。该方法自身也有缺点：①调查需要花费较多的人力和物力，导致调查成本较高；②对于计划付诸实践的策略或措施所可能带来的结果不能充分进行预测。

这里用在当前运输系统中引入新的运输方式进行效果预测的例子来说明用 RP 调查数据构建模型的常规步骤：

① 依照问题决定各方式的分担率预测模型，并且确定效用函数和相应变量。

② 根据 RP 调查结果从调查数据中整理出当前和备选方案的选择，以及现状方式的服务指标，同时对效用函数的参数用最优化估计算法估计。

③ 将打算引入的新型运输方式的服务指标（如时间、运价等）代入模型中。

与当前运输方式相比，新型运输方式的引入存在大规模技术革新，例如高速铁路和磁悬浮列车等。由于当前运输方式和新型运输方式的服务属性和特征存在比较大的差异，如果此种情况还用 RP 调查数据建立模型，预测结果通常是无法令人接受的。可见 RP 调查虽然广为研究者所熟知并且被相关研究人员普遍采用，但其自身有不可克服的局限性。这些 RP 调查与生俱来的局限性，驱使研究者不断开发寻找能更好地满足他们研究要求的新的调查方法。

（2）SP 调查方法　SP 调查会提供不同的场景（假设情况）给相同的个体，被调查者用自己的效用最大化观点来评估这些场景。相反，RP 需要调查的是个人的实际行为。关于 SP 的实验，必须强调两个重要的问题：①由于在假设情况下，研究者不能确定 SP 调查结果的真实性，会存在假设偏差。为了减少这种可能偏差，假设情况不应与实际情况相差太大；②意图和行动不完全一致，调查的个体说要去做并不代表他们实际去做。

这些问题在 RP 调查中并不存在，因为其观察的是实际行为。然而，相较 SP 调查，RP 调查还存在一些不足：①在 RP 调查中，获得足够的场景（假设情况）变化以检查所有变量的数据有一定困难；②RP 调查不能用来评价虚拟条件下的需求；③通常，在一个 SP 实验中，变量之间是可以不存在相关性的，但在 RP 实验中，变量之间可能存在相关性。此外，SP 方法还有易于控制（研究者定义被调查者评估的条件）和有能力处理大量变量的优势。

通过前面的介绍，两种方法都表现出对模型至关重要的特征：①个人的异质性（每个人是各不相同的，有不同的品位、观点等）；②所有通过调查个体的决定得到的信息，不是都能用统计学方法观测到的，即所有受个体选择影响的变量不能明确地包含在统计模型中。

一个SP调查能被称为是"好"的方法，它应该具有足够数量的属性集和属性水平。要完成一个SP调查，应该包含以下不同的工作：①定义一个属性集合；②为每个属性确定一定的评价标准，可以是定性的（高、中、低），也可以是定量的（全值、百分比）；③对数据进行规范处理和属性水平极化，这是一个重要的标准，水平必须可信；④统计分析。

在调查中，统计设计是重要的一点。根据调查对象的不同，它也有所差异。换句话说，要用好的资料完成一个设计，那么研究者应知道要用从调查中得到的资料去做什么以及如何使用，以便建立一个性能优良的设计。可以采用不同的模型，像全因子设计、部分因子设计和正交实验设计等。在调查中，调查设计者必须正交部分因子设计。要使用这个设计，调查设计者必须假设相关性的影响在统计学上是不显著的。因此，研究者必须记住，如果相关性在统计学上显著的话，则在一个部分因子设计中将会导致错误的估计。

20世纪80年代，研究人员对SP调查法进行了深入的研究。1989年，*Journal of transport Economics and Policy* 出版了一期 *SP method study in the field of transport* 的内容，使SP调查方法在交通领域内为研究者所熟知和更为广泛地应用。经过数十年的发展，SP调查方法已广泛应用于交通出行行为研究。因而，怎样结合SP调查和RP调查的优点，综合采用两种方法收集调查数据，实现调查效率的提高和调查精度的改善，以此来构建较以前各自调查偏差更小的预测模型，是此领域内研究者重点关注的课题。

2. 调查表格的建立

居民日出行调查表见表8-1。

表8-1 居民日出行调查表

家庭基本信息	个人基本信息	出行信息
家庭住址、月收入、家中人口数、6岁以上成员数、拥有交通工具（小汽车、电动车、自行车）等	成员编号、年龄、性别、职业、有无出行等	出发地点、出发目的、出发时间、交通方式、到达地点、到达时间等

8.2.2 出行行为的需求预测理论

1. 非集计模型理论的发展

非集计模型是相对于集计模型而言的，诞生于20世纪60年代初的北美地区，它是用效用论说明个人行动的非集聚行为模型。通过研究者的不懈研究探索，非集计模型已经包括MNL、NL、Probit、PCL等多种基本模型。总体来说，非集计模型具有如下优点：

1）非集计模型以明确的行为假说为基础，逻辑性强。

2）可以用较少的样本标定出模型的系数，并且可以对所求得的参数采用统计学的方法进行检验。

3）可以选用许多与个人决策相关的因素作为自变量，从而可以对多种交通规划及交通政策进行效果评价。

4）模型具有较好的时间转移性和地区转移性。

5）便于对利用者效益进行效果评价。

集计模型和非集计模型的对比见表8-2。

表8-2　集计模型和非集计模型的对比

对比内容	集计模型	非集计模型
调查单位	单个出行	单个出行
分析单位	小区	个人（家庭）
因变量	小区统计值（连续量）	个人选择（离散量）
自变量	不同小区数据	不同个人数据
推定方法	回归分析等	任意
政策表现	小区代表值的变化	个人自变量的变化
捕捉交通现象的方法	发生、吸引；分布；交通方式划分；路径	出行频率；目的地选择；交通方式选择；路径选择

2. 基于活动的出行预测模型的发展

非集计模型作为交通行为分析最为重要的理论工具，其在20世纪60年代以后的发展带动了交通行为学研究领域的巨大进步。美国麻省理工学院计量经济学家Daniel McFadden等学者将经济学中的效用理论引用过来，以概率论为理论基础，从非集计的角度对方式划分问题展开了研究。20世纪70年代，Hagerstrand和Fried等学者在活动方法研究领域做出了卓有成效的工作，通过他们的努力使得活动分析方法有了自己的一套基础理论，得以同其他方法区分开来。自20世纪70年代开始，非集计模型，即应用MNL、NL以及其他一些决策规则建立的基于活动的预测模型系统，开始应用于出行需求预测领域，并在80年代得到一定改进。20世纪80年代，牛津大学的科研学者开展了出行和活动的综合科学研究。由于预测方法的不同，基于活动的出行需求预测分为两大类，即计量经济学模型和混合仿真模型。

（1）计量经济学模型　第一个完整的计量经济学模型是1978年由Ruiter和Ben-Akiva在旧金山地区描述时间和空间以及家庭经济等属性对出行的影响和约束时提出的。20世纪八九十年代在荷兰开发的基于往返行程系统，它以往返行程作为基本决策单元，认为所有的活动和出行都发生在离家和返回家的途中。之后，Damm、Kitamura和Ettema等学者先后开始研究描述出行者一日活动的模型。

1995—1996年，美国的Ben-Akiva和Bowman等人开发了日活动计划系统。此系统可以准确地描述出行者一天的活动需求、出行时间、方式和目的地选择等信息。

2000 年，Wang 和 Timmermans 开发了 COBRA 往返行程模型，用荷兰的出行调查数据进行了参数估计，并研究了当地政府的交通政策对出行的影响。结果表明，人们更希望一天的活动计划中包括较少的基于家的往返行程，也就是尽量在一两次往返行程内完成一天的活动安排。这样，往返行程的结构将更为复杂。2003 年，丹麦哥本哈根投入使用可进行客货流预测和分配的 OTM（Orestad Traffic Model）系统，这也是目前计量经济学模型中较为先进的模型系统。2004 年，Bhat 等开发了 CEMDAP 模型，该模型是一个连续时间的活动 - 出行预测系统，建立在离散选择、风险时长和回归的经济学模型基础上。不同的是，CEMDAP 模型中的属性以时空约束条件下施加的工作和上学活动的连续时间活动 - 出行模式为特征。

（2）混合仿真模型　混合仿真模型经历了以下几个发展阶段，1986 年，Recker 等人开发了 STARCHILD 系统，它包括活动目的、时间、地点和制约因素，需要由其他模型输入一个详细的活动安排，如活动的次序和各活动之间的联系等。1995 年，RDC 公司开发的 AMOS（Activity - Based Modeling System）是一种转换模型，它需要输入一个比 STARCHILD 的原计划更加详细的活动计划；AMOS 模型主要模拟系统在原计划基础上对各种变化做出的反应，用一个由神经网络模型和 MNL 模型组成的多项选择系统挑选出可行的调整计划。2000 年，荷兰埃因霍温大学开发了 ALBATROSS 模型，该模型是一个全面且先进的基于计算过程的活动 - 出行模拟系统。Netherland 开发了 SMASH（Simulation Model of Activity Scheduling Heuristics）系统，该模型假定活动日程安排是一个连续且循序渐进的决策过程。

8.2.3　出行特征调查统计分类

1. 出行目的分类

根据调查的方案设计和对调查数据的统计分析，将居民出行目的分为工作、生活、娱乐等，具体见表 8-3。此外，若一人一天零次出行，而只是在家活动，则把此种行为定义为在家活动。

在后面的模型建立过程中，将依照此处的分类对居民出行进行相应的处理分析，以此来构建模型。

表 8-3　出行目的统计表

出行目的	上班	上学	回家	回单位	公务	购物	娱乐	探亲	其他	总计
所占比例（%）	13.27	11.31	45.47	3.31	4.08	10.44	2.13	2.11	7.88	100

从表 8-3 可以看出，在所有的出行目的中，上班、上学占有很大一部分比例。

2. 往返行程分类

考虑到分析的全面性和便于后面的预测，在多居民出行分析时考虑将居民一天的活动按优先权进行划分。按照活动的发生时间和重要程度的不同，本节将活动划分为一阶活动和二阶活动。同时，在往返行程中考虑中途驻停，如中途下车买东西等。

具体来说，一阶活动表示居民出行活动链中当天最核心的往返行程。出行日当天，若出行者有工作出行，此工作出行就被视为一阶活动，其余活动，如生活和娱乐，则被视为二阶活动。若当天无工作出行，则视发生时间较早的生活或娱乐出行为一阶活动。由上述活动目的划分可知，工作、生活、娱乐、在家活动皆可能是一、二阶活动。

二阶活动是指活动日当天除一阶活动外的其余活动。结合活动的目的和次数，将二阶活动分为 5 类，见表 8-4。

表 8-4 二阶活动分类

类别	活动
二阶活动	两次或以上工作
	两次或以上生活
	两次或以上娱乐
	无活动
	至少一次生活和娱乐（二阶活动 + 娱乐）

对于有中途驻停的情况，依照其发生地点分为 4 类，见表 8-5。

表 8-5 中途驻停分类

类别	活动
中途驻停	去程驻停
	回程驻停
	来回皆有驻停
	来回皆无驻停

3. 出行时间分类

基于前面出行时空分布分析结果，这里将一天划分为 5 个时段。同时，根据数据分析得到出发和到达时间分布表（表 8-6）。

表 8-6 出发、到达时间分布表

时间段	出发时间分布	到达时间分布
00：00—06：59	11.1%	6.5%
07：00—08：59	17.3%	18.5%
09：00—15：59	37.3%	39.1%
16：00—18：59	28.4%	29.8%
19：00—24：00	5.9%	6.1%
总计	100%	100%

4. 出行用时

在实际出行中，出行用时会对出行者选择出行方式产生重要影响。此外，出行者的其他活动和出行换乘也会受到出行总用时的影响。例如，出行者可能会因为出行用时被压缩而取消预先安排好的一些相对次要的出行活动。基于以上分析，对出行总用时进行分类见表8-7。

表8-7　出行用时分类表

类别	出行用时/min
Time I	< 20
Time II	20 ~ 40
Time III	40 ~ 60
Time IV	> 60

5. 出行者分类

为便于后续建模，基于对出行者个人及家庭的诸项调查数据将出行者按一定属性做一定分类。这里按家庭月收入和年龄对出行者做了一定分类，分别见表8-8和表8-9。

表8-8　家庭月收入分类表

类别	家庭总收入/元
INC I	0 ~ 1000
INC II	1001 ~ 2000
INC III	2001 ~ 3000
INC IV	3001 ~ 5000
INC V	5001 ~ 10000
INC VI	> 10000

表8-9　出行者年龄分类表

类别	年龄/岁
AGE I	< 20
AGE II	20 ~ 40
AGE III	40 ~ 60
AGE IV	> 60

8.3　居民出行行为选择理论及模型基本原理

8.3.1　随机效用理论

随机效用最大化（Random Utility Maximization，RUM）模型是一种概率模型，选择结果用每种方案的被选概率表达，其在交通运输领域得到了广泛应用。这类模型假设决策者能够做出效用最大化选择，同时也考虑决策者有限的认知能力，对效用的感知存在随机误差。

效用可分解为可观测部分（称固定项）和不可观测部分（称随机项，包含难以观测到的效用和观测误差）。不同的随机项分布假设推导出不同的模型形式，常用的有 Probit、MNL（Multinomial Logit）、CL（Conditional Logit）、NL（Nested Logit）和 ML（Mixed Logit）等。RUM 模型因其理论成熟、应用简便，在各类出行选择问题上都有较多应用，但需根据问题的具体特点采用适当的模型形式。

出发时间选项间存在相关的不可观测因素，不能满足 Logit 模型要求的无关方案独立性（Independence from Irrelevant Alternatives，IIA）特性，用 Logit 模型描述出发时间选择问题会造成偏差，因此研究者采用其他形式的 RUM 模型。例如，基于 CCNL（Continuous Cross‐Nested Logit）的出发时间选择模型，利用 RUM 易于处理的优势，并认识到时间的连续性；或将 ML 模型应用在出发时间选择中。

目的地选择在模型构建上以 MNL 和 NL 为主。例如，应用 NL 模型建立旅客出游目的地选择模型，其最大的困难是选择枝过多，选择枝采用随机抽样或分层抽样的方法产生。

出行方式和路径选择是典型的离散选择，各类 RUM 模型都有应用。例如，基于 RP 和 SP 调查数据建立非集计模型，分析市郊运输通道内旅客出行方式选择行为；或应用隐类 NL 模型分析高铁通道内的出行方式选择行为；或应用 Logit 模型对城市轨道交通 OD 间的客流进行分配。

8.3.2 期望效用理论

期望效用理论（Expected Utility Theory，EUT）是一种风险决策条件下（各备选方案将发生的结果不确定，但其概率可根据过去的信息或经验做主观估计）的规范化行为理论，即不是要描述人们的实际行为，而是要解释在满足一定理性决策条件下，人们将如何表现自己的行为。EUT 为理性决策提供一套明确的基本假设，即有序性（分为完备性和传递性）、连续性、独立性。基于此，EUT 认为决策者是效用最大化者，即选择期望效用最大的方案。备选方案的效用 U_i 由式（8‐1）给出，它是所有方案可能结果的效用总和。

$$U_i = \sum_{i=1}^{n} p_i x_i = p_1 x_1 + \cdots + p_n x_n \tag{8-1}$$

式中，p_i 是事态第 i 个可能性发生的概率；x_i 是事态第 i 个可能性的结果值。

RUM 和 EUT 的决策准则都是效用最大化，但 RUM 模型通常不考虑选择方案结果客观上的不确定性，而 EUT 是一种风险决策理论。在交通出行选择行为研究中，一般不直接应用 EUT，而是将其作为 non‐EUT 理论的参照理论。

8.3.3 前景理论

（1）前景理论（Prospect Theory，PT）PT 是心理学及行为科学的研究成果，是描述性行为理论，描述了风险决策条件下有限理性人的实际行为。PT 假设风险决策过程分为编辑阶段和评价阶段。在编辑阶段，决策者根据"参考点"判断备选方案的可能结果是"损失"还是"收益";在评价阶段,决策者依赖价值函数和权重函数对各方案进行比较,根据前景值 V 最大化原则做出选择。

$$V = \sum w(p)v(x) \tag{8-2}$$

$$v(x_i) = \begin{cases} (x_i - x_0)^\alpha, & x_i > x_0 \\ -\lambda(x_0 - x_i)^\beta, & x_i < x_0 \end{cases} \tag{8-3}$$

$$w^+(p) = \frac{p^\gamma}{[p^\gamma + (1-p)^\gamma]^{\frac{1}{\gamma}}}$$

$$w^-(p) = \frac{p^\delta}{[p^\delta + (1-p)^\delta]^{\frac{1}{\delta}}} \tag{8-4}$$

式中,$w(p)$ 是权重函数(主观概率);$v(x)$ 是价值函数;$v(x_i)$ 是第 i 个事件的价值函数;x_i 是第 i 个事件结果的价值;x_0 是参考点;λ 是反映损失厌恶程度;α、β 是收益和损失的边际递减敏感度;$w^+(p)$、$w^-(p)$ 是收益和损失时的权重函数(主观概率);γ、δ 是收益和损失时权重函数的曲率。

价值函数是经验型的,$\alpha = \beta = 0.88$,$\lambda = 2.25$,即大多数人在面临收益时是风险规避的,在面临损失时是风险追求的,对损失比对收益更加敏感;γ、δ 为描述主观概率函数的变形,二者估计值为 $\gamma = 0.61$、$\delta = 0.69$,反映出人们通常高估小概率、低估大概率。

(2)累积前景理论(Cumulative Prospect Theory,CPT)　CPT 是 Tversky 对 PT 的改进,修正了 PT 的权重函数,建立累积权重函数 $\pi(p)$。CPT 考虑了方案各可能结果发生概率的排序依赖,避免了与一阶随机占优的矛盾。CPT 在经济领域应用较多,在出行选择行为建模中的应用开始于近十几年,主要关注点在于:

1)CPT 描述出行选择行为的适用性。Katsikopoulos 等在路径选择实验中发现,根据出行时间参照值,出行者风险态度也出现"风险规避"和"风险追求"的转变;Avineri 等设计了路径选择实验,验证了出行者的实际选择行为与 EUT 相背离,而与 CPT 相一致。Ramos 等在实验基础上对比了 EUT 和 PT 在描述路径选择行为上的潜力,结果显示,当有信息提供时,PT 表现更好。

2)参考点设置。Jou 等假定 2 个参考点——最早可接受到达时间和工作开始时间。Avineri 等认为参考点是出行者对交通系统不确定性的感知,可设置为出行时间的均值;Schul 等通过重复实验发现,出行者会依据以往经验持续更新参考点;Avineri 在出行路径选择建模中提出模糊参考点的概念。

3)出行者风险态度(模型参数)及参考点设置的异质性。Xu 等认为 CPT 模型中的原始参数未必适合出行选择行为的描述,根据 SP 调查结果估计了一组价值函数参数,但指出其并非适用所有路径选择行为的一般性参数。Ramos 等根据实验数据,在每位出行者采用各自参考点时对路径选择行为进行预测,与采用统一参考点相比,预测结果有一定程度提高,表明考虑不同出行者参考点异质性的必要性。

Zhou 等将出行者分类，根据不同类型出行者的不同风险态度，对参数分类进行估计，认为忽视出行者风险态度的异质性会导致无效的预测。

虽然 CPT 作为风险决策条件下的主要替代理论在交通出行选择行为研究中应用较多，但其适用性也受到了一些质疑，主要体现在：CPT 假设风险条件下的决策基于客观概率，而在交通出行环境中，出行者不知道这些概率，即使提供出行信息，出行者对其也并非完全依赖；交通行为中的参考点非常不明显，损失规避在出行选择等日常行为中是否也起显著作用并无明确证据；出行者的参考点和风险态度参数存在异质性，不同群体这些参数不同；出行选择通常是重复的日常决策，而 CPT 主要只涉及一次决策，不能考虑出行者对决策结果的学习和行为调整。

8.3.4　后悔理论

后悔理论（Regret Theory，RT）认为决策者是有限理性的，决策行为受到后悔或欣喜情绪的影响。选择某方案产生的后悔情绪不仅与自身属性相关，也与备选集中的其他方案相关。不同备选集中的方案间的后悔值大小顺序可能不同，因此 RT 在传递性上与 EUT 不同。RT 最初作为风险条件下逐对选择理论发展起来，经过近些年的发展，形成期望后悔最小化模型（Expected Regret Minimization，ERM）和随机后悔最小化模型（Random Regret Minimization，RRM），可分别用于风险型和确定型决策，适合多项选择集和多属性的选择决策。

在出行选择行为方面，Chorus 等在后悔函数中加入误差项，提出 RRM 模型，将其应用于购物目的地选择、出行方式选择、车辆燃油类型选择等方面的研究，并对 RRM 和 RUM 进行比较。栾琨等应用 RRM 模型研究了出行方式和出行路径选择行为。

近些年才在出行选择中引入 RT，主要是对 RRM 模型的应用。RRM 中方案的后悔不仅与自身属性有关，还取决于其他方案属性大小，而 RUM 中方案的效用仅与自身属性有关。理论上，RRM 似乎比 RUM 更能刻画出行者的选择心理及行为，但仍需更多的数据验证。此外，RRM 模型还能克服 RUM 模型的 IIA 特性。

8.3.5　非/半补偿模型

基于效用最大化的规范性决策模型已在交通出行选择中广泛应用。假设决策者补偿性地利用所有信息（在对备选方案进行选择时，允许方案某一属性的不良表现可由其他属性的优秀表现补偿），则采用效用最大化框架。RUM 背后的微观经济假设是个体的补偿型策略，受到一些研究者的质疑，他们认为非补偿策略（不允许属性间好坏相抵，一个属性差的表现通常导致该方案被抛弃）可能更符合实际。这些非补偿策略通常会为方案各属性指定切除点（或阈值），高于或低于阈值的方案会被排除。

研究发现，一般可采用非补偿策略减少选项数量，用补偿策略评估剩余选项。Ben-Akiva 等提出松弛补偿假设的 2 阶段半补偿模型，显式地对选择集生成过程建模：首先对每个个体生成一个可行选择集，然后应用补偿模型计算选择集中每个选项的被选概率。虽然决策者事先指定了切除点，但在决策时常常会违背这一规定。对切除点的违反可能不会导致方案被剔除，而是在效用中加入一个惩罚。Swait 对传统补偿型效用最大化框架进行扩展，建立考虑属性切除点的半补偿选择模型，包含属性和价格取值的约束，定义一套属性和价格的上下限（或切除点），并且在效用函数中对切除点违反加入线性惩罚项。在交通选择行为相关研究中，Cantillo 等将 2 阶段半补偿模型应用于出行方式选择；Martinez 等建立约束 MNL 模型，即带惩罚项的半补偿模型，表示此模型可应用于交通需求和供给选择。

对非补偿和半补偿模型的研究出现较早，但其在出行选择上的应用并不多，主要是因为其模型较复杂，切除点不易确定，但其确实更能描述确定条件下实际的出行选择过程，需要进一步对其研究，结合有关智能算法，使其能够更加有效地应用于出行选择行为研究。

8.4　居民出行方式选择模型

在出行需求的引导下，出行者会依据个人属性、出行属性、出行环境等因素，在多种出行方式中选择一种使自己满意程度最大的方式出行，也就是经济学中的效用最大化原则。因此，采用效用理论对此过程进行分析，同时借鉴效用经济学中的损失厌恶、依赖参照理论，将地理学的相关规律与效用理论相结合，引入攀比效应衡量出行决策中外部性的影响，在此基础上构建更加符合出行者实际决策过程的出行方式选择模型。

8.4.1　城市居民出行方式选择决策依据

1. 出行方式选择过程中的效用最大化

效用是指消费者通过消费或享受闲暇，使自身需求或欲望得到满足的程度，效用理论是经济学中的重要理论，由伯努利（Daniel Bernoulli, 1736）首次提出，摩根斯坦对其进行了规范地论述，经济学家用它来解释人们如何以效用最大化为目标，将有限的资源进行分配，使自身获得最佳满足程度。现代效用理论已经大大超出了其原本的经济学含义，在其他领域被广泛应用并被赋予新的含义。在进行决策选择时，由于偏好不同等原因，不同决策者面对同一选择的态度是不同的，此时的判断依据便是不同的选择所带来的效用大小。居民出行同样也是一种消费行为，会带来一定的效用体验。

人们在出行时会面对不同的出行方式，每种出行方式都有自身的特点，如速度、舒适性、经济性等；每个出行者也有自身不同的属性化，如收入、年龄、职业等，因此选择不同的出行方式获得的满意度是不同的。此时可以用效用理论来度量每种出行方式所带来的满意程度，出行者通常都会选择使其效用最大的出行方式。

便于定量分析的变量可以用固定效用来表述，如时间和花费；但是部分出行信息不易掌握和把控，使选择出行方式获得的效用有一定的随机性，此类因素产生的效用通常用随机效用表达。本节假设出行者不同属性和各种效用（包括固定效用 V_{in} 和随机效用 ε_{in}）与效用函数 U_{in} 之间呈线性关系，因此构建如下效用函数

$$U_{in} = V_{in} + \varepsilon_{in} \tag{8-5}$$

2. 出行方式选择过程中的行为经济学

作为经济学的重要分支，行为经济学是一门透过人们在经济活动中的行为解释经济现象本质的学科，它借助地理分析通过可控实验、调查等自然科学和社会科学方法重点研究人的行为。它通过分析现实中的行为来构造理论，检验并修正先验理论，避免了传统理论抽象和脱离实际的假设基础带来的一系列偏差，为经济学的研究提供了新的视角和思路。行为经济学将人的行为作为解释经济现象的起点，注重将理论与现实相结合，构建了符合人类心理活动规律的研究框架，使经济学从真正意义上成为富有"人性"的经济学。

行为经济学并不是将地理学和经济学机械地结合，而是在思想上的借鉴，是研究手段而不是最终的目的，其创新之处在于将人的实际行为和传统的经济学理论相结合，在一定程度上突破了传统经济理论关于理性人假设的约束。21 世纪以来，行为经济学迅速兴起，对传统经济理论既是补充拓展也是一种挑战，目前较为成功的研究多是将两者相结合，对传统经济学进行顺承和演进。

行为经济学的应用极具实用性，与传统理论相比，其最大的改进在于修正了经济理论中关于经济人的完全理性、利己、群体偏好同质性等基本假设的不足。在行为经济学的诸多理论分析中，与效用和选择相关的最重要的两个理论是依赖参照和损失厌恶理论。

依赖参照是指价值的载体是相对于一个参照点定义的。"获得"或"损失"，即实际情况与参照水平的相对差异比实际的绝对值更加重要。大量的人类感知和判断都是基于一种相对性的比较，可以说很多情况下，人们并非独立地看待某个事物，而是基于现状、期望或者标准等参考点来判断。这种相对性的判断也影响了人们的心理判断进而影响人们的行为，人们表现出来的这种参考点依赖在相关文献中已有了大量研究，与 Tversky 的前景理论确认了现状对于人们决策的影响，同时学者认为，除了现状，在某些情境下的期望或激励水平也影响人们心理中损失或获得。其中 Abeler 等人设置了人们的理性期望水平参考点，观察期望水平的不同是否会影响人们的努力程度；实验结果发现，期望越高，受试者工作时间越久，赚钱越多。除了考虑单个参考点外，早期的研究同时考虑多个参考，其中 Olson、Tryon 等一些学者认为人们会把这几个参考点综合成一个点考虑，而 Ordonez 等认为人们在价值判断中也可同时考虑多个参考点。Wang 与 Johnson 提出的三参考点理论（TRPtri – reference point）认为人们在决策时不仅会考虑现状（SQ），还会考虑生存点（MR）和目标（G）；MR、SQ 和 G 三个参考点把结果空间分成了成功、获益、损失和失败 4 个功能区域，人们都渴望超过目标，确保在生存点之上并改进现状。

　　基于实际情况和研究需求，本节使用三参考点理论进行参考点设置。其中，以技术水平和发展程度相似地区的平均水平为现状参考点，根据收入水平能够接受的最低或最高值设置生存参考点，使用考虑性价比的理想值设置目标参考点；最终的参考点由加权平均得出，三种参考点的权重取决于主观评价值。

　　损失厌恶是指，面对相同数量的获得和损失，损失对人的效应变化影响更大。人们对待获得时是风险规避的，在对待损失时则是风险偏好的。Amos Tversky 和 Daniel Kahneman 首次发现并以经济学实验的方式证明了损失厌恶的存在。对于损失厌恶，初期主要集中在个人与整体层面的定性分析，较少涉及定量的计算。Ledyard John 首先对损失厌恶进行了定量分析，利用非对称相应的方式量化了厌恶损失带来的效用变化。

　　对于损失厌恶形成的效用变化，本节采用损失厌恶的幂效用进行度量，使用此方法进行分析的关键在于幂效用参数取值的确定。损失厌恶参数的取值并非一成不变，而是会随着地理位置和社会环境等因素发生变化。当选择和决策是依据前景理论进行时，科学合理地确定参数是得到准确结果的必要条件。因此，确定准确的损失参数是科学度量损失厌恶的幂效用的首要工作。国内外学者在实验和分析的基础上探究了不同的参数计算方法，Guth. Werner 采用权衡法度量了损失和获利的相对权重；Robyn. M 设计了无事前参数假设，对存在损失厌恶的损失和获利效用同时进行无参数度量的实验方法；而国内有关测度损失厌恶参数的研究相对较少，主要以理论应用为主。国内学者将供应链、经济等诸多领域的研究与损失厌恶理论相结合，多数借鉴了 Knetsch 基于美国大学生实验提出的损失参数测度方法。虽然有研究指出不同市场和地区的经济活动参与者损失厌恶参数不尽相同，通过简单的实验模拟也难以准确测度，同时会遗漏部分影响因素对决策过程的干预，但是实际的厌恶损失系数由于涉及意向调查和假设性问询，以实际发生的事件为基础的研究往往无法对其进行估计，故采用以实验数据为基础，依据当地现实情况进行科学调整往往能够得到较为精确的结果。然而，由于针对本次调查的损失厌恶系数确定需要单独的调查访谈，成本十分巨大，受研究条件和成本限制，本节选择之前相似研究所使用的系数值。为了便于研究，设幂效用损失函数为

$$U(X) = X^{\alpha} \qquad X \geqslant 0 \tag{8-6}$$
$$U(X) = -\lambda (X)^{\beta} \qquad X \leqslant 0 \tag{8-7}$$

　　其中，调整系数 α、β、λ 均大于 0。依据 Kahneman 和 Tversky 的研究结果，决策者在面临受益时有风险规避的特点，在面对损失时有风险偏好的倾向，故而 α、β 小于 1。X 代表实际值与基准参考值的变化值，如果设 K_0 为初始值，K_t 为基准值，X 可以选取绝对变化 $K - K_t$，也可以选取相对变化 $\dfrac{K - K_t}{K_t}$，依据具体情况进行选择。本节中，X 为实际效用 A 与参考基准 P 所带来的效用差值。

　　根据 Kahneman 和 Tversky 的研究发现，人们对于财产与时间的厌恶损失系数

通常在 2.25 左右时结果最为合理，因此本节选取 λ、α = 2.25、β = 2.5 作为厌恶损失系数。

3. 出行方式选择中的攀比效应

就某些商品和服务而言，一个人的需求也取决于他人的需求，特别是一个人对一种商品的需求受到他人已经购买该商品数量的影响，这就是所谓的网络外部性。攀比效应是一种外生习惯，具有正的网络外部性，也就是消费者对他人消费水平具有一种攀比倾向，周围人所拥有的商品或服务会导致个体自身的需求增加；与之对应的虚荣效应，具有负的网络外部性。交通方式选择在本质上也是一种消费行为，一个人的出行方式选择往往会受到他人出行方式的影响，这其中有趋向从众的攀比效应、也有追求与众不同的虚荣效应。就公共交通的出行属性和个人属性而言，其中主要是攀比效应。

攀比效应在消费和投资过程中的应用有比较丰富的研究。Cali 最早将攀比效应带入消费和投资模型中，研究了消费的网络外部性对消费选择及投资组合的影响。其研究结果表明经济理性人存在外生的消费偏好，这种外部性使相对标准比绝对量对个人效用的影响更大，诠释了攀比效应在消费选择和投资组合中都有体现。Stephen J 研究了偏好替代假设对于消费水平的影响，他认为当存在攀比效应时，消费增长速度的差异来自于外部性。在消费习惯成型的经济环境中，消费差异来自于经济人对于消费的平滑和消费变化率的平滑。王海军认为消费者效用函数不应只定义在绝对消费水平上，还应当考量相对消费水平和消费过程中存在的攀比效应，并以攀比效应为基础，建立随机内生增长模型，通过使用"伪双状态变量"方法得到长期均衡及最优的消费、最优增长率和分配方案，同时讨论了相对消费的作用。

出行行为在本质上也是一种消费行为，存在消费中常有的攀比效应。经济学中关于外生习惯形成的研究比较多，在对于习惯形成定义的研究中，对内生习惯的定义，认为它是由消费者自身消费水平决定；研究外生习惯时，认为习惯的形成与外界的攀比密切相关，消费过程中取得的满足是基于相对财富或消费水平而非其绝对量。Easterli 检验了关于幸福感的国际性调查所获取的数据，研究结果表明，在整个社会中，收入水平高的群体并不比低收入人群更加具有幸福感，两群体中的幸福水平没有实质性的差异。虽然直接对效用水平进行赋值研究有一定的问题，但是这个研究结果也对效用的来源在一定程度上由比较产生提供了支持，验证了效用外生的理论。由于此类比较是局部性的，不同群体的幸福感不存在实质差异。有关攀比效用的度量采用了 Abel 所设计的比率效用，该理论认为效用 U 取决于消费水平 C 和习惯 X 之比，即

$$U(C,X) = \frac{(C/X)^{1-\gamma}}{1-\gamma} \tag{8-8}$$

式中，γ 是放大系数。

此方法的优势在于，效用不会随消费水平与习惯的比值发生正负变化。另一种

与攀比效应有关的效用函数，其自变量由消费水平和以往习惯的差值构成，即：

$$U(C,X) = \frac{(C-X)^{1-\gamma}}{1-\gamma} \tag{8-9}$$

此函数要求在任何时刻，消费水平大于习惯水平。因此在经济活动中，当交换达到一般均衡时，使用此方法需要对习惯做谨慎选择，通常将习惯认为是一个维持生计的消费水平，差值则是直观的解释意义。在经济增长过程中，我们可以将习惯是随着时间严谨的最低生活保障水平。由于式（8-8）受数值条件限制少，形式简单，使用广泛，本节选定其作为攀比效应的数量表达函数，式中的 X 设定为出行者只考虑自身特征、付出成本及出行体验时所认为性价比最高的理想值；C 设定为选择某出行方式的实际效用值；参照 Abel 的研究攀比效应，放大系数 γ 取值为0.6。此函数为实际值与理想值的比值的增函数，即两者比值越大，函数值越大，攀比效应越大。在其他条件不变的情况下，效用值是实际值的增函数、理想值的减函数，假设出行者实际选择的出行方式为效用最大的方式，其满意度大于或等于性价比最优的出行方式；若出行者实际选择的出行方式与其认为性价比最高的出行方式是一致的，即不存在攀比效应，实际值与理想值比值为 1；若存在攀比效应，实际出行方式与自认性价比最高的出行方式不一致，则两者比值会大于 1，比值越大，攀比效应越强。

8.4.2 居民出行效用函数构建

1. 模型构建的基本假设

出行者是决定出行行为最基本单位，即与出行行为相关的出行时间、出行方式等均由其自身交通行为意志决定。

出行者面临多个选择方案在特定条件下进行选择时，会选择在现有认知水平下使自己获得效用最大的方案，方案本身特性（如所需时间、经济花费、便捷程度等）和出行者个人属性（如年龄、职业、性别等）决定了备选集中的方案所带来的效用。

根据上述理论，假设出行者 n 的出行选择方案集合为 A_n，选择其中方案 j 的效用为 U_{jn}，则该出行者 n 从备选集中选择方案 i 的条件为

$$U_{in} > U_{jn}, i \neq j \tag{8-10}$$

根据随机效用理论，效用是一个随机变量，因此将效用函数分为固定效用函数（非随机部分）和概率项函数（随机变化部分），同时假设两者之间呈线性关系。因此，出行者 n 选择方案 i 的效用 U_{in} 可表示为

$$U_{in} = V_{in} + \varepsilon_{in} \tag{8-11}$$

式中，V_{in} 是出行者 n 选择 i 方案的效用函数的固定项；ε_{in} 是出行者 n 选择 i 方案的效用函数的概率项。

根据效用最大化理论，出行者 n 选择方案 i 的概率表示为

$$P_{in} = Prob(V_{in} + \varepsilon_{in} > V_{jn} + \varepsilon_{jn}; i \neq j, j \in A_n) \tag{8-12}$$

$$\text{s. t. } \begin{cases} 0 \le P_{in} \le 1 \\ \sum_{i \in A_n} P_{in} = 1 \end{cases}$$

BL 模型是指选择方案的备选集中有两个选择，并从这两个选择方案中选择其一，在本节中指的是选择此出行方式或不选，即此出行方式和其他出行方式的合集进行二选一，各项的选择概率为

$$P_{1n} = \frac{e^{V_{1n}}}{e^{V_{1n}} + e^{V_{2n}}} = \frac{1}{1 + e^{-(V_{1n} - V_{2n})}} \tag{8-13}$$

$$P_{2n} = 1 - P_{1n} = \frac{e^{V_{2n}}}{e^{V_{1n}} + e^{V_{2n}}} = \frac{1}{1 + e^{-(V_{2n} - V_{1n})}} \tag{8-14}$$

式中，P_{in} 是出行者选择方案 i（$i = 1, 2$）的概率；V_{in} 是出行者选择方案 i（$i = 1, 2$）的固定项。

其中效用函数 V_{in} 中的变量从性质上划分可以具有一致性，也可具有不同的性质特点。从变量的功能上来看，主要分为描述选择方案 i 特性的变量和描述出行者 n 个人属性的变量，前者主要包括花费的费用、时间准点率和准时性等因素，后者包括出行者的性别、年龄、职业和收入等因素。在此，设计各符号的含义如下：X_{ink} 是出行者 n 的第 i 个方案中所包含的第 k 个特性变量；$X_{in} = [X_{in1}, \cdots, X_{ink}]$ 是出行者 n 的选择方案 i 的特性变量；k 是特征变量的数量；θ_k 是第 k 个特性变量所对应的参数；$\boldsymbol{\theta} = (\theta_1, \cdots, \theta_k)$ 是特性变量系数向量。

通常，V_{in} 是特性变量系数向量 $\boldsymbol{\theta}$ 和 $\boldsymbol{X}_{in}$ 的函数 $f(\boldsymbol{\theta}, \boldsymbol{X}_{in})$，即

$$V_{in} = f(\boldsymbol{\theta}, \boldsymbol{X}_{in}) \tag{8-15}$$

需要解决的问题是根据已经获得的数据来估计特性参数 $\boldsymbol{\theta}$ 的数值，因此首先应当确定函数的具体形式。关于效用函数的形式研究数量众多，国内外学者提出了多种变量 X_{ink} 与 V_{in} 之间的关系，最为常见的是线性关系，其形式为

$$V_{in} = \boldsymbol{\theta} \boldsymbol{X}_{in} = \sum_{k=1}^{k} \theta_k X_{ink} \tag{8-16}$$

由于其简单而不失一般性的特点，本节假设出行者效用的特性变量和效用值之间呈线性关系。当效用函数呈线性时，选择概率会有如下形式

$$P_{1n} = \frac{1}{1 + e^{-\theta(X_{1n} - X_{2n})}} = \frac{1}{1 + \exp\left[-\sum_{k=1}^{k}(X_{1nk} - X_{2nk})\right]} \tag{8-17}$$

2. 特性变量选择

特性变量分为两类，出行方案的特性变量（由选择方案固有哑元、选择方案固有变量和选择方案公共变量组成）和出行者特性的特性变量。特性变量的选择一般需要依据具体问题而确定，BL 模型的选择概率同选择方案的效用绝对值无关，只与选择方案的相对效用大小有关，即选择变量首先应当评估其效用差值（$V_{1n} - V_{2n}$）是否显著。其次，选择变量主要依据下原则：①变量能够准确描述选择方案的特

征；②变量应包括可调节的政策性变量；③变量之间相互独立。

对选择方案的特性变量进行定义和选择，通过查阅资料并结合调查地区交通出行现状，本节主要选择出行费用、运行时间、准时性、便捷性和舒适度等组成特性变量组：

1）出行费用：出行者选择此出行方式所要付出的费用，主要包括私家车出行的燃料费 θ_1、乘坐地面公交和地铁等公共交通工具的票价 θ_2。

2）运行时间 θ_3：出行者使用此出行方式在运行过程和进入车站等候所花费的时间（不包括乘客从始发地到车站和从车站到目的地所花费的时间）。

3）准时性 θ_4：乘客选择此出行方式出行所花费的实际时间与理论估计时间的吻合程度和波动性。

4）便捷性 θ_5：出行者选择此方式出行，从始发地到车站或私人交通工具存放处和从交通工具的下车地点到目的地的方便程度，主要通过时间、距离、通行难度进行度量。

5）舒适度 θ_6：出行者选择此出行方式过程中的拥挤程度、服务水平、车内环境、乘坐体验情况等因素综合考量。

6）个人属性：选择出行距离 θ_7、年龄 θ_8、收入情况 θ_9 和性别 θ_{10} 作为出行者的个人属性进行度量。

7）攀比指数 θ_{11}：出行者选择此方式出行因与他人攀比或保持一致所带来的对选择结果的影响。

在实际处理数据过程中，考虑到不同特性变量量纲不同，为保证计算的准确性，将出行费用、时间、收入情况、出行距离等因素化为百分制，即最大值设为100，其他值设为其与最大值的比值。

8.4.3 出行效用函数

下面对出行者的效用函数进行构造，假设其效用函数与各要素所带来的效用呈线性关系，则出行者 n 选择方案 i 的效用为

$$U_{in} = V_{in} + \varepsilon_{in} = \theta_1 X_{in1} + \theta_2 X_{in2} + \theta_3 X_{in3} + \theta_4 X_{in4} + \theta_5 X_{in5} + \theta_6 X_{in6} \qquad (8\text{-}18)$$
$$+ \theta_7 X_{in7} + \theta_8 X_{in8} + \theta_9 X_{in9} + \theta_{10} X_{in10} + \theta_{11} X_{in11} + \varepsilon_{in}$$

式中，X_{ink} 是出行者 n 选择出行方式 i 中第 k 个特性变量带来的效用。

根据行为经济学中的损失厌恶和参考点理论，将厌恶损失假设为幂效用带入效用函数，可以得到

$$U(X_{ink}) = (X_{inkx} - X_{inkc})^{\alpha} \qquad (X_{inkx} - X_{inkc}) \geq 0 \qquad (8\text{-}19)$$
$$U(X_{ink}) = -\lambda \left[-(X_{inkx} - X_{inkc}) \right]^{\beta} \qquad (X_{inkx} - X_{inkc}) \leq 0 \qquad (8\text{-}20)$$

式中，X_{inkx} 是出行者 n 选择出行方式 i 在 k 特性因素中获得的效用；X_{inkc} 是出行者 n 选择出行方式 i 在 k 特性变量的参考点。

（1）参考点设置　由于每个出行者对于不同出行方式和不同属性的参考点皆不同，本节对于效用函数中参考点的设置，采用逐个单独询问的方式来获取单个参

考点。式（8-18）中的小汽车出行费用、公交或地铁票价、准时性、便捷性、舒适度均采用单独参考点，出行距离、年龄、收入、性别不设置参考点。

（2）攀比效应函数　由于 Able 所设计的攀比效应函数（式8-8）形式简单、所需数据易获取、误差较低且不受两因素正负影响，因而被广泛用于度量攀比效应。本节采用其函数形式，根据消费者攀比效应的相关理论可得其效用函数的表达形式为

$$X_{in11} = U(C_{in}, X_{in}) = \frac{(C_{in}/X_{in})^{1-\gamma}}{1-\gamma} \tag{8-21}$$

式中，C_{in} 是受到他人影响而趋同的程度；X_{in} 是出行者 i 选择方案 n 的总体效用；γ 是攀比效应函数中的一个系数，可取值为 3。

第9章 动态路径选择优化问题

　　路径优化就是根据道路网拓扑结构和用户的不同需求目标而设计的最短路径算法问题，由于此问题应用范围很广，因此考虑的条件要复杂得多。路径选择优化问题，实际上是一个很古老的问题，在现实生活中也经常遇到，而且它一直是运筹学、交通工程学、地理信息学等学科的一个研究热点，国内外大量专家学者对此问题进行了深入研究。经典的图论与不断发展完善的计算机数据结构及算法的有效结合，使得新的最短路径算法不断涌现，它们在空间复杂度、时间复杂度、易实现性及应用范围等方面各具特色。同时，最优路径问题与实际生活和社会生产联系非常紧密，伴随着计算机的不断发展，使得它在现实生活、社会生产以及军事上的用途非常广泛。

9.1　最优路径算法概述

9.1.1　最优路径问题的提出

　　在数学上，最短路径问题（Shortest – Path Problem）描述如下：若网络中的每条边都有一个数值（长度、成本、时间等），则找出两节点（通常是源节点和目标节点）之间总权值最小的路径，就是最短路问题。

　　在对路网进行描述时，我们常用结点（Node）来代表道路的交叉口，用路段（Segment）来表示两结点之间的道路，用出行费用（Travel cost）来代表车辆在某个路段上的消耗。在数学上，结点一般被称为节点（Vertice），路段一般被称为边（Edge）或弧（Arc），出行费用则被归纳成边或弧的权重（Weight）。在规定了结点、边、弧和边或弧的权重之后，路网就转化为一个赋权图。因此，确定路网中最优路线便转化为图论中的最短路问题。

　　用大写的字母 O 来描述算法的运行时间，称之为某算法的时间复杂度（Time complexity）。例如，设某一算法的输入量为 n，用 $O(n)$ 表示该算法运行时间与 n 成正比，而 $O(n^2)$ 则表示该算法的运行时间与 n^2 成正比。

　　路径优化算法的应用非常广泛。最优路径问题中就包括最短路径问题，因其具有实际的应用背景，尽管考虑的因素和限制的条件比经典最短路径算法复杂很多，但是它的核心思想还是源于经典最短路径算法。

9.1.2　最优路径问题的算法分类

　　由于问题特征、网络特性等的复杂性，最短路径的算法表现出多样性。总体说来，最短路径算法可按问题类型、网络特征和求解技术进行分类。

　　（1）按问题类型进行分类　按照起点、终点和路径的数目和特征，最短路径问题可分为 5 种类型，分别为单对节点之间的最短路径、所有节点之间的最短路径、k 最短路径、动态最短路径及指定必经节点的最短路径问题，其中还可衍生出其他的特殊最短路径问题，如限制环段数目的最短路径、含环路的最短路径等，分类体系如图 9-1 所示。

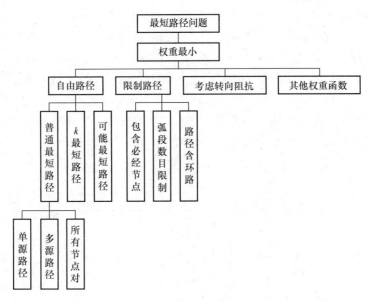

图 9-1　基于问题类型的分类

（2）按网络特征进行分类　在研究不同类型的最短路径问题时，所选用的拓扑结构的网络特征也不同。例如，在分析交通道路网的拓扑结构时，一般都用稀疏网络；在研究互联网路由器的寻址问题时，一般都用带环的稠密网络。基于网络特征的分类如图 9-2 所示。

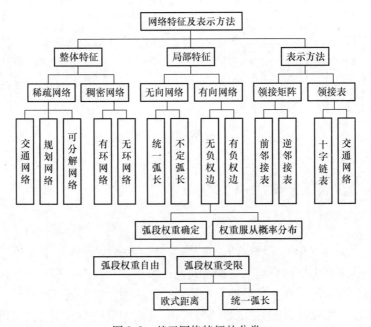

图 9-2　基于网络特征的分类

（3）按求解技术进行分类　按求解技术分类一般有路径搜索技术、预处理技术、路径记录与重构技术以及更新技术。其中，路径搜索技术又可分为组合技术和代数技术两种。组合技术通常用标号算法（Labeling Algorithms）来分类，而标号算法也是多数路径寻优问题核心的部分；按照不同标号节点策略，标号算法又可以分为标号设定（Label Setting）和标号改正（Label Correcting）两种体系。代数技术则通过运筹学中的线性规则不等式、联立线性方程以及矩阵方程等一系列方法来求解最短路径问题。具体的分类如图9-3所示。

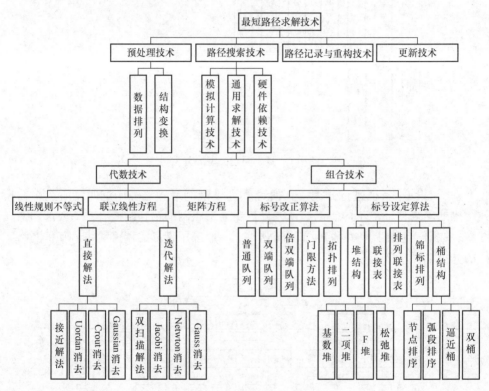

图9-3　基于求解技术的分类

9.2　动态路径选择常用方法分析

随着科技的进步和经济的发展，汽车数量不断增加。尽管我国道路交通事业发展也比较快，但与汽车数辆增加的速度相比，还有一定的距离。目前在我国的一些大中城市，其路网密度越来越大，而且路网的节点数目越来越多。对于密度如此大的路网，驾驶人如何选择一条最佳行驶路径，已成为解决交通拥挤、道路阻塞、交通事故频繁以及由此而引起的社会经济损失、空气污染等不利于社会发展因素的主要方法。动态路径选择根据变化的交通状况，为驾驶人提供到达目的地的最优路线。国内外对动态路径诱导已经做了大量的研究工作，为了寻找最优行驶路径，也涌现了许多算法，不过用得最多的方法还是遗传算法、神经网络算法、蚁群算法和A*算法等。

9.2.1 遗传算法在路径选择问题的设计

1. 路网的表示

现将交通网络用图论术语描述如下：在图 $G(V,A)$ 中，表示路网的节点（即交叉路口）集合有 $V=(v_1,v_2,\cdots,v_n)$，对 G 中的某一条边 (v_i,v_j)，相应地有一个表示该路段特性的数 $d(v_i,v_j)$，若 (v_i,v_j) 之间连通则为路段长度或路段行

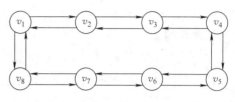

图9-4　简单路网结构

程时间，若 (v_i,v_j) 之间不连通则为 ∞，在实际计算中用一个足够大的值代替。把矩阵 $W=\{d(v_i,v_j),v_i,v_j\in V\}$ 称为路阻矩阵，对于一定的交通网络，W 反映了某一时段的交通状况。图9-4所示为简单路网结构，包含8个节点。

2. 染色体编码

染色体编码有二进制编码和实数编码两种形式，由于在路径牵引算法中的基因是路网节点，而这些节点的排列顺序正好就是所要求的路径，故本节采取了有序的实数编码方式。假设路网中的节点数为 N，则染色体的基因数为 N，对于一对给定的起讫点 OD，其染色体的第一个基因即为 O，然后是 k 个中间节点 $(0\leqslant k\leqslant N-2)$，再然后是 D；若 $k<N-2$，则还需要在后面补"0"，使基因总数为 N。以图9-4所示的一个8节点路网为例，假设给定的 OD 为 $1\sim6$，则图9-5所示的两种染色体编码是合法的。

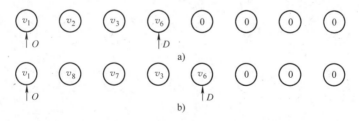

图9-5　染色体编码示意图

3. 染色体选择

路径牵引算法的目的是找到 OD 之间最短或接近最短的路径，用一个大于路网中所有连通路段的路阻和的数 MAX 来表示不连通的路段之间的路阻。定义适应度函数为从 O 到 D 所经过的路段的路阻之和为 $f=\sum d(v_i,v_j)$，其中 i、j 为从 O 到 D 的实数序列。与一般适应度的定义相反，该方法中适应度值低的值是好的解。显然，若 f 小于 MAX，则该路径为有效路径；若 f 大于 MAX，则该路径相邻的节点中

间存在不连通路径；路径牵引算法就是要找到几条 f 较小的有效路径。常用的选择机制有轮盘赌、最佳个体保留和随机竞争等。

4. 染色体交叉

交叉算子应遵循以下两个原则：①交叉生成的后代应尽量保留双亲的优良基因成分，在路径牵引算法中，双亲的优良基因成分主要表现在其编码串中某段码元是否是有效路径或接近于有效路径；②交叉生成的后代必须是有效的个体，即符合有序的实数编码规则。

设计适用于路径牵引的遗传交叉算法，其具体步骤如下：

1）首先在父母染色体 A、B 的基因中随机地选取两个交叉点 P_1 和 P_2，P_1 必须在起点 O 之后，P_2 必须在终点 D 之前，以保证零基因不被交叉。

2）将 P_1 和 P_2 之间的匹配段交换，得到两个新的染色体 A' 和 B'。

3）交叉后可能出现同一染色体（A' 或 B'）中一个节点同时出现在匹配段内和匹配段外的情况，这时可将匹配段外的重复节点直接除去。

5. 染色体变异

变异算子是模拟生物在自然遗传环境中，由于各种偶然因素引起的基因突变，一般单靠变异不能在求解中取得进展，但它能确保群体中基因的多样性，防止陷入局部最优解。一般可采取两种方式进行变异，通过比较，选择路阻小的染色体作为变异结果。第一种方法是在起讫点之间随机地选择两个节点 P_1 和 P_2，将它们进行交换；第二种方法是在起讫点之间随机选择一个中间节点 P，将其除掉；其过程如图9-6所示。

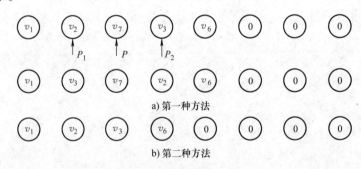

a) 第一种方法

b) 第二种方法

图9-6　染色体变异示意图

9.2.2　神经网络算法在路径选择问题的设计

区域物流网络是由各个物流配送点以及需求点以配送车辆、配送人员的连线方式构成的相互作用、紧密联系的系统网络结构形式。配送点和需求点是网络中的物流节点，区域内的道路配送路线连接起所有的物流节点。物流配送车辆是实现资源在物流节点之间传递的主要工具，基于区域物流网络与神经网络的诸多相似点，因此，采用人工神经网络模型对物流配送路径的选择推理是比较合适的。在建模过程中的许多问题具有高度的非线性，而神经网络能以任意精度逼近任何非线性连续函数。在神经网络中，信息是分布储存和并行处理的，这使它具有很强的容错性和很快的处理速度。神经网络的基本模型如图9-7所示。

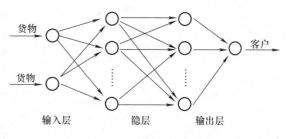

图9-7　神经网络的基本模型

　　神经网络算法是一种利用神经元反馈进行监督的启发式现代算法，其主要的思想是通过输入现有的学习样本，使用反向传播算法对网络的权值和偏差进行反复调整和训练，尽可能地使输出值与期望值一致，当输出值与期望值之间的误差的平方小于初始设计的范围时，则可以终止训练，此时神经网络的权值和偏差就是模型基础的权值和偏差。具体步骤如下：

　　1）神经网络初始化，给各连接权值 $[w]$、$[v]$ 分别赋予区间 $(-1,1)$ 内的随机数，设定误差函数 e，计算精度值 ε 和最大学习次数 M。

　　2）随机选取第 k 个输入样本 $x(k) = \{x_1(k), x_2(k), \cdots, x_n(k)\}$，此时该样本输出的期望值为 $d_o(k) = \{d_1(k), d_2(k), \cdots, d_q(k)\}$。

　　3）计算此时的隐含层中，各神经元之间的输入值和输出值。

　　4）利用神经网络输出的期望值与实际输出值进行比较，计算误差函数对输出层的各神经元的偏导数 $\delta_o(k)$。

　　5）利用隐含层到输出层的连接权值、输出层的 $\delta_o(k)$ 和隐含层的输出计算误差函数对隐含层各神经元的偏导数 $\delta_h(k)$。

　　6）利用输出层各神经元的 $\delta_o(k)$ 和隐含层各神经元的输出来修正连接权值 $w_{ho}(k)$。

　　7）利用隐含层各神经元的 $\delta_h(k)$ 和输出层各神经元的输入修正连接权。

　　8）计算全局误差 $E = \dfrac{1}{2m} \sum\limits_{k=1}^{m} \sum\limits_{o=1}^{q} [d_o(k) - y_o(k)]^2$。

　　9）判断神经网络全局误差是否满足终止条件。当误差小于预设精度 ε 或学习次数大于设定的最大次数 M 时，则算法结束。否则，选取下一个学习样本及对应的期望输出，并重复第3）~9）步，进行新一轮的学习，直到满足终止条件。

9.2.3　蚁群算法在路径选择问题的设计

　　蚁群算法的原理是通过设立虚拟信息素来实现信息正反馈，增强较好的潜在解，以此为基础逐步寻得更优解，并最终搜索到最优解。为了避免正反馈中出现早熟现象，该算法还引入了负反馈机制，即通过引入信息素的挥发机制，使信息素按照一定的时间间隔挥发。这个间隔不能太短，以免抑制个体间的相互协作；同时这个间隔也不能太长，以免产生早熟现象。

$$P_{ij}^k(t) = \begin{cases} \dfrac{[\tau_{ij}(t)]^\alpha [\eta_{ik}(t)]^\beta}{\sum\limits_{s \in k} [\tau_{ij}(t)]^\alpha [\eta_{ij}(t)]^\beta} & j \in k \\ \\ 0 & \text{其他} \end{cases} \tag{9-1}$$

$$\Delta\tau_{ij}^k = \begin{cases} \dfrac{Q}{d_{ij}} & \text{第 } k \text{ 只蚂蚁在 } t \text{ 和 } t+1 \text{ 之间经过}(i,j) \\ \\ 0 & \text{其他} \end{cases} \tag{9-2}$$

$$\Delta\tau_{ij} = \sum_{k=1}^m \Delta\tau_{ij}^k \tag{9-3}$$

$$\tau_{ij}(t+n) = \rho \cdot \tau_{ij}(t) + \Delta\tau_{ij} \tag{9-4}$$

式中，m 是蚁群中蚂蚁的个数；$d_{ij}(i,j=1,2,\cdots,n)$ 是节点 i 和 j 之间的距离；η_{ij} 是路径 (i, j) 的能见度，表示由节点 i 到节点 j 的期望程度，有 $\eta_{ij} = \dfrac{1}{d_{ij}}$；$\tau_{ij}(t)$ 是时刻 t 在路径 (i, j) 上的轨迹强度，也就是信息素的数量，初始时刻，各条路径上的信息量相等，设 $\tau_{ij}(0) = C$（C 为常数）；$\Delta\tau_{ij}^k$ 是蚂蚁 k 在相邻时刻路径 (i, j) 上留下的单位长度轨迹的信息量；$\Delta\tau_{ij}$ 是所有蚂蚁在路径 (i, j) 上留下的信息量之和；$P_{ij}^k(t)$ 是蚂蚁 k 的转移概率；Q 是信息量增加强度；ρ 是信息的残留度，或轨迹的持久性（$0 \le \rho < 1$），$1-\rho$ 为轨迹衰减度；α 是蚂蚁运动过程中所积累的信息，因为信息量越大，被选择的概率越大，所以 α 也就是轨迹的重要性（$\alpha \ge 0$）；β 是能见度的相对重要性，表示启发式因子在蚂蚁选择路径过程中所起的作用大小（$\beta \ge 0$）。

蚁群算法的程序框图如图9-8所示。

具体步骤如下：

1) 初始化，将时间变量 t、作为结束条件的迭代步数 n_C、$\Delta\tau_{ij}$ 都置为 0，置 $\tau_{ij}(0) = C$。

2) 把各蚂蚁的初始出发点置于当前的解集中，对每个蚂蚁按照式 (9-1) 计算当前时刻的转移概率 $P_{ij}^k(t)$；选择符合约束的下一个转移节点 j，将节点 j 置于当前解集中，更新当前的约束。

3) 计算各蚂蚁的路径长度，比较并记录当前最好的解。

4) 根据选用的模型不同，按照式 (9-2) 计算 $\Delta\tau_{ij}^k$，再按照式

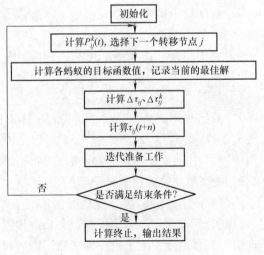

图 9-8　蚁群算法的程序框图

（9-3）计算 $\Delta\tau_{ij}$。

5）按照式（9-4）计算 $\tau_{ij}(t+n)$。

6）迭代准备工作，置 $t \leftarrow t+n$，$\Delta\tau_{ij} \leftarrow 0$，$n_C \leftarrow n_C+1$。

7）判断是否到了预定的迭代步数，如果结束条件满足则停止计算并输出结果，否则返回第2）步再次迭代。

9.2.4　A*算法在路径选择问题的设计

A* 是以节点的代价估计值作为标准的最佳优先搜索，即在搜索过程中，首先计算节点的最佳代价估计值，然后选出当前代价最小的节点，并从该节点开始继续搜索。A* 算法的一般评估函数为

$$f(n) = g(n) + h(n) \tag{9-5}$$

式中，$f(n)$ 是估价函数，也称目标函数；$g(n)$ 是起始节点到目标节点的最短路径值；$h(n)$ 是 A* 算法的启发函数，其设计的好坏直接影响到 A* 算法的效率。

A* 算法的具体步骤如下：

1）把原始节点 v_k 放入 Open 表中，Close 表清空，即

$$f(v_k) = 0, f(v_i) = \infty \quad i = 1, 2, \cdots, n \text{ 且 } i \neq k$$

2）判断 Open 表是否为空，若 Open 表为空，则出错；否则选择 Open 表中具有最小值 f 的节点，并设该节点为最优，放入 Close 表中，并从 Open 表中删除；判断最优是否为目标节点，若是，则转到第 3 步；否则查找其后继节点 v_i，并计算节点 v_i 的代价 $g(v_i) = f_{\text{Best}} + \text{Best}$ 到 v_i 的费用，若 v_i 与 Open 表上的某一节点相同，具有最低的 g 值，那么用 v_i 的代价代替 Open 表中相同节点的代价，并使后向指针指向最优节点；若 v_i 与 Close 表中的某一节点相匹配，具有最低的 g 值，那么用 v_i 的代价代替 Close 表中匹配节点的代价，并将匹配节点移到 Open 表中；若两个表中都没有，则把节点 v_i 的后向指针指向最优节点，并把节点 v_i 放入 Open 表中，计算节点 v_i 的评估函数 $f(v_i) = g(v_i) + h(v_i)$，重复步骤2）。

3）从最优节点遍历到初始节点，并报告最短路径。

9.3　动态路径选择常用方法评述

9.3.1　遗传算法评述

从整体上来讲，遗传算法是进化算法中产生最早、影响最大、应用也比较广泛的一个研究方向和领域，它不仅包含了进化算法的基本形式和全部优点，同时还具有若干独特的性能。

（1）遗传算法的优点

1）在求解问题时，遗传算法首先要选择编码方式，它直接处理的对象是参数的编码集而不是问题参数本身，搜索过程既不受优化函数连续性的约束，也没有优化函数导数必须存在的要求。通过优良染色体基因的重组，遗传算法可以处理传统

上非常复杂的优化函数求解问题。

2）若遗传算法在每一代对群体规模为 n 的个体进行操作，则实际上大约处理了 $O(n^3)$ 个模式，具有很高的并行性，因而具有显著的搜索效率。

3）在所求解问题为非连续、多峰以及有干扰的情况下，能够以很大的概率收敛到最优解或满意解，因而具有较好的全局最优解求解能力。

4）对函数的形态无要求，针对某一问题的遗传算法，经简单修改即可适应于其他问题，或者加入特定问题的领域知识，或者与已有算法相结合，能够较好地解决复杂问题，因而具有较好的普适性和易扩充性。

5）遗传算法的基本思想简单，运行方式和实现步骤规范，便于具体使用。

（2）遗传算法的不足　遗传算法存在估计参数的问题，在使用遗传算法选择参数时应注意以下问题：

1）种群染色体个数（popsize）的选取要适当，其太小将不能提供足够的采样点，太大会增加计算工作量，一般 popsize 应在 10～160 之间。

2）交换概率 P_C 不能过大，否则会使高适应值的结构很快被破坏掉，但又不宜太小，否则，搜索会停滞不前，一般 P_C 取值为 0.25～0.75。

3）变异概率 P_m 是增大种群染色体多样性的重要因素，P_m 太小不会产生新的基因块，P_m 太大会使算法变成随机搜索，一般取 0.05～0.2。

4）适应度函数选取 $f = \dfrac{1}{E}$，最优估计中常用的误差公式为 $E = \dfrac{1}{N} \sum\limits_{k=1}^{N} \dfrac{|r(k) - \hat{r}(k)|}{r(k)}$。

遗传算法的控制参数比较困难，在避免"早熟"收敛方面和提高收敛度方面没有通用的好办法，只能针对具体问题具体设计。

9.3.2　神经网络算法评述

（1）神经网络的优点　由于人工神经网络中神经元个数众多，整个网络存储信息容量巨大，使得它具有很强的不确定性和信息处理能力。即使输入信息不完全、不准确或模糊不清，只要输入的模式接近于训练样本，系统就能给出正确的推理结论。正是因为人工神经网络的结构特点和其信息存储的分布式特点，使得它相对于其他的判断识别系统具有更强的鲁棒性。因此，无论是网络的硬件实现还是软件实现中的某个或某些神经元失效，整个网络仍然能继续工作。

人工神经网络是一种非线性处理单元，只有当神经元对所有输入信号的综合处理结果超过某一门限值后，才会输出一个信号。因此，神经网络是一种具有高度非线性的超大规模连续时间动力学系统。它突破了传统的以线性处理为基础的数字电子计算机的局限，标志着人们对智能信息处理能力和模拟人脑智能行为能力的一大飞跃。

（2）神经网络的不足

1）BP 网络的不足。由于是非线性优化，不可避免地存在局部极小问题；学习算法的收敛速度慢，且收敛速度与初始权值的选择有关；隐含层和隐含层节点数难以确认。

2）RBF 网络的不足。求 RBF 网络隐节点的中心和标准化参数是个困难的问题，也是该网络算法难以推广的主要原因。径向基函数，即径向对称函数有很多种，对于一组样本，如何选择合适的径向基函数，如何确定隐节点数，以使网络学习达到要求的精度，是亟待解决的问题。

9.3.3　蚁群算法评述

蚁群算法是一种本质上并行的随机优化算法，具有很好的灵活性、鲁棒性、分散性和组织性，特别适合用来求解分布式的动态变化问题，以及需要内置容错的优化问题。它具有的信息正反馈性和群体协同性，是其他算法所没有的优点，故而蚁群算法具有很强的发现较好解的能力。

9.3.4　A*算法评述

A*（A - Star）算法是一种求解静态路网中最有效的直接搜索算法，当估价值与实际值越接近时，估价函数取得就越好。即使之后出现了如 ALT、CH、HL 等算法，其求解效率远高于 A*算法，但这些均属于预处理算法，与 A*算法的直接搜索不同。

在利用 A*算法求解路径动态规划问题中，利用 A*算法的启发式搜索功能，对状态空间中的每一个位置进行评估，得到最好的位置，再从这个位置继续进行搜索，直到目的地。这样可以省略大量无谓的搜索路径，以提高搜索速度。A*算法把子节点 i 的估计代价 $f(i)$ 看成从起始点到子节点 i 的实际代价 $g(i)$ 与子节点 i 到达目标点的估计代价 $h(i)$ 的和，即 $f(i) = g(i) + h(i)$。

A*算法将代价函数值最小的子节点作为下一个可行路径点。算法中一般选用 Pathopen 表存储已经产生的节点，称为开放节点；选用 Pathclose 表存储已经扩展的节点，即封闭节点。$f(i)$ 的作用可以表示为估价各个节点的重要程度，以决定它们在 Pathopen 表中的次序。$g(i)$ 在一定程度上体现了路径搜索的横向趋势，然而其对路径搜索的效率有所影响。因此在设计代价函数时，要权衡各种利弊，使得 $g(i)$ 和 $h(i)$ 占有适宜的比重。

9.3.5　算法比较

之前提到遗传、神经网络、蚁群三种仿生进化算法的共同特点是鲁棒性较强，具有并行性，容易与其他启发式算法相结合，以改善算法的性能。但遗传算法存在收敛速度慢、容易陷入局部优化，导致搜索停滞的缺点。人工神经网络存在网络收敛速度慢，易陷入早熟，并且参数选择对求解结果影响很大。蚁群算法虽然也存在易陷入早熟停滞的缺点，但蚁群算法具有很强的并行性，个体之间不断进行信息交流和传递，有利于发现较好的解；单个个体容易收敛于局部最优，多个个体通过合作，可以很快地收敛于解空间的某个子集，有利于解空间的进一步探索，从而发现较好的解，并且蚁群算法模型简单，算法参数设置简单，便于实际应用。

第10章 公交线网优化问题

由于公交线网的优化是一项投资少、见效快、易于实施的有效措施，通过大力发展公共交通、推行"公交优先"策略和实行公交线网的优化成为缓解城市道路交通紧张状况的有效途径。随着计算技术的不断进步和最新的交通规划理论的不断提出，它们对现有城市道路系统和公交运力的最佳配置，已成为国内外各个城市的重要研究课题之一。对城市公交线网进行合理布局，一方面要对现有公交运力进行优化组合，另一方面要最大限度地发挥系统的最佳效益。目前，国内外学者对公交线网优化方法的研究分成两大类型：一类是试图以单纯的定量模型解决公交线网优化问题，即将许多复杂条件简化下的纯理论研究。如20世纪末期，许多学者提出的公交线网优化模型，这些模型基本上是围绕总的出行时间，或者总的出行距离，或者总的直达客流量等为目标，运用数学方法来建立优化模型，其缺点是目标函数过于单一，不易用于复杂的公交系统，实用性不强。另一类是以定性分析为主兼顾定量分析的研究，即在线网优化过程中，加入一部分定量模型的优化办法。这种模型有"逐步设计，优化成网"方法和城市公交线网调整优化算法等，它们在定线过程中，选取与客流走向一致的线路方向，通过采取线路长度限制、线路运载能力限制等约束措施，提出的目标函数基本上满足乘客量最大化、客流均匀分布等优化目标，比较实用，其缺点是主观性大，优化结果误差大，通用性差。

目前，城市公共交通系统中主要存在的问题是公交线网布局结构不合理、密度低、重复率高，甚至存在公交盲区；公交停车场规模较小，首末站用地没有保障；道路交通环境不良，缺乏广泛的公交优先通行保障措施等。因此，公交线网优化需要进行系统地分析，仔细研究各个目标函数和约束条件，使选择的目标函数和约束条件具有代表性及普遍性，并且要使整个优化过程具有客观性，只有这样才能得到比较满意的优化结果，从中选取最佳的优化方案。公交线网系统的综合分析和研究有如下的优化目标和约束条件：在兼顾乘客和公交企业两者利益的同时，考虑在未来城市交通可持续发展的情况下，运用系统分析的思想，利用逐步法、功效函数法、禁忌遗传算法、粒子群优化算法和蚁群算法等对公交线网进行优化调整，即对现有公交网络进行客观考察和评价的基础上，选取主要的优化目标和约束条件，通过分析和决策两个阶段对公交线网进行优化、调整，使调整后的整个城市线路分布均匀、空白区少、线路上客流量分布均匀、线路负载率大，从而达到整个交通系统高效率、低成本的最佳效果。

10.1 公交线网优化的意义

由于城市公交线网是公交客流的主要承担者，所以合理的公交线网布局，可以充分发挥公共交通的优势，提高运营效率，改善服务水平，缓解公交运力紧张的状况，方便居民出行，促进城市交通可持续发展。同时，也可以减少其他方式交通量对道路的占用，减轻城市道路系统的交通压力，发挥有限城市用地的最大效能，并且公交线网优化是一项投资少、见效快、易于实施的有效措施。城市公交线网优化的核心内容就是结合公共交通需求时空分布特点和道路网的布局特点，运用先进的交通规划理论及计算技术，在现有城市道路系统和公交运力的基础上，通过对城市公交线网进行合理布局，对现有公交运力进行优化组合，最大限度地发挥系统的最佳效益。

10.2 公交线网优化的基本原则

城市公交线网优化的核心内容就是结合公共交通需求时空分布特点和道路网的布局特点，确定公交线路的合理布局。运用科学方法对城市公交线网进行系统研究，使在客流调查基础上的城市公交线网的客流分配能符合客流的实际运行状况，方便居民出行，提高公交企业效益，促进城市交通的可持续发展。在公交线网优化中，应该考虑下面几个原则。

（1）方便居民出行原则　线路的走向必须与主要客流流向一致，为更多的乘客提供乘车服务。按最短距离布设线路，使全服务区乘客总出行时间最小，方便居民出行。

（2）提高公交企业效益原则　使规划区域的线路网络覆盖率大、路线重复系数低，尽可能地利用城市已有道路，使线路上的客流分布均匀，充分发挥运载工具的运能。

（3）考虑城市交通的可持续发展原则　公交线路系统的布设不仅要符合当前城市客流发生和分布的客观规律，而且要反映城市未来发展的交通变化，即城市交通的发展要适应城市的发展，与城市总体规划相匹配，引导城市空间向合理方向发展。

10.3 公交线网优化的影响因素

影响城市公交线网的优化因素很多，一般来说可以分为客观因素（如道路条件、车辆条件等）和主观因素（如需求分布、效率因素等）两类，主要的影响因素有如下几个方面。

（1）需求分布　由于乘客的数量、分布和出行路径的选择是影响公交线网优化的首要因素，公交线网布局应该满足大多数交通需求的要求，具有服务范围广、非直线系数小、出行时间短、直达率高等特点。在一定的服务水平要求下，客运要求量大的区域，要求布置的公交线网客运能力较大。

（2）道路条件　对公交线网而言，道路网是公共交通网络的基础，但并非所有的道路都适合公交车辆行驶，所以要考虑道路几何线形、路面条件和容量限制等因素。

（3）效率因素　效率因素指公交线网单位投入（如每千米、每班次等）获得的服务效益。它不仅反映路线的运营状况，还反映路线经过区域的客运需求量和路线的服务吸引力，因而在线网优化中应特别考虑线网效率因素。

（4）车辆条件　车辆条件包括车辆物理特性（长、宽、高、重量等）、操作性能（车速、加速能力、转弯半径等）、载客指标（座位数、站位数、额定载客量等）和车辆数。因此，由车辆总数、车辆的载客能力和路线的配车数可以决定路线总数。

10.4　公交线网优化的目的

公交线网作为城市公交客流的主要承担者，其优化的目的有以下几个方面。

（1）交通需求最小化　通过对公交线网的优化调整，使城市布局科学化，从而使得维持城市与社会的运作和发展所需的城市交通需求最小。

（2）服务水平最佳化　通过对公交线网的优化调整，使城市公交系统能够最大限度地满足各种交通需求。整个公交系统以安全、快捷、经济、环保、可靠、准点、运量大、运效高、服务质量高的方式运行。

（3）能源占用最小化　通过对公交线网的优化调整，使城市单位产值的交通能耗最小，城市公交系统的建设、维护、使用和管理对土地、人力资源等占用最低。达到"成本最小化，利益最大化"。

（4）环境影响最小化　通过对公交线的优化调整，使城市公交对人的生存环境和活动的影响和干扰最小，实现城市交通环境的可持续发展。

10.5　公交线网优化的目标函数

城市公交线网的优化问题是一个复杂的非线性问题，涉及因素很多，其问题的关键是目标函数的选取。在不同情况下，不同学者对公交线网优化的目标函数选取不同。因此，很难有一套标准的优化目标函数供大家通用。本节从乘客利益、公交企业利益和城市交通的可持续发展三个方面考虑，提出几个关键的公交线网优化目标函数，供大家参考。

由于城市公交线网优化的目标较多，各优化目标之间的相互联系会造成信息相互重叠和干扰，从而难以客观地反映各优化目标的相对地位。为了过滤掉重复信息，依据公交线网的优化原则，采用主成分分析法，得到公交线网优化的几个主要目标函数如下所述。

（1）乘客总出行时间

$$f(\text{time}) = T_1 + T_2 + T_3 + T_4 + T_5 \tag{10-1}$$

式中，T_1 是每位乘客从出行点到相应车站的平均步行时间且 $T_1 = L_0/V$，其中，L_0

是乘客从出行点到相应车站的最短距离，V 是乘客步行的平均速度；T_2 是从出行点到相应车站后的平均候车时间且 $T_2 = (0.5 + \rho)\delta$，其中，δ 是平均发车间隔时间（min），ρ 是平均留站率，δ、ρ 可取经验常数，0.5 为修正值，建议 $\delta \leq 5$，$\rho \leq 5\%$；T_3 是中转换乘的平均时间且 $T_3 = \delta(0.5 + \rho) + T_0$，其中，$T_0$ 是从下车站到上车站的中转时间；T_4 是车辆行驶的平均时间且 $T_4 = L_{ij}/V_L$，其中，V_L 是车辆平均行驶速度，L_{ij} 是第 i 区形心节点到第 j 区形心节点公交线的长度；T_5 是下车后乘客步行到达目的地的平均时间且 $T_5 = L_d/\mu V$，其中，μ 是走行速度的系数，L_d 是乘客从车站下车后步行到目的地的最短距离。

(2) 乘客直达率

$$f(\text{nonstop}) = \sum_{i=1}^{n} \sum_{j=1}^{n} q_{ij} \Big/ \sum_{i=1}^{m} \sum_{j=1}^{m} D_{ij} \qquad (10\text{-}2)$$

式中，q_{ij} 是线路起终点 (i, j) 之间的直达乘客量（人次）；D_{ij} 是交通小区 i 至交通小区 j 间的 OD 量（人次）；n 是通行公交车辆的道路网节点数；m 是交通小区总数。

(3) 线网日均满载率

$$f(\text{carry}) = \sum_{k=1}^{N} \sum_{i=1}^{n-1} q_{i,i+1,k} L_{i,i+1,k} \Big/ \sum_{k=1}^{N} \sum_{i=1}^{n-1} q_{0,i+1,k} L_{i,i+1,k} \qquad (10\text{-}3)$$

式中，$q_{i,i+1,k}$ 是第 k 条线路的站点 i 至站点 $i+1$ 路段客流量（人次）；$q_{0,i+1,k}$ 是第 k 条线路的站点 i 至站点 $i+1$ 路段车容量；$L_{i,i+1,k}$ 是第 k 条线路的站点 i 至站点 $i+1$ 路段间距离（km）；N 是公交线路数。

(4) 公交企业收益率

$$f(\text{income}) = c_1 / (c_2 + c_3 + c_4 + c_5 + c_6 + c_7) \qquad (10\text{-}4)$$

式中，c_1 是公交企业年均经济收入（万元）；c_2 是年均公交网络建设费用（万元）；c_3 是年均公交网络维修费用（万元）；c_4 是年均公交车辆购置费用（万元）；c_5 是年均公交车辆维修费用（万元）；c_6 是年均工作人员工资福利等费用（万元）；c_7 是年均公交企业其他费用（万元）。

(5) 污染物排放率

$$f(\text{pollution}) = \sum_{j=1}^{4} \sum_{k=1}^{N} \sum_{i=1}^{n-1} q_{i,i+1,k} l_{i,i+1,k} \sigma(v_{jk}) \Big/ \sum_{j=1}^{4} \sum_{k=1}^{N} \sum_{i=1}^{n-1} q_{i,i+1,k} L_{i,i+1,k} \sigma_0(v_{jk})$$

$$(10\text{-}5)$$

式中，$j = 1$，2，3，4 是分别表示 CO、CO_2、NO_x 和 CH_x；$l_{i,i+1,k}$ 是第 k 条线路的站点 i 至站点 $i+1$ 路段的长度；$\sigma(v_{jk})$ 是第 k 条线路上在车速 v_k 行驶情况下第 j 种污染物的实际排放浓度（mg/m^3）；$\sigma_0(v_{jk})$ 是第 k 条线路上在车速 v_k 行驶情况下第 j 种污染物的排放标准浓度（mg/m^3）。

(6) 线网效率

$$f(\text{efficiency}) = \sum_{i,j,k \in R} l_k q_{i,j,k} \bigg/ \sum_{i,j,k \in R} l_k \delta_{i,j,k} \qquad (10\text{-}6)$$

式中，$q_{i,j,k}$ 是线路 k 从站点 i 至站点 j 的客流量；$\delta_{i,j,k}$ 是经过站点 i 至站点 j 的客运需求量在线路 k 上分配的比例；R 是所有公交线路的集合；l_k 是线路 k 的长度。

10.6 公交线网优化的约束条件

公交线网优化的约束条件很多，为了得到满意的优化结果，将各约束条件分成单条路线、线路网络和公交系统三个方面来考虑，这样既避免了整体优化中忽略个体因素，又考虑了单个因素的整体功能以及系统的整体功能。

10.6.1 单条路线的约束条件

（1）路线客运能力的限制 一般情况下，公交路线的单向客运能力不大于最大流量断面客运量的 85%，运送速度一般限制在 16～25km/h 为最佳。路线客运能力为

$$Q_I = 0.85 Q_{I\max} \qquad (10\text{-}7)$$

式中，$Q_{I\max}$ 是线路 I 的最大流量断面客运量。

（2）线路客流量不均匀系数的限制 为了充分利用交通资源，避免交通拥挤和交通事故，线路的客流量必须均匀。一般情况下，要求线路的客流量不均匀系数不应该大于 1.4。线路客流量不均匀系数为

$$e = O/q \qquad (10\text{-}8)$$

式中，O 是线路中最大断面客流量；q 是平均断面客流量。

（3）复线条数的限制 在优化中采用复线条数约束是对公交路线的分布均匀性、站点停靠能力的综合考虑。一条道路上设置的路线数为

$$N_a \leqslant 3 \sim 5 \qquad (10\text{-}9)$$

式中，N_a 是路段 a 的路线条数。

（4）公交道路宽度的限制 通行公交车辆的整个道路宽度由五个部分组成：第一部分是机动车车道宽度 b_1；第二部分是非机动车车道宽度 b_2；第三部分是机动车道之间的宽度 b_3；第四部分是机动车道与非机动车道之间的宽度 b_4；第五部分是非机动车道与路边岩石之间的安全定度 b_5。最后所确定的能够通行公交车辆的道路宽度由上述五个宽度之和所决定。一般情况下能够通行公交车辆的道路宽度应该至少为 11.5m。公交道路宽度为

$$b = b_1 + b_2 + b_3 + b_4 + b_5 \qquad (10\text{-}10)$$

10.6.2 线路网络的约束条件

一个合理的公交线路网络，不仅要求每条线路的客流满足其约束条件，而且还需考虑整个线路网络的分布性能，以方便居民出行。线路网络的约束条件有下面几个方面。

（1）线网密度的限制　线网密度受道路网络密度的影响，通常用公交线网的道路网覆盖率来衡量线网在道路网上的密度，一般情况下要求道路网覆盖率大于0.6。规划区的公交线网的道路网覆盖率为

$$D_m = l_{Rm} / l_{Am} \tag{10-11}$$

式中，D_m 是第 m 区公交线网的道路网覆盖率；l_{Rm} 是第 m 区公交线路长度（km）；l_{Am} 是第 m 区道路网长度（km）。

（2）线网车站服务面积率的限制　线网车站服务面积率以车站为圆心，以合理步行距离（服务半径 R_S）画圆，圆面积即为车站的服务面积。《城市道路交通规划设计规范》的规定值为

$$r_{\min} = \begin{cases} 0.5, & R_S = 300\text{m} \\ 0.9, & R_S = 500\text{m} \end{cases} \tag{10-12}$$

线网的车站服务面积率为

$$\gamma_R = S_R / S \tag{10-13}$$

式中，S_R 是线网 R 的公交车站的服务面积（km^2）；S 是城市用地面积（km^2）。

（3）公交车辆保有量的限制　公交车辆保有量为

$$\xi = N_R / P \tag{10-14}$$

式中，P 是城市人口数；N_R 是城市的公交车辆数（折算为标台数）。

一般情况下，要求 $\dfrac{1}{1500} \leqslant \xi \leqslant \dfrac{1}{1200}$。

10.6.3　公交系统的约束条件

（1）线路长度的限制　若线路过短，则公交企业效益不佳，乘客换乘次数增加；若线路过长，则车辆班次安排和调度有困难，工作人员容易疲劳。根据各个城市的实际情况和每个乘客的体能结构，一般将线路长度限制在 5～15km 内最为适宜，即

$$l_{\min} \leqslant l \leqslant l_{\max} \tag{10-15}$$

式中，l 是线路长度；$l_{\max}$、$l_{\min}$ 是线路长度的上、下极限（km），其中，$l_{\min}$ 按运行要求约为 5km，$l_{\max}$ 按运行要求约为 15km。

（2）线路非直线系数的限制　如果线路拐弯过多，行驶不便，也易引起道路阻塞和交通事故频发，但由于城市地理形势的实际限制，不可能所有线路都是直线。通过综合分析，线路非直线系数不宜大于 1.4。非直线系数为

$$\rho = l / d \tag{10-16}$$

式中，l 是其他形式线路的长度（km）；d 是线路起、终点站间空间直线距离（km）。

（3）乘客平均转换次数的限制　换乘要增加乘客途中耗费的时间和精力，使之感到不便，但由于经济发展的限制，不可能让每个乘客不换乘直接到达目的地。一般情况下，要求城市居民单程出行换乘次数不超过 2 次。乘客平均转换次数为

$$\gamma = \sum_{i=1}^{n} v_i / n \tag{10-17}$$

式中，n 是出行总人数；v_i 是第 i 位出行者的换乘次数。

（4）线路负载效率系数的限制　线路不同部分的负载要均匀，才能提高线路运能的利用率，降低营运成本。一般情况下，要求线路负载效率系数达到 60% 以上。线路负载效率系数为

$$\eta = \frac{1}{m} \sum_{k=1}^{m} \left\{ \frac{1}{2} (q_k L_k)^{-1} \left[\sum_{i=1}^{n-1} (q_{i,i+1} + q_{i+1,i}) l_{i,i+1} \right] \right\} \tag{10-18}$$

式中，$q_{i,i+1}$ 是第 k 条线路上第 i 个和第 $i+1$ 个站点之间两个方向的客流量；$q_{i+1,i}$ 是第 k 条线路上第 $i+1$ 个和第 i 个站点之间两个方向的客流量；$l_{i,i+1}$ 是第 k 条线路上第 i 个和第 $i+1$ 个站点之间的线路长度；q_k 是第 k 条线路上的最大流量；L_k 是第 k 条线路的长度；n 是第 k 条线路上站点的总数；m 是路网的线路条数。

（5）总步行时间的限制　步行时间是人们选择出行路线的重要因素。步行时间长，会增加出行者耗费的精力，降低方便性，因此对乘客来说总步行时间越小越好。但对公交企业来说，从降低营运成本角度来考虑，希望顾客步行保持一定的时间。根据实际情况，乘客平均步行时间应该限制在 5.14 ~ 8.44min 最佳。总步行时间为

$$S = \sum_{i=1}^{n} S_i \tag{10-19}$$

式中，n 是出行总人数；S_i 是第 i 位出行者的步行时间。

10.7　公交线网优化的数学模型

城市公共交通系统优化的建模过程是一个复杂的过程，在建立城市公共交通系统优化模型过程中，需要确定系统分析模型框架。一般来说，作为动态的和反馈的复杂系统，城市公共交通系统建模应该遵循以下原则：

1）明确建模的目的。建立城市公共交通系统模型的目的在于加深对系统内部反馈结构与其动态行为关系的研究和认识，进而改善城市公共交通系统的行为，为有关部门提供决策依据，促进城市交通的可持续发展。

2）模型的实用性问题。城市公共交通系统研究的核心目标之一是为决策者提供关于城市公共交通系统发展演变的决策信息，模型构建阶段就应考虑规划与政策相关的实施问题。

3）模型的复杂性问题。城市公共交通系统错综复杂的作用关系，不可能全部反映到模型中，应抓住主要因素和反馈回路作为真实系统的简化代表。

公交线网优化模型是整个线网优化的基础，模型的好坏将直接影响优化的效果，作为一个好的优化模型，应清晰、简洁、易于实施。但由于公交线网优化的理

论模型是一个多目标非线性规划问题，其目标和约束很多，在实际应用过程中，考虑到模型的合理性及可实施性，应对其进行简化。在简化过程中，不可忽略主要约束条件，不必要约束条件则可不予考虑；主要目标予以保留，次要目标转化为约束条件或将其并入主要目标。公交线网优化问题不存在一般意义的最优解，更不存在唯一的最优解，这是因为：①在公交线网优化中，假设条件与实际情况存在很大差别，基于解析的最优解与设计条件直接相关，具有条件敏感性；②在公交线网优化中，一般不存在单一的优化指标，而多目标优化往往导致多个最优解决方案；③对于公交线网优化这类复杂问题，由于公交系统长期行为的不可预测性，试图求解其某一最优解方案本身就是不可行的。

因此，应该接受有效解决方案的概念，而且还要接受一般情况下存在着多个有效解决方案的事实。在这种情况下，根据具体情况，建立公交线网优化的数学模型。

第11章 配送路线优化问题

配送是衔接在生产与消费之间的一项物流服务，一般是指按照客户需求（包括货物种类、数量、时间等方面），在物流中心（如配送中心、仓库、车站、港口等地）进行分货和配货的工作，并将配好的货物安全、及时地送达到交货人手中的物流活动。配送并不单纯只是运输货送货的过程，而是将"配"与"送"相结合在一起，将运输与其他工作组合在一起的。"配"主要是指配送中心的选址问题，"送"则包含了配送路线问题、多回路运输问题、旅行商问题等多种类型的问题。由于"配"的问题涉及选址、经济、环境、企业成本等因素，需要进行多方面的考虑，因此，本章不对其进行详细分析，主要针对"送"的几种问题类型进行研究。

配送路线优化问题是指：对若干个发货点和若干个收货点，组织适当的车辆、行驶线路，在满足需求量、需求时间、发货量、车辆载重等前提下，尽可能地实现配送目标，配送目标一般可以是行驶里程短、配送速度快、使用车辆少等。由于该类型问题涉及的影响因素较多，且实际情况中，城市路网复杂、情况多变、需求分布不均匀。因此，配送路线优化问题一般属于 NP – hard 问题，需要应用启发式算法来计算这类问题的满意解。

11.1 配送路线优化概述

由于在整个物流成本中，运输成本占 1/3 ~ 2/3，因而最大化地利用运输设备和人员，提高运作效率是人们关注的首要问题。货物运输在途时间的长短可以通过运输工具在一定时间内运送货物的次数和所有货物的总运输成本来反映。其中，最常见的决策问题就是，找到运输工具在公路网、铁路线、水运航道和航空线运行的最佳路线，以尽可能地缩短运输时间或运输距离，从而在运输成本降低的同时，使客户服务也得到改善。

尽管路线选择问题种类繁多，但我们可以将其归为几个基本类型：一是起讫点不同的单一路径规划；二是多起讫点的路径规划；三是巡回（起点和终点相同）路径的规划。

1. 起讫点不同的单一路径规划问题

这类运输路径规划问题可以通过特别设计的方法很好地加以解决。最简单、最直接的方法就是最短路径法（Shortest Route Method）。

最短路径法是运筹学中动态规划旅行者最短路线问题的典型方法。以图 11-1 所示的单一路径问题为例，要找到城市 A 与城市 E

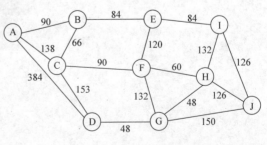

图 11-1　单一路径问题

之间行车时间最短的路线。节点之间的每条链上都标有相应的行车时间（min），节点代表公路连接处的城市 A ~ J。

上述问题为旅行者最短路线问题，是一个多阶段优化问题。为求出最短路线，一种简单的方法是可以求出所有从 A 至 E 的可能走法的路长，并加以比较，这种方法就是穷举法。可以看出，随着问题段数的增多，各段的状态也很多时，这种方法的计算量会大大增加，甚至使得求最优解成为不可能。

因此，动态规划中的最短路径法是从过程的最后一段开始，用逆序递推方法求解，逐步求出各段各点到终点 E 的最短路线，最后求得 A 点到 E 点的最短路线。上述问题的求解步骤见表 11-1。

表 11-1　最短路径法的求解步骤

步骤	直接连接到未解节点的已解节点	与其直接连接的未解节点	相关总成本	第 n 个最近节点	最小成本	最新连接
1	A	B	90	B	90	AB*
2	A	C	138	C	138	AC
	B	C	90 + 66 = 156			
3	A	D	348			
	B	E	90 + 84 = 174	E	174	BE
	C	F	138 + 90 = 228			
4	A	D	348			
	C	F	138 + 90 = 228	F	228	CF
	E	I	174 + 84 = 258			
5	A	D	348			
	C	D	138 + 156 = 294			
	E	I	174 + 84 = 258	I	258	EI*
	F	H	228 + 60 = 288			
6	A	D	348			
	C	D	138 + 156 = 294			
	F	H	228 + 60 = 288	H	288	FH
	I	J	258 + 126 = 384			
7	A	D	348			
	C	D	138 + 156 = 294	D	294	CD
	F	C	288 + 132 = 420			
	H	G	288 + 48 = 336			
	I	J	258 + 126 = 384			
8	H	J	288 + 126 = 414			
	I	J	258 + 126 = 384	J	384	IJ*

注：* 为成本最小路径。

第 1 个已解的节点就是起点或点 A，与 A 点直接连接的未解的节点有 B、C 和

D 点。第 1 步可以看到 B 点是距 A 点最近的节点，记为 AB。由于 B 点是唯一选择，所以它成为已解的节点。

随后，找出距 A 点和 B 点最近的未解的节点。只要列出距各个已解节点最近的连接点，有 A→C 和 B→C，记为第 2 步。注意从起点通过已解节点到某一节点所需的时间，应该等于到达这个已解节点的最短时间加上已解节点与未解节点之间的时间。也就是说，从 A 点经 B 点到达 C 点所需的总时间是 AB + BC，即（90 + 66）min = 156min，比较到达未解节点的总时间，最短时间是从 A 点到 C 点的 138min，这样 C 点就成为已解节点。

第 3 次迭代要找到与各已解节点直接连接的最近的未解节点。从表 11-1 可以看出，有 3 个候选点，从起点到这 3 个候选点的总时间分别为 348min、174min 和 228min。最短时间产生在连接 B→E 上，因此 E 点就是第三次送代的结果。

重复上述过程直到到达终点 J，最短路径的时间是 384min，连接各段路径，得到的最佳路径为 A→B→E→I→J。

最短路径法非常适合利用计算机进行求解。把网络中链和节点的资料都存入数据库中，选好某个起点和终点后，计算机很快就能算出最短路径。绝对的最短距离路径并不是说明穿越网络的最短时间，因为该方法没有考虑各条路线的运行质量。因此，对运行时间和距离都设定权数，才可以得出比较具有实际意义的路线。

2. 多起讫点的路径规划问题

如果有多个货源地可以服务多个目的地，那么面临的问题是，要指定各目的地的供货地，同时要找到供货地、目的地之间的最佳路径，该问题经常发生在多个供应商、工厂或仓库服务于多个客户的情况下。如果各供货地能够满足的需求数量有限，则问题会更复杂。解决这类问题常常可以运用一类特殊的线性规划算法，就是所谓的运输问题。

例如，某玻璃制造商与 3 个位于不同地点的纯碱供应商签订合同，由它们供货给 3 个工厂，条件是不超过合同所定的数量，但必须满足生产需求，其中各运输线路上每吨货物的运输费率如图 11-2 所示。这些费率是每个供应商到每个工厂之间最短路径的运输费率，供求量都以 t 为单位进行计算。

利用直达运输问题解法解决这个问题，最优货运计划如下：从供应商 A 运输 400t 到工厂 1；从供应商 B 运输 200t 到工厂 1；从供应商 B 运输 200t 到工厂 2；从供应商 B 运输 300t 到工厂 3；从供应商 C 运输 300t 到工厂 2；该运行线路计划的成本最低，为 6600 美元。

3. 巡回路径规划问题

物流管理人员经常会遇到起讫点相同的路径规划问题。在企业自己拥有运输工具时，该问题是相当普遍的。人们熟悉的例子有，从某仓库送货到零售点然后返回的路线（从中央配送中心送货到食品店或药店）；从零售店到客户配送的路线设计（商店送货上门）；校车、送报车、垃圾收集车和送餐车等的路线设计。这类路径

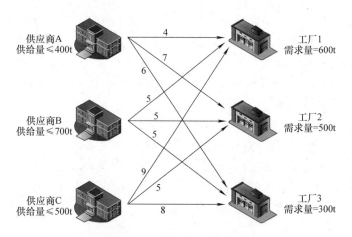

图 11-2　多起讫点路径问题

注：供应商到工厂的最佳路径的运输费率，以美元/t 为单位计算。

问题是起讫点不同的问题的扩展形式，但是由于要求车辆必须返回起点行程才结束，问题的难度有所提高。这里的目标是找出途经点的顺序，使其满足必须经过所有点，且总出行时间或总距离最短的要求。

起讫点相同的路径问题一般被称为"流动推销员"问题，人们已提出不少方法来解决这类问题。如果某个问题中包含很多个点，则要找到最优路径是不切实际的，因为许多现实问题的规模太大，即使使用最快的计算机进行计算，求最优解的时间也非常长，使用感知式和启发式求解方法是求解这类问题的好办法。

（1）各点空间相连　实际生活中，可以利用人类的认知能力很好地解决"流动推销员"问题。合理的经停路线中各条线路之间是不交叉的，并且只要有可能，路径就会呈凸形或水滴状。图 11-3 所示为合理路线与不合理路线对比。根据这两条原则，分析员可以很快画出路线规划图，而计算机可能要花许多个小时才能得出。

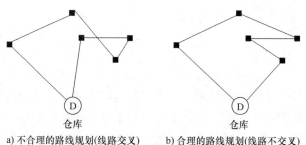

a) 不合理的路线规划(线路交叉)　　b) 合理的路线规划(线路不交叉)

图 11-3　合理路线与不合理路线对比

另外，也可以使用计算机模型来寻找进货途中经停的顺序。如果各停车点之间的空间关系并不代表实际的运行时间或距离，那么利用计算机模型方法比采用感知法要好。当途中有关卡、单行线或交通拥堵时，尤其如此。但是，尽可能明确各点的地理位置（如使用坐标点）能够减少需要采集的数据量，从而简化问题。然而，一个简单的问题可能就需要上千个距离或时间的数据，计算机的任务就是估计这些距离或时间。目前，人们已开发出的计算机程序可以迅速解决空间位置描述的问题，并得到接近于最优解的结果。

（2）空间上不相连的点的问题　如果无论是将行程中的各经停点绘制在地图上还是确定其坐标位置，都难以确立各点之间的空间关系，或者，如果各点之间的空间关系由于前文所提到的实际原因而被扭曲，则应该具体说明每对点之间的确切距离或时间。这时，感知法基本上不适用，必须借助多年来人们提出的各种数学方法来解决这类问题。虽然可以得到想要的各点间的准确距离或运行时间，但计算程序一般给出的是近似结果。

图 11-4 所示为小型配送问题，以某仓库为基地，包括 4 个经停站点。要得到点与点之间的运行时间，首先要选择最合适的路径，然后乘以运行速度就可以算出走行该距离所需的时间。假定每对站点之间往返双向的运行时间是一样的，因此该问题是对称性的。利用 STORM 中的流动推销员模块可以得到整个行程经过站点的顺序为 W→D→C→B→A→W，全程的总运行时间是 156min。

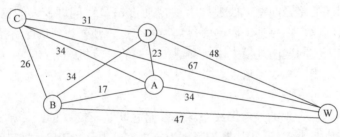

图 11-4　小型配送问题

11.2　物流配送问题

11.2.1　旅行商问题

旅行商问题（Traveling Salesman Problem，TSP），也被称为旅行推销员问题、货郎担问题，是数学领域中的著名问题之一。问题假设有一个旅行商人要拜访 n 个城市，他必须选择所要走的路径，路径的限制是每个城市只能拜访一次，而且最后要回到原来出发的城市。一般来说，这类路径选择优化的目标是要求选择的路径路程为所有路径之中的最小值。现已证明，TSP 问题是一个 NP 难题，除非 P = NP，否则不存在有效算法。

TSP 问题的基本模型可以做如下描述：

1）基本条件：有路网构成的拓扑图中，对路网赋权为 $G = (V, E)$，其中节点

的集合记为 $V = \{v_1, v_2, \cdots, v_m\}$，节点间的路线记为边的集合 E。边的集合 E 中，每条边的长度，即节点 v_i、v_j 之间的距离记为 d_{ij}。当旅行商通过节点 v_i、v_j 之间的道路时，记 $x_{ij} = 1$；不通过则记 $x_{ij} = 0$。

2）模型目标：旅行商遍历各个节点的走行距离最短。即求 $\sum x_{ij} d_{ij}$ 的最小值。

3）约束条件：因为遍历时认为任意一个城市只能拜访一次，且最后要回到原来出发的城市，所以对任意一个城市来说，达到和出发有且仅有一次，即 $\sum\limits_{j=1}^{m} x_{ij} = 1$、$\sum\limits_{i=1}^{m} x_{ij} = 1$，$x_{ij} = \{0,1\}$。

11.2.2 多旅行商问题

当 TSP 问题中的城市数 n 较大时，一个旅行商显然不能完成遍历，此时就需要增加旅行商数量，形成多旅行商问题（Multiple TSP，M – TSP）。M – TSP 就是在一个出发点，有 m 个旅行商一起出发遍历 n 个城市，此时设计受访城市的客户没有需求，车辆没有装载限制，优化目标仅仅是遍历所有客户时，总的走行里程最短。

M – TSP 问题的基本模型可以做如下描述：

1）基本条件：有 m 个旅行商的合集记为 $P = \{p_1, p_2, \cdots, p_m\}$，$n$ 个城市的合集记为 $V = \{v_1, v_2, \cdots, v_n\}$，对所有的 v_i、$v_j \in V$，此时，记城市之间距离的集合形成距离矩阵 $D_{ij} = (d_{ij})_{m \times n}$，其中对任意 i、j 均满足 $i \neq j$。当旅行商通过节点 v_i、v_j 之间的道路时，记 $x_{ij} = 1$；不通过则记 $x_{ij} = 0$。

2）模型目标：计算 m 个旅行商总的走行距离最短，即 $\sum\limits_{m} \sum\limits_{i=1, j=1, i \neq j} x_{ij} d_{ij}$。

3）约束条件：因为遍历时认为任意一个城市只能拜访一次，且最后要回到原来出发的城市，所以对任意一个城市来说，有且仅有一个旅行商，达到和出发有且仅有一次，即 $\sum\limits_{j=1}^{m} x_{ij} = 1$、$\sum\limits_{i=1}^{m} x_{ij} = 1$，$x_{ij} = \{0,1\}$。

11.2.3 多回路运输问题

多回路运输问题（Vehicle Routing Problem，VRP）是 M – TSP 问题的普遍化，当 n 个城市的需求不再是单纯的访问，而是有具体的要求，比如说是需求一定容积或一定重量的货物，这就涉及不同种类、不同型号、不同载重的车辆调度问题，此时的 M – TSP 问题就会转化成 VRP 问题。

一个典型的 VRP 问题模型可以用如下的数学语言描述：

1）基本条件：有 k 辆运输车的集合，记为 $M = \{m_1, m_2, \cdots, m_k\}$，从同一起讫点 v_0 出发，向 n 个客户运送货物，n 个客户所在地点的集合记 $N = \{v_1, v_2, \cdots, v_k\}$。

2）模型目标：计算所需车辆总数 k，并将 k 辆车辆分别分配到 t 条回路中，记回路的集合为 $L = \{l_1, l_2, \cdots, l_t\}$，同时，设计每条回路上车辆的走行路径，最终使得 k 辆运输车运输广义总费用最小（也可以是总时间或总路程最小）。

3）约束条件：配送回路的条数 t 小于或等于配送车辆的总数 k；配送车辆的总数 k 小于或等于客户数 n；每辆车所选择线路 l_t，都是起讫点均为 v_0 的闭合回路；线路 l_t 所途径的客户需求量的总和，不大于线路 l_t 上所有运输车辆的载重量的和。特殊情况下，还可以设置的约束条件包括车辆容积限制、货物运输和需求的时间窗约束以及运输规则制度约束等。

11.3　配送系统规划问题

11.3.1　配送路线和时刻表的制定原则

（1）限制条件　行车路线和时刻表的制定问题是运输路径问题的扩展形式。其中更接近实际的限制条件包括：

1）每个站点既要取一定量的货，又要送一定量的货。

2）使用多部车辆，每部车的载货重量和容积不同。

3）驾驶人的总驾驶时间达到一定上限时，就必须休息至少 8h（运输部门的安全限制）。

4）每个站点每天只允许在特定的时间内取货和/或送货（称为时间窗口）。

5）途中只有在送货后才能取货。

6）允许驾驶人每天在特定的时间休息和用餐。

这些限制条件增加了问题的复杂性，也使求解最优解成为难解问题。但是，运用制定合理路线和时刻表的原则或启发式求解法仍然可以得到该类问题比较好的解。这里要讨论的路线和时刻表问题是针对有多辆货车从仓库出发，送货到若干个站点，然后在当天返回仓库的情况。

（2）制定原则　为制定出合理行车路线和时刻表，运输调度人员往往运用以下 8 条原则：

1）安排车辆负责相互距离最接近的站点的货物运输。货车的行车路线围绕相互靠近的站点群进行计划，以使站点之间的行车时间最短。图 11-5a 所示为安排车辆装运时应避免的划分方案，图 11-5b 所示为比较合理的划分方案。

2）安排车辆各日途经的站点时，应注意使站点群更加紧凑。如果一周内各日服务的站点不同，就应该对一周内每天的路线和时刻表问题分别进行站点群划分。各日站点群的划分应避免重叠，这样可以使为所有站点提供服务所需的车辆数降至最低，同时使一周内货车运行的时间和距离最少。图 11-6 所示为线路指派方案比较。

3）从距仓库最远的站点开始设计路线。要设计出有效的路线，首先要划分出距仓库最远的站点周围的站点群，然后逐步找出仓库附近的站点群。一旦确定了最远的站点，就应该选定距该核心站点最近的一些站点形成站点群，分派载货能力能满足该站点群需要的货车。然后，从还没有分派车辆的其他站点中找出距仓库最远

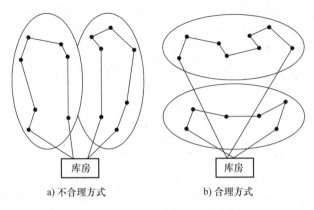

a) 不合理方式　　　　　　　　　b) 合理方式

图 11-5　划分站点群方式分派车辆

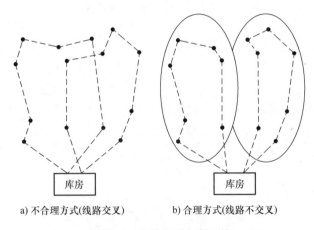

a) 不合理方式(线路交叉)　　　　b) 合理方式(线路不交叉)

图 11-6　线路指派方案比较

的站点，分派另一车辆。如此往复，直到所有的站点都分派有车辆。

4）货车的行车路线应呈水滴状。安排行车路线时各条线路之间应该没有交叉，且呈水滴状。时间窗口和送货之后才能取货的限制条件可能会造成线路交叉。

5）尽可能使用载重量最大的车辆进行运送，这样设计出的路线是最有效的。理想状况下，用一辆载重量足够大的货车运送所有站点的货物将使总的行车距离或时间最小。因此，在车辆可以实现较高的利用率时，应该首先安排车队中载重量最大的车辆。

6）取货、送货应该混合安排，不应该在完成全部送货任务之后再取货。应该尽可能在送货过程中安排取货，以减少线路交叉的次数（如果在完成所有送货任务之后再取货，就会出现线路交叉的情况）。线路交叉的程度取决于车辆的结构、取货数量和货物堆放对车辆装卸出口的影响程度。

7）对过于遥远而无法归入群落的站点，可以采用其他配送方式。那些孤立于其他站点群的站点（特别是货运量较小的站点），为其提供服务所需的运送时间较长，运送费用较高。考虑到这些站点的偏僻程度和货运量，采用小型货车进行服务可能更经济。此外，利用外租的运输服务也不失为一个很好的选择。

8）避免时间窗口过短。各站点的时间窗口过短会使行车路线偏离理想模式。因为时间窗口的限制常常不是绝对的，所以如果某个站点或某些站点的时间窗口限制导致整个路线偏离期望的模式，就应该重新协议时间窗口的限制，最好放宽该限制。

这些原则对于操作人员来说很容易掌握，他们可以从现实生活中的路线和时刻表制定问题中找到比较合理（尽管不一定是最优）的解决办法。

上述原则只是提供了合理路线设计的准则，但操作人员有时还是要处理一些在这些原则中没有考虑到，而车辆运作中可能出现的限制或例外情况（紧急订单、绕行等）。采用这些方法设计的路线和时刻表比采用其他未经仔细推敲的方法制定的计划有实质性改进。

11.3.2 配送路线和时刻表的制定方法

随着限制条件的增加，寻求行车路线和时刻表最优解的工作变得越来越困难。时间窗口、载重量和容积各不相同的车辆、驾驶人途中总驾驶时间的上限要求、不同地区对速度的不同要求、途中的障碍（湖泊、迂回的道路、山脉）、驾驶人的休息时间等都是实际路线设计中需要考虑的因素。有许多方法可以处理这类复杂的问题，本节主要介绍其中的两种方法：一种是很简单的扫描法，另一种则是较复杂、准确且处理能力较强的节约法。

1. 扫描法（The Sweep Method）

路线设计中的扫描法很简单，即使问题规模很大，也可以通过手工计算得出结果。如果利用计算机程序计算，则能够很快求出结果，所需的计算机内存也不大。对于各类问题，该方法的平均误差率预计约为 10%。如果需要很快得出结果，且只要求结果是合理的（而不是最优的），那么该误差水平还是可以接受的。实际上，调度员常常要在接到有关站点和各站点货运量的最新数据后一小时内设计出路线。该方法的缺陷与路线构成的方式有关，可以将求解过程分为两步：第一步是分派车辆服务的站点，第二步是决定行车路线。因为整个过程分成两步，所以对在途总运行时间和时间窗口等时间问题处理得不好。

扫描法可阐述如下：

1）在地图或方格图中确定所有站点（含仓库）的位置。

2）自仓库开始，沿任意方向向外画一条直线。沿顺时针或逆时针方向旋转该直线，直到与某站点相交。考虑在某线路上增加该站点，观察是否会超过车辆的载货能力。如果没有超过，则继续旋转直线，直到与下一个站点相交。再次计算累计货运量是否超过车辆的运载能力（先使用载重量最大的车辆）。如果超过，就剔除最后的那个站点，并确定路线。随后，从不包含在上一条路线中的站点开始，继续旋转直线以寻找新路线，直到所有的站点都被安排到路线中。

3）排定各路线上每个站点的顺序，使行车距离最短。排序时可以使用"水滴"法或求解"流动推销员"问题的任何算法。图 11-7 所示就是某个扫描法的具体示例。

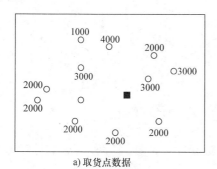 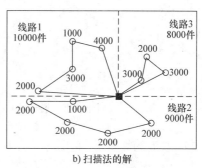

a) 取货点数据　　　　　　　　　　b) 扫描法的解

图 11-7 扫描法示例

2. 节约法（The Savings Method）

节约法是一种颇为出色的方法，它能够灵活处理许多现实中的约束条件，对站点数量不太多的问题能较快算出结果，且结果与最优解很接近。对仅有几个约束条件的小型问题，比较研究显示，利用节约法得到的结果平均只比最优解高 2%，该方法能够处理有众多约束条件的实际问题，主要因为它可以同时确定路线经过各站点的顺序。

节约法的目标是使所有车辆行驶的总里程最短，并进而使为所有站点提供服务的货车数量最少。该方法首先假设每一个站点都有一辆虚拟的货车提供服务，随后返回仓库，如图 11-8a 所示，这时的路线里程是最长的，等于 $d_{oa} + d_{ao} + d_{ob} + d_{bo}$。下一步，将两个站点合并到同一条行车路线上，如图 b 所示，合并后的线路里程等于 $d_{oa} + d_{ab} + d_{bo}$。这样做不仅减少一辆运输车，而且也相应地缩短了路线里程。在决定哪些站点要合并到一条路线时，需要计算合并前后节约的运输距离。由与其他任何点不在一条运输路线上的两点（a 和 b）合并所节约的距离就是图 11-8a 中路线的里程减去图 11-8b 中路线的里程，节约值为 $S = d_{ao} + d_{ob} - d_{ab}$。

继续合并过程。除了将单个站点合并在一起外，还可以将某站点并入已经包含多个站点的路线上。如图 11-8c 所示，假如将某站点 c 并入位于同一路线上两点 a 和 b 之间，原路线距离为 $d_{oa} + d_{ab} + d_{bo} + d_{oc} + d_{co}$，则节约的距离为 $S = d_{oc} + d_{co} + d_{ab} - d_{ac} - d_{cb}$。如果如图 11-8d 所示，将站点 c 排在线路最后一站 b 之后，则节约的距离为 $S = d_{bo} - d_{bc} + d_{oc}$。相反，如图 11-8e 所示，如果将点 c 排在站点 a 之前，则节约的距离为 $S = d_{co} - d_{ca} + d_{ao}$。每次合并时都要计算所节约距离，节约距离最多的站点就应该纳入现有路线。假如由于某些约束条件（如路线太长，无法满足时间窗口的要求，或者超过车辆的承载能力），节约距离最多的站点不能并入该路

217

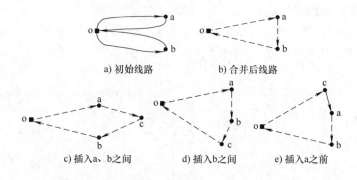

c) 插入a、b之间　　　　　d) 插入b之间　　　　　e) 插入a之前

图11-8　通过站点合并减少的行车距离

线，就要考虑节约距离次多的站点。重复该过程，直到所有站点的路线设计都完成。

　　节约法强大的处理能力使它能够包含实际应用中许多重要的约束条件，该方法可以在指定各路线途经站点的同时确定站点的先后顺序。因此，在将站点归入某条路线之前，应该预先考察加入新站点后路线的情况。此外，还要考虑一系列有关路线规划的问题，如行车时间是否超过允许的最长驾驶时间，是否满足驾驶人休息时间的要求，是否有足够载运量的车辆装载所有的货物，各站点时间窗口的要求是否满足等。不满足这些条件可能导致该站点不能并入这条路线，或者说明该站点在新路线中的排列顺序不当。接着就要按照最大节约值原则选取下一个站点，重复考虑上述问题。因为扩展问题的难度较大，节约法不能保证将得到最优解，但能够获得合理解。

11.4　节约里程法的路线优化

11.4.1　节约里程法的适用条件

　　根据节约里程法的基本原理和基本思想，可以得到运用节约里程法进行配送路线优化的基本条件：

　　1）货物可以混装，因配送车辆一次服务的需求点可能有多个，所以配送的货物性质不能相互排斥，以便货物能够装载在同一车辆上进行配送。

　　2）各需求点的位置已知，且固定不变。

　　3）各需求点的需求量已知，或者可以通过一定的方法进行测定。

　　4）配送中心拥有足够数量的车辆，已完成所有需求点的配送任务。

　　5）配送车辆的载重量和配送时间可以满足需求点需求，不具有时间限制的配送货物。

11.4.2 节约里程法的应用步骤

按照节约里程法的基本思想，在实际配送情况的约束下，配送车辆在走行时，应该尽可能满载，以节约总配送里程。具体步骤如下：

1）最小距离测定。测定配送中心 P 分别到各需求点之间的最小距离。

2）生成初始解。在配送车辆最大载重量及最大容积、节点需求量、到货时间要求等约束下，根据步骤 1 计算得出的最短路径，从 P 点出发，对需求点逐一进行配送，得到配送路线的总里程，以形成初始路线。

3）计算节约里程。即计算运用节约里程法之后，配送车辆由分别向任意两个目标点 i 和 j 的配送转变为由同一车辆先后服务 i 和 j 点，所节约的路线总里程。具体为 P 与目标点 i 和 j 两点的最短路径之和减去两需求点之间的最短距离，用 d_{ij} 表示。

4）对节约里程进行排序。按照步骤 3 计算出的节约里程，对节约里程的数值按照降序进行排列，同等数值并列排序，即可得出配送节约里程排序表。考虑表格中最大元素 $\max d_{ij}$，对应点 i 和 j。

5）进行配送回路合并，从而得到优化方案。在节约里程排序表中按照从大到小的顺序，依次找出该节约里程所对应的需求点 i 和 j，根据配送车辆的最大载重、容积等限制条件，对 i 和 j 两个需求点是否能够使用同一车辆进行配送，并连接 i 和 j 两点形成配送回路。若某个配送回路从 P 点出发，依次经过 i 和 j 两点，最后返回 P 点，并且配送这一回路的车辆最大载重量可以满足 i 和 j 的需求量等限制条件，则合并该回路，删除原路线中 P 和 i 两个点的连接、j 和 P 两个点的连接，然后引入新的连接 (i, j)，得到新的回路 $(P, \cdots, i, j, \cdots, P)$，不断重复此过程，直至没有可以合并的回路，从而得出优化方案。

6）确定最优方案。不断重复步骤 5，并对每一个经优化后的方案进行比较，直至没有更加优化的方案，则可以得出最终优化方案。

11.4.3 节约里程法实例

以图 11-9 所示的配送网络图为例，P_0 为仓库，$P_1 \sim P_6$ 为配送点，配送车辆最大载重为 5t，运用节约里程法求解最优配送路线。

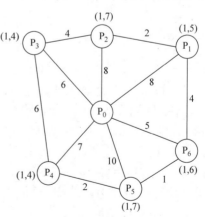

图 11-9 配送网络图

解：先优化配送路线，计算节约里程数。

1）根据运输里程表（表 11-2），按节约里程公式，求出相应的节约里程数，见表 11-3 括号内数字所示。

表 11-2 运输里程表

需要量/t	P0					
1.5	8	P1				
1.7	8	2	P2			
1.9	6	3	4	P3		
1.4	7	5	9	5	P4	
1.7	10	6	8	6	2	P5
1.6	5	4	7	8	3	1	P6

表 11-3 节约里程数

需要量/t	P0					
1.5	8	P1				
1.7	8	2 (14)	P2			
1.9	6	3 (11)	4 (10)	P3		
1.4	7	5 (10)	9 (6)	5 (8)	P4	
1.7	10	6 (12)	8 (10)	6 (10)	2 (15)	P5
1.6	5	4 (9)	7 (6)	8 (3)	3 (9)	1 (14)	P6

2）按节约里程数大小的顺序排序，见表 11-4。

表 11-4 节约里程数排序

序号	路线	节约里程/km	序号	路线	节约里程/km
1	P4P5	15	9	P3P5	10
2	P5P6	14	10	P1P6	9
3	P1P2	14	11	P4P6	9
4	P1P5	12	12	P3P4	8
5	P1P3	11	13	P2P4	6
6	P1P4	10	14	P2P6	6
7	P2P3	10	15	P3P6	3
8	P2P5	10			

3）按节约里程数大小，组成配送路线图（图 11-10）。配送路线如下：

$P_3 - P_4 - P_5$ 组成共同配送，节约里程 $15 + 10 = 25km$，配送重量 $1.9 + 1.4 + 1.7 = 5t$，使用一辆 5t 车；$P_1 - P_2 - P_6$ 组成共同配送，节约里程 $14 + 9 = 23km$，配送重量 $1.5 + 1.6 + 1.7 = 4.8t$，使用一辆 5t 车。

优化后的配送线路，共节约里程为 $\Delta S = 25 + 23 = 48km$。

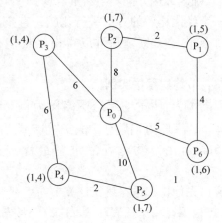

图 11-10 优化后配送方案

第 12 章 城市公共交通系统综合评价问题

城市公共交通是城市基础设施的重要组成部分，关系到国民日常出行和生活。近年来，随着我国的社会进步与经济发展，以及城市机动车数量和居民出行次数的增加，城市交通拥堵问题日益突出。对于城市公共交通系统这样一个大而复杂的系统而言，如何进行公交线网规划方案和公交运营调度方案的评价，往往缺乏一个系统全面的标准，而且相应的城市公共交通评价软件系统也很少。

城市公共交通系统评价是将现有公共交通系统布局进行综合研究，分析其特点，评价其布局的合理性，总结其布局的经验和教训，为今后公共交通系统的调整优化提供科学合理的依据。在评价城市公共交通系统时，必须采取多目标原则，对影响城市公共交通系统的各个方面进行定量计算和定性分析，确定评价准则和方法，然后综合研究整个城市公共交通系统发展的总体水平。

12.1　城市公共交通系统概述

城市公共交通是城市中供公众使用的经济型、方便型的各种客运交通方式的总称，其系统的组成如图 12-1 所示。

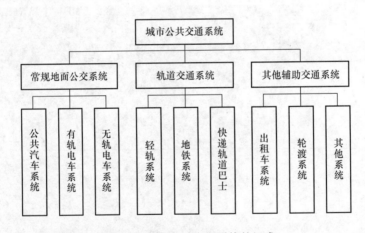

图 12-1　城市公共交通系统的组成

作为运营管理者，城市公共交通系统可分为 4 个主要的子系统：①公共交通运输方式；②公共交通设施；③公共交通规划；④公共交通运营管理。

在研究和调查的范围内，公共交通问题应该包括以下几方面：①城市形态与交通系统之间相互促进、相互制约的关系；②城市密度和布局对交通的影响；③城市居民出行特性分析；④公共交通线网结构分析。

对于不同发展阶段、不同发展模式的城市，公共交通发展水平也不相同，城市交通特性及影响因素种类也有区别，因此要根据不同的城市规模确定不同的公共交通系统的评价范围。城市公共交通系统规模级别划分标准见表 12-1。

表 12-1　城市公共交通系统规模级别划分标准

城市公共交通系统规模级别	划分标准		备注
	城市规模	市区国民生产总值（亿元）	
一类公共交通系统	一类城市	≥5000	
二类公共交通系统	一类城市	<5000	1. 城市市区人口指工作生活在城区以内的人口，不含郊区农业人口 2. 市区国民生产总值不含市辖县国民生产总值
	二类城市	≥2000	
三类公共交通系统	二类城市	<2000	
	三类城市	≥500	
四类公共交通系统	三类城市	<500	
	四类城市	≥100	
五类公共交通系统	四类城市	<100	
	五类城市		

我国大部分城市公共交通系统发展存在下面几个方面问题：

1）从技术性能方面看：线网布局结构不合理、线路太长、重复率高、便捷性差以及配车调度不合理等。企业营运管理方式不合理，导致营运效率低于个体交通；公交场站分布不合理，交通枢纽与城市组团之间的换乘场站缺乏，居住区内部及市中心人流聚集区的公交首末站设置不够，高峰时间经过线路疏散人流作用不大，同时车辆维修补给站场的设置不合理。

2）从服务水平方面看：公交服务水平低下，除内部原因外，道路网络不完善、低通行能力的道路交通综合体系、混合交通严重阻碍了公共交通的运行和发展；公共交通信息发布过于薄弱，不能及时反映公交运行状态和调度情况，造成信息的严重不对称；公交发展过程中民众参与程度太低。

3）从发展水平方面看：公交发展模式不能适应公交潜力的发展，而现实的背景又不能提供有力的革新支撑，从而导致公交的发展无法突破现有的瓶颈以进入一个良性发展阶段。

4）从管理水平方面看：对于交通出行量的关注度过高，而没有注意到如何在出行过程中解决一些出行的问题；公交发展规模、公交设施建设及公交运营管理之间相互冲突、秩序紊乱的现象经常发生，公交规划往往因为部门利益的冲突而落实不到实处。

12.2　城市公共交通系统综合评价的目的与原则

城市公共交通是未来我国大城市客运交通结构中的主体，在城市交通系统中占有举足轻重的地位，但同时城市公共交通系统也处于社会经济大系统之中，它与周围的环境相互联系、相互依存又相互排斥。城市公共交通系统发展滞后，必然会刺激私人交通工具的增长，加重城市交通负担，造成城市交通的拥挤，降低城市的运转效率；城市公共交通系统发展过度超前，则会造成城市土地、道路、车辆资源的浪费，增加公交企业的运营成本，不利于公交的持续发展。因此，城市公共交通系统的评价是城市交通系统规划的基础，在充分研究公共交通系统中存在的问题和发展特点的基础上，才能全面、系统地确定城市未来交通发展的基本思路、发展方向和规划目标等，才能进一步改善和优化城市交通条件，促进城市和社会经济的全面发展。

12.2.1 评价的目的

评价不等于决策，而是辅助决策的一个必备手段。评价为决策过程的参与者进行决策提供现实依据和度量准绳。为了帮助决策的指定，评价工作应阐明所用的假设和前提，规定评价分析的范围和可信度。科学的评价分析不仅要依靠科学的评价方法和指标，更需要可信的数据资料。在明确了评价指标体系和评价方法以后，数据资料的收集工作应与之相适应。城市公共交通系统的评价是一项综合性、社会性很强的工作，城市公共交通系统评价的目的如下：

1）在充分了解当前城市公共交通系统中存在的问题和发展特点的基础上，全面、系统地确定城市未来公共交通发展的基本思路、发展方向和规划目标等，进一步改善和优化城市交通条件，体现公共交通优先发展的思想。

2）对公共交通现有规模及布局、与城市发展需求的适应性、公交线网的性能和乘客满意度等做出定性和定量分析，为今后城市公共交通的建设发展提供决策依据。对城市公共交通系统的评价应该以乘客利益和公交企业的效益为主要目的。

3）通过分析评估乘客和公交企业二者的受益情况，来衡量城市公交网络的现状，发现现存的主要问题，并找出解决问题的有效途径。

12.2.2 评价的原则

由于城市公共交通与经济发展、居民生活之间的密切关系，城市公共交通的建设不仅要尽量满足经济发展和生活质量提高的要求，还要充分发挥对经济发展、城市化和居民生活方式的引导作用，变追随型为引导型。城市公共交通系统的评价应遵循如下原则：

1）交通需求最小化。通过对城市公共交通系统的综合评价，使城市布局和线网规划更加科学、合理，使得维持城市与社会的运作和发展所需的交通需求最小。

2）服务水平最佳化。服务水平是公交得以长足发展的必要条件，也是人们出行的终极期待，这种期待不仅体现在车辆的舒适性、换乘的便利性、道路的通畅性和设施的完备性能够达到整体的统一，还体现在公共交通服务提供者能在多大程度上满足大众日常出行的需要。因此，城市公共交通系统应能够使各种交通需求得到最大限度的满足，使整个公共交通系统以安全、准点、运量大、运效高的方式运行。

3）能源占用最小化。城市公共交通发展的过程就是一个能源消耗的过程。如何在有限的能源情况下进行无限的公共交通资源利用，这就要求交通的发展必须与能源利用结合起来，走相互协作的道路。通过对城市公共交通系统的综合评价，使城市公共交通系统的能耗最小化、效率最大化。能源最小化主要包括城市单位产值的交通能耗最低，城市公共交通系统对土地、人力资源等占用最低。

4）环境影响最小化。公共交通系统的规划建设和发展必须有利于环境的改善。只有在大力发展公共交通的同时又不影响环境，这种发展才是可持续发展，才能为城市的发展提供更为宽广的绿色空间，所以通过综合评价，使城市公共交通对人的生存环境和活动的影响及干扰最小，特别是城市公共交通系统对环境的污染要达到最小化温室效应。

5）运营费用最小化。通过对城市公共交通系统的综合评价，使城市公共交通系统的建设、维护使用和管理费用最低，要达到城市公共交通系统的成本最小化、效益最大化，促进城市交通的可持续发展。

6）技术管理智能化。虽然公交的发展不仅仅是一个技术问题，但技术的发展将在很大程度上决定公交发展的前景，只有先进的技术和先进的管理水平才能实现先进的公交发展。

12.3 城市公共交通系统综合评价体系

城市公共交通系统评价指标体系是描述、评价城市公共交通系统的重要依据。建立城市公共交通系统评价指标体系是为城市公共交通系统的优化调控服务的，是综合评价城市公共交通可持续发展的现状和能力的重要依据。作为评价体系，它能够衡量一个城市公共交通系统不同时期交通发展程度的变化，同时，也能够评价同一时期不同城市公共交通系统发展水平的差异。此外，它还可以分析城市交通问题的关键症结和严重程度，以提出对症下药的治理方案。作为引导体系，它帮助交通规划、建设、管理等相关部门建立系统工程的概念以及解决城市交通问题的总体思路，给出解决城市交通问题的总体框架和城市交通管理的发展前景，引导城市交通管理的科学化、现代化进程，进而引导可持续发展的城市公共交通系统的建立。

目前国内外建立指标体系有以下几种方法，即范围法、目标法、部门法、问题法、因果法、复合法、分析法、专家咨询法等。这些方法都有各自的优势和使用范围，本节将采用目标法和分析法建立城市公共交通系统评价指标体系。

首先采用目标法确定城市公共交通系统综合评价为评价系统的目标，即评价体系的目标层。然后采用分析法将度量目标划分成若干部分（即准则层指标），并逐步细分为评价因数（即领域层指标，包括政府效益、公交企业效益、出行者效益三个部分），直到每一个评价因数都可以用具体的单项评价指标来描述和实现。同时，考虑到城市公共交通系统综合评价体系的多层次性和多目标性，需请交通领域的各专家指导和筛选各层指标。最后结合专家意见，对初选的指标体系进行科学性测验。不仅要对每个指标的可行性和正确性进行检测，同时还要通过定性分析判断指标体系是否全面地、毫无遗漏地反映最初描述的评价目的和任务。其中，可行性是指该指标的数值能否获得，那些无法或很难取得准确资料的指标是不可行的；正确性是指指标的计算方法、计算范围以及计算内容应该正确。

12.3.1 评价指标的设置原则

在评价城市公共交通系统时，必须采取多目标原则，对影响城市公共交通系统发展水平的各个方面进行定量计算和定性分析，确定评价标准和方法，然后综合评价整个城市公共交通系统发展的总体水平。因此在选取城市公共交通系统评价指标时，必须遵循一定的原则，充分表述城市公共交通系统的内涵和特征。综合国内外学者有关城市公共交通系统评价指标体系的研究成果，建立切实可行、有利于城市公共交通系统评价的指标体系应遵循以下原则：

1）科学性原则。城市公共交通系统评价指标体系中指标的选择、指标权重和量度的确定、数据的采集和处理必须以科学的理论准则为依据。反映指标的数据来源要可靠、具有准确性，处理方法具有科学依据，城市公共交通系统指标目的清楚、定义准确、能够量化处理。

2）可比性原则。城市公共交通系统评价指标体系的设计要求各项指标尽可能采用国际上通用的名称、概念和计算方法使之具备必要的可比性，以便同类城市公共交通系统可进行互相比较。此外，具体评价指标也应该具有某种时间上的可比性，从而对城市的公共交通系统进行动态分析和评价。

3）可操作性原则。城市公共交通系统评价指标体系应是简易性和复杂性的统一，要充分考虑数据取得和指标量化的难易程度。城市公共交通系统评价指标体系的结构要尽可能简单，具体指标要通俗易懂，这样才能易于被公众接受。

4）系统性原则。城市公共交通系统涉及经济发展、社会发展、环境和资源等方面，包括城市管理与服务等方面的现代化、基础设施建设、管理与服务等，共同构成城市公共交通系统有机整体。无论哪个环节滞后，都会影响城市公共交通发展的进程。因此，确定城市公共交通评价指标时应有系统观念。

5）代表性原则。城市公共交通系统评价是一个系统概念，包括许多方面，但作为衡量城市公共交通系统的指标体系，不可能也没必要将所有涉及的因素都作为衡量指标，应根据实际情况选取有代表性的指标构成城市公共交通系统评价指标体系。

12.3.2 评价指标的设置功能

一个科学、客观的城市公共交通系统评价指标体系有助于了解城市交通发展现状，有助于制定城市交通发展规划、有助于提供分析和预测模型的基本数据和对城市交通发展进行监测和解释。概括起来，城市公共交通评价指标体系有以下三大功能：

1）评价功能。城市公共交通评价指标体系可以度量城市公共交通发展目标实现的进展状况，通过比较研究，可以针对不同城市公共交通发展的进程，对照相关标准做出适当的判断和评价。这样可以监测各个城市公共交通发展的进展情况，以便及时发现问题、解决问题。

2）规划功能。城市公共交通评价指标体系根据已经占有的基本数据资料，在对过去和现在进行分析的基础上，探讨城市公共交通的发展变化规律，从而对未来可能发生的变化趋势做出预测，为制定规划、政策提供依据。

3）导向功能。根据城市公共交通评价指标体系对每个城市公共交通的发展水平进行描述、评价后，可以了解城市公共交通在现代化进程中的优势和薄弱环节，可以从纵、横两个方面发现发展的差距，从而挖掘自身发展的潜力。这样就可以明确哪些该坚持、哪些该完善、哪些该克服，为城市公共交通现代化指明了方向，对政府有关部门的决算起指导作用。

12.3.3 评价指标体系的确定

从认识论的角度看，要认识一个事物尤其是复杂事物时，一项指标的作用是非常有限的，因为每项指标仅能反映事物及其发展的某一侧面。因此，若要全面了解和研究客观事物，就不能仅靠单项指标来了解情况和做出判断，而是要使用一套能从各个角度表征该事物的指标群。同时，反映客观事物的多项指标不是孤立的，而是在一定范围内或条件下相互联系的。若干个相互联系的指标所构成的有机体，就是指标体系。

对于一个城市公共交通系统，人们首先需要了解它，然后在此基础上进一步评价它的优劣。而了解和评价城市公共交通系统是通过表征城市公共交通系统状态与性质的指标以及由其构成的指标体系来实现的。城市公共交通系统本身是一个庞大而复杂的系统，对其建立一个完整、精确统一的评价指标体系具有相当的复杂性和困难度。本章是对城市公共交通系统评价指标体系的初步研究，目的是确定城市公共交通系统指标体系研究的基本框架，并为城市公共交通系统优化提供一定的依据与准则。

本小节在参考大量国内外公交优化及评价方面的资料与文献，以及对目前国内外公共交通系统评价现状有了一定了解的基础之上，通过调查分析，依据评价指标的选取原则，从网络技术性能、经济效益水平、公交服务水平、可持续发展水平四个方面来构造城市公共交通系统评价指标体系。

（1）公交网络技术性能的评价指标体系　城市公共交通系统的技术评价是指从公共交通系统的技术性能方面来分析公共交通系统的内部结构及功能的合理性，为公共交通系统的优化和决策提供技术依据。从根本上讲，公共交通系统的社会效益和公交企业的经济效益如何，首先取决于公共交通系统的技术性能。因此，城市公共交通系统的网络技术性能评价是城市公共交通系统评价中不可缺少的重要组成部分之一。城市公共交通系统的网络技术性能评价主要是从网络结构、系统容量、运行质量、服务质量等方面对城市公共交通系统进行综合评价。本节在综合分析国内外城市公共交通现状的基础上，依据评价指标的选取原则和设置功能，利用主成分分析法，得到公交网络技术性能的评价指标体系见表12-2。

表12-2　公交网络技术性能的评价指标体系

目标层	指标层		指标含义
网络技术性能 u_1	u_{11}	公交线网密度	反映居民接近公交线路的程度
	u_{12}	公交线路重复系数	反映公交线路运力的浪费程度
	u_{13}	非直线系数	反映公交线路的绕行情况
	u_{14}	公交站点服务率	反映公交服务能力的程度
	u_{15}	公交线网效率	反映城市公交客运实际能力的一个重要指标
	u_{16}	公交线路客运能力	反映公交服务为社会提供的载客能力
	u_{17}	运营速度	反映公交车辆运送乘客的快慢程度

（2）经济效益水平的评价指标体系　城市公共交通系统应当是在快捷、方便、舒适、经济中实现人移动的经营活动，并达到经济效益、社会效益和环境效益的统一，以适应市场经济体制的建立和改革与发展的进程。虽然公交企业有一定的财政拨款，但其主要资金来源仍靠业务收入。特别是处于市场经济中的公交企业，讲求经济效益尤为重要。公交企业的经济效益评价主要从企业的设施和人力资源的运用效果及运营效果来研究。公交运营效果指公交企业为社会完成的运输产量与质量效果以及为企业完成的运输经济效果。本节在综合分析国内外城市公共交通现状的基础上，依据评价指标的选取原则和设置功能，利用主成分分析法，得到经济效益水平的评价指标体系见表12-3。

表12-3　经济效益水平的评价指标体系

目标层	指标层		指标含义
经济效益水平 u_2	u_{21}	百车千米成本	反映公交线路的运营效益优劣程度
	u_{22}	完好车率	反映公交营运现状的指标
	u_{23}	全员劳动生产率	反映公交线路的经济效益好坏程度
	u_{24}	居民年乘公交车次数	反映公交的利用程度
	u_{25}	平均车日行程	反映车辆实际运送乘客的快慢程度
	u_{26}	公交企业收益率	反映公交企业生产运营的综合指标
	u_{27}	里程利用率	反映车辆总行程的有效利用程度
	u_{28}	公交车辆拥有率	反映公交发展水平和交通结构状况的指标

（3）公交服务水平的评价指标体系　城市公共交通是城市公益事业，是城市文明建设的窗口，服务水平的好与差，直接关系到社会的政治、经济、社会秩序的正常和稳定，关系到城市的声誉和形象。公共交通的主体是城市居民，对于乘客来说是否选择公交为出行交通工具的关键在于其所提供的服务是否能满足他们的需求，因此公交系统的服务水平是评价的主要方面。本节在综合分析国内外城市公共交通现状的基础上，依据评价指标的选取原则和设置功能，利用主成分分析法，得到公交服务水平的评价指标体系见表12-4。

表 12-4　公交服务水平的评价指标体系

目标层	指标层		指标含义
公交服务水平 u_3	u_{31}	万车事故率	反映城市交通安全的情况
	u_{32}	乘客出行平均时耗	反映城市居民出行的快捷性
	u_{33}	行车准点率	反映公交车辆正点运行的程度
	u_{34}	客运费率	反映乘客对公交客运票价的承受能力
	u_{35}	乘客平均换乘系数	反映乘车方便程度
	u_{36}	全天线路满载率	反映运营车辆全天载运乘客的平均满载程度
	u_{37}	安全运行间隔里程	反映公交运营过程中的安全状态
	u_{38}	高峰满载率	反映公交车辆内的拥挤程度

（4）可持续发展水平的评价指标体系　城市公共交通系统可持续发展就是以先进的科学技术为基础，在资源合理利用和生态环境保护的指导思想下，提高公共交通系统利用效率和服务水平，在经济合理地满足当前社会发展需求的同时为整个社会的可持续发展提供保证。可持续发展的城市公共交通就是在促进交通系统建设与发展的同时，重视对城市生态环境的保护和资源的优化利用；在重视交通系统建设的同时，重视交通设施利用效率的提高；交通系统在满足近期要求的同时，要符合城市社会、经济、生态环境综合系统可持续发展的整体要求。

城市公共交通系统可持续发展是公共交通系统效率、资源环境和价值观念的统一，其中公共交通系统效率是核心，资源合理利用与环境保护是基础。本节在综合分析国内外城市公共交通现状的基础上，依据评价指标的选取原则和设置功能，利用主成分分析法，得到可持续发展水平的评价指标体系见表 12-5。

表 12-5　可持续发展水平的评价指标体系

目标层	指标层		指标含义
可持续发展水平 u_4	u_{41}	土地利用吻合程度	反映公交规划与城市总体规划的吻合程度
	u_{42}	公交车辆更新率	反映保证公共交通安全的主要措施
	u_{43}	公共交通分担率	反映公交优化发展程度
	u_{44}	人均公交道路面积	反映公交道路对城市土地的占有情况
	u_{45}	公交道路环境污染系数	反映公交系统对环境的污染程度
	u_{46}	公交能源消耗系数	反映公交系统对能源的消耗程度
	u_{47}	交通时空资源消耗指数	反映城市公交道路时空资源利用的效率

（5）城市公共交通系统综合评价指标体系　按照系统工程学的观点，系统是按一定的秩序和内部联系组合成的整体。因此，城市公共交通系统的评价指标体系不但要独立反映城市公共交通系统的某一具体方面的特征，而且还要与公交网络其他因素相联系。本节依据系统工程学的基本思想以及建立指标体系应该遵循的基本原则，在借鉴国内外相关研究成果的基础上，设计出新型的城市公共交通系统综合评价的指标体系，这一体系包括 4 个层次 30 个具体指标（表 12-2 ~ 表 12-5）。

12.3.4　评价指标体系的校验

用于反映城市公共交通系统这一客观系统的指标群就构成了城市公共交通系统的评价指标体系。城市公共交通系统的评价是一项复杂性、综合性和系统性很强的工作，而且评价指标种类繁多，指标性质各异且相互影响。为了使城市公共交通系统的评价结果科学化和合理化，依据强弱检验原理，利用科学性原则、可比性原则、操作性原则、系统性原则和代表性原则对本节建立的城市公共交通系统评价指标体系进行强弱检验。

参照国内外有关研究成果和咨询有关专家的意见，本小节设计了三个等级强弱标准来描述每个评价指标在每一筛选原则（科学性原则、可比性原则、操作性原则、系统性原则和代表性原则）下的实用性程度。以"＋"和"－"分别表示在每一筛选原则内，城市公共交通系统的30个评价指标在每一筛选原则中的强弱差别，检验结果见表12-6。

表 12-6　评价指标强弱检验

评价指标		科学性	可比性	操作性	系统性	代表性
u_{11}	公交线网密度	＋＋＋	＋－－	＋＋－	＋＋＋	＋＋＋
u_{12}	公交线路重复系数	＋＋＋	＋＋＋	＋＋＋	＋＋＋	＋＋＋
u_{13}	非直线系数	＋＋－	＋＋－	＋＋－	＋＋＋	＋＋＋
u_{14}	公交站点服务率	＋＋－	＋＋－	＋＋＋	＋＋－	＋＋＋
u_{15}	公交线网效率	＋＋＋	＋＋－	＋＋＋	＋＋－	＋＋－
u_{16}	公交线路客运能力	＋＋－	＋＋－	＋＋＋	＋＋－	＋＋＋
u_{17}	运营速度	＋＋＋	＋＋－	＋＋＋	＋＋－	＋＋－
u_{21}	百车千米成本	＋＋＋	＋＋－	＋＋－	＋＋－	＋＋－
u_{22}	完好车率	＋＋－	＋＋－	＋＋－	＋＋－	＋＋－
u_{23}	全员劳动生产率	＋＋－	＋＋－	＋＋＋	＋＋－	＋＋－
u_{24}	居民年乘公交车次数	＋＋＋	＋＋－	＋＋＋	＋＋＋	＋＋－
u_{25}	平均车日行程	＋＋－	＋＋－	＋＋－	＋＋－	＋＋－
u_{26}	公交企业收益率	＋＋－	＋＋－	＋＋－	＋＋－	＋＋－
u_{27}	里程利用率	＋＋－	＋－－	＋＋－	＋＋－	＋＋－
u_{28}	公交车辆拥有率	＋－－	＋＋－	＋＋－	＋＋＋	＋＋－
u_{31}	万车事故率	＋＋＋	＋＋－	＋＋－	＋＋＋	＋＋＋
u_{32}	乘客出行平均时耗	＋＋＋	＋＋－	＋＋＋	＋＋＋	＋＋＋
u_{33}	行车准点率	＋＋－	＋－－	＋＋－	＋＋－	＋＋－
u_{34}	客运费率	＋＋－	＋＋－	＋＋－	＋＋－	＋＋－
u_{35}	乘客平均换乘系数	＋＋－	＋＋－	＋＋＋	＋＋－	＋＋＋
u_{36}	全天线路满载率	＋＋－	＋＋＋	＋＋－	＋＋－	＋＋＋
u_{37}	安全运行间隔里程	＋＋－	＋＋－	＋＋＋	＋＋＋	＋＋－
u_{38}	高峰满载率	＋＋－	＋＋＋	＋＋＋	＋＋－	＋＋＋
u_{41}	土地利用吻合程度	＋－－	＋－－	＋＋－	＋＋－	＋＋－

（续）

评价指标		科学性	可比性	操作性	系统性	代表性
u_{42}	公交车辆更新率	+ + -	+ - -	+ + +	+ + -	+ - -
u_{43}	公共交通分担率	+ + -	+ + +	+ + -	+ + -	+ + +
u_{44}	人均公交道路面积	+ + -	+ + -	+ - -	+ + -	+ + -
u_{45}	公交道路环境污染系数	+ + -	+ + -	+ + -	+ + -	+ + -
u_{46}	公交能源消耗系数	+ + -	+ + -	+ + -	+ + -	+ + -
u_{47}	交通时空资源消耗指数	+ + +	+ - -	+ - -	+ + -	+ - -

12.4　综合评价体系的权重设计

为了解决多指标之间的矛盾性（主要指各指标的重要性），本节引入权（weight）这一概念。权是指标重要性的量度，即衡量指标重要性的手段。权这一概念包含并反映下列几种重要因素：①决策人对指标的重视程度；②各指标属性值的差异程度；③各指标属性值的可靠程度。权应当综合反映三种因素的作用，而且通过权，可以利用各种方法将多目标决策问题化为单目标问题进行求解。

权是指标重要性的数量化表示。如何确定权值，是城市公共交通系统综合评价的核心问题。一般来说，赋权方法可分为主观赋权法和客观赋权法两大类，后来从这两类赋权法中又派生出了一类综合集成赋权法。

12.4.1　主观赋权法

客观现实中的城市公共交通系统在运行过程中或受环境的影响，或受评价者的主观愿望的影响而呈现出不同方面的特征，这就给确定权重系数带来了困难。因而在很多场合下，往往是通过主观途径来确定权重系数，即根据人们主观上对各城市公共交通系统评价指标的重视程度来确定其权重系数的一类方法——主观赋权法。它主要是通过专家咨询综合量化确定指标权数，有代表性的如德尔菲法、功效系数法和层次分析法等。

12.4.2　客观赋权法

由主观赋权法确定出的权重系数真实与否，在很大程度上取决于专家的知识、经验及偏好。为了避免在确定权重系数时受人为的干扰，可采取另一类确定权重系数的方法——客观赋权法。它主要根据城市公共交通系统评价指标样本自身的相关关系和变异程度来确定权重系数，其基本思想是：权重系数应当是各个指标在指标总体中的变异程度和对其他指标的影响程度的度量，赋权的原始信息应当直接来源于客观环境，可根据各指标所提供的信息量的大小来决定相应指标的权重系数。有代表性的客观赋权法如熵权系数法、主成分分析法、因子分析法、标准差系数法等。

主成分分析法是通过对原来相关的各原始指标做数学变换，在多个指标中寻找相互独立的主成分，这些主成分就是原有指标变量的线性组合。该方法用主成分来充分反映原来的信息，并采用信息量权重系数，降维作用较强，所得的结果客观性较强，而且它消除了评价指标间的相关关系带来的重复信息，因而合成时采用线性加权模型最为适宜。但是在各指标完全不相关或完全相关的情况下都不适宜用此方法。

熵权系数法主要是从指标数值间的差异出发，在分析过程中通过熵值确定各指标的权重系数，具有一定的客观性和科学性。但是它主要是根据评价指标所能提供的有用信息量来确定指标权重，并不能反映该指标的重要程度，在实际评价问题中最好与其他能反映指标重要性的赋权方法结合使用。

12.4.3 综合集成赋权法

对于同一综合评价问题来说，主、客观赋权法各有其优缺点，主观赋权法虽然反映了决策者的主观判断或直觉，但是会产生一定的主观随意性；而客观赋权法虽然通常利用比较完善的数学理论与方法，但忽略了决策者的主观信息，而此信息对于城市公共交通系统评价来说，有时是非常重要的。因而现在有学者提出将主、客观权法相结合，使所确定的权重系数同时体现主观信息和客观信息，这就派生出一类新的赋权方法，通常称之为综合集成赋权法。

12.5 综合评价体系的建模机理

城市公共交通系统综合评价的建模过程是一个复杂的过程，在建立城市公共交通系统模型过程中，需要确定系统分析模型框架。一般来说，作为动态的和反馈的复杂系统，城市公共交通系统建模应该遵循以下原则：

1）明确建模的目的。建立城市公共交通系统模型的目的在于加深对系统内部反馈结构与其动态行为关系的研究和认识，进而改善城市公共交通系统的行为，为有关部门提供决策依据，促进城市交通的可持续发展。

2）模型的实用性问题。城市公共交通系统研究的核心目标之一是为决策者提供关于城市公共交通系统发展演变的决策信息，构模阶段就应规划与政策相关的实施问题。

3）模型的复杂性问题。城市公共交通系统错综复杂的作用关系不可能全部反映到模型中，因此要抓住主要因素和反馈回路作为真实系统的简化代表。

综合评价模型包含指标体系的确定、权重的确定和评价模型的建立三要素。根据城市公共交通系统及相关的经济社会、城市生态环境、城市交通等系统的特点，从多学科综合的角度聚集城市公共交通系统综合评价的理论和方法，建立城市公共交通系统综合评价的基本组织单元、层次体系和理论框架。城市公共交通系统综合评价理论框架如图 12-2 所示。

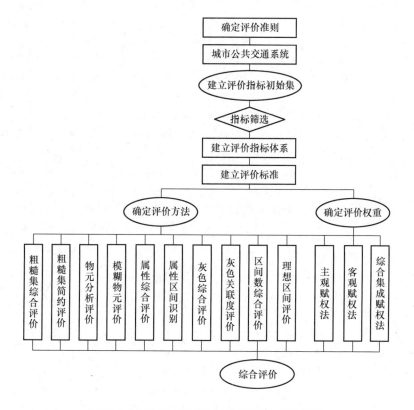

图 12-2　城市公共交通系统综合评价理论框架

12.6　城市公共交通系统的评价结果分析

依据综合评价模型得到城市公共交通系统的综合评价值。综合评价值不仅要能反映城市公共交通系统发展的现状水平，还要能综合对比研究该城市公共交通系统发展水平的动态状况，而且还要能用于同一时期不同城市之间交通系统发展程度的比较研究。同时，综合评价值也为规划研究人员提供了城市交通系统进一步发展的思路和方向。

由于城市公共交通系统是一个复杂系统，对它的评价研究涉及内容较多，很难用一个数值对它做出客观评价。为了得到科学合理的评价结果，采用等级标准来判断城市公共交通系统的发展情况。参照国内外有关研究成果，结合有关专家的意见，将城市公共交通系统的评价结果用区间数给出每个等级的测试范围，见表 12-7。

表 12-7   评价等级的测试范围

评价指标			交通状况	发展水平	服务水平	备注
一级	优秀	$(\alpha_4, \infty]$	畅行车流,基本无延误	强可持续发展	交通设施和服务水平都达到很高层次	公共交通资源利用率高;发展与环境相协调,与社会经济的发展相适应,公共交通管理和控制已经达到相当高的水平
二级	良好	$(\alpha_3, \alpha_4]$	稳定车流,有一定延误	较强可持续发展	交通设施和服务水平都达到较高层次	公共交通资源利用率较高;发展与环境相协调,与社会经济的发展相适应,公共交通管理和控制已经达到一定水平
三级	中等	$(\alpha_2, \alpha_3]$	车流较稳定,有一定延误,但可以接受	可持续发展	交通设施和服务水平都达到一定层次	公共交通资源利用率适中;发展与环境比较协调,与社会经济的发展比较适应,公共交通管理和控制有一定水平
四级	一般	$(\alpha_1, \alpha_2]$	接近不稳定车流,有较大延误,但能容忍	弱可持续发展	交通设施和服务水平都不高	公共交通资源利用率低;发展与环境协调性弱,与社会经济的发展相适应性弱,公共交通管理和控制水平不高
五级	较差	$(0, \alpha_1]$	不稳定车流,交通拥挤,延误很大,无法接受	不可持续发展	交通设施和服务水平都相当低	公共交通资源利用率相当低;发展与环境不协调,与社会经济的发展不适应,公共交通管理和控制水平相当低

注：$0 < \alpha_1 < \alpha_2 < \alpha_3 < \alpha_4$，且 α_1、α_2、α_3、α_4 为实数。

12.7   对策分析研究

依据综合评价模型就可以得到某个具体城市公共交通系统的综合评价结果（综合评价值和评价等级）。由于目前我国城市公共交通系统存在着基础设施不足、结构单一、效率低下、服务水平差等问题，大多数城市公共交通系统的综合评价等级为三级或四级。为了使评价结果达到更高等级（一级或二级），必须建立大运量、低污染、低能耗、快捷的公共交通运输体系。为此，城市要发展公共交通，应采取下面几项措施：

1）坚持政府为主导的公共交通发展方向，制定优先发展公共交通的具体政策，推动公交优先政策在城市交通系统中的主导和优势地位。特别是明确政府对公共交通的财政投入、补贴额度和补贴方式，并从政策、规划、用地、建设、经营、管理等方面支持公共交通，以指导公共交通的建设、运营与管理。

2）切实打破行业分割、突破地区分割，创新体制机制。逐步建立和完善公共交通规划、评估、调整机制，明确和理顺相关工作的责任主体和工作流程，完善各项公共交通项目的建设、维护、管理体制机制；逐步建立规范的公共交通市场准入和退出机制，建立企业服务监管和成本考核机制，营造适度竞争的企业运营环境；同时积极开展公交融合工作，鼓励企业以并购重组等方式扩大规模提升服务能力。

3）建立多层次的土地与公交协调规划机制。完善城市规划、交通规划体系，建立宏观、中观、微观多层次的土地公交协调规划机制，在城市用地规划标准准则制定中，优先保障公共交通用地需求，并按照土地与公交协调规划要求，详细制定交通枢纽周边、公交走廊沿线城市土地利用规划技术指标。

4）加大公共交通设施建设维护资金投入。继续加大各级财政部门公共交通建设的预算投入；加大对资金的争取力度，争取国家、省市的更大支持，加强与银行的合作，努力争取金融机构信贷支持和政策性倾斜；拓宽融资渠道，积极探索使用政府与社会资本合作的 PPP 模式，建立"政府主导、市场参与、社会联动"的多元投融资方式，持续加强公共交通方面的资金投入和资金保障。

5）确定公共交通运营财政长效补贴机制。要加快建立以公交优先发展为导向、以政策性亏损补贴为主体、以维持和激励公交企业可持续发展为尺度、以服务至上理论有效的考核监督为保障的常规公交财政补贴长效机制。具体应加快建立完善的城市公共交通运用成本监审机制，定期对公共交通运营企业主营业务成本进行专项审核，并结合城市公共交通实际情况和财政承担能力合理确定公交票制（一票制、阶梯票价或其他票制）和基准票价，以及公共交通票价换乘惠民政策；合理界定补贴补偿范围，对实行低票价、减免票、承担政府指令性任务等形成的政策性亏损，对企业在技术改造、节能减排、经营冷僻线路等方面的投入，地方财政给予适当补贴补偿；同时加大新能源车补贴力度。

6）推进智能公共交通系统建设。各独立市应加快开展公共交通智能信息系统规划和建设工作，逐步建立公共交通智能运营调度系统、出行信息服务系统、监管服务系统等，提高公共交通运营和服务效率，提升公共交通出行吸引力。

参 考 文 献

［1］ 万霞，王贿，陈峻. 居民全日出行方式选择动态模型研究 ［J］. 中国公路学报，2012，2：121 – 126，141.

［2］ 包丹文，邓卫，顾仕巧. 停车收费对居民出行方式选择的影响分析 ［J］. 交通运输系统工程与信息，2010，3：80 – 85.

［3］ 陈俊励，马云龙，朱楠. 基于巢式 Logit 模型的公交出行方式选择行为研究 ［J］. 交通运输系统工程与信息，2011，S1：120 – 125.

［4］ 唐洁，隽志才，高林杰. 城市居民出行空间和方式联合选择模型研巧 ［J］. 公路交通科技，2010，5：83 – 87，99.

［5］ 王雯静，干宏程. 小汽车与轨道交通出行方式选择行为分析 ［J］. 城市交通，2010，3：36 – 40，46.

［6］ 姜学方. 基于行为的交通出行预测 ［D］. 西安：西安建筑科技大学，2006.

［7］ WEN C，KOPPELMAN F S. The generalized nested logit model ［J］. Transportation Research Part B：Methodological，2001，35 (7)：627 – 641.

［8］ BEN – ELIA E，ETTEMA D. Rewarding rush – hour avoidance：a study of commuters' behavior ［J］. Transportation Research Part A：Policy and Practice，2011，45 (7)：567 – 582.

［9］ KIKUCHI A，KITAMURA R，YAMAMOTOT，et al. Simulating spatial choices with quasi – continuous representation of urban space：An application of MCMC algorithms ［C］ //Transportation Research Board，National Research Council. Washington DC：［s. n.］，2003：4 – 11.

［10］ RAQUEL E. Understanding suburban travel demand：flexiblemodeling with revealed and stated choice data ［J］. Transportation Research Part A：Policy and Practice，2007，41 (10)：899 – 912.

［11］ WEN C H. Latent c lass nested logit model foranalyzing high – speed rail access mode choice ［J］. Transportation ResearchPart E：Logisticsand Transportation Review，2012，48 (2)：545 – 554.

［12］ SI B F，ZHONG M，LIU J—F，et al. Development of a transfer – cost – based logit assignment-model for the Beijing rail transit network using automatedfare collection data ［J］. Journal of Advanced Transportation，2013，47 (3)：297 – 318.

［13］ KATSIKOPOULOS K V，DUSE – ANTHONY Y，FISHER D L，et al. Risk attitude reversals in drivers' route choice whenrange of travel time information is provided ［J］. HumanFactors：the Journal of the Human Factors and ErgonomicsSociety，2002，44 (3)：466 – 473.

［14］ AVINERI E，PRASHKER J N. Violations of expectedutility theory in route – choice stated preferences：certainty effect and inflation of small probabilities ［J］. Transportation Research Record：Journal of the Transportation Research Board，2004，1 (894)：222 – 229.

［15］ RAMOS G D，DAAMEN W，HOOGENDOORN S. Expectedutility theory，prospect theory，and regret theorycompared for prediction of route choice behavior ［J］. Transportation Research Record：Journal of the Transportation Research Board，2011，2 (230)：19 – 28.

［16］ JOU R C，KITAMURA R. Commuter departure timechoice：a reference – point approach ［C］ // Proceedings EWGT. Bari：［s. n.］，2002：10 – 14.

［17］AVINERI E，PRASHKER J N. Sensitivity to uncertainty：the need for a paradigm shift ［J］. Transportation ResearchRecord，2003，1（854）：90 – 98.

［18］SCHUL Y，MAYO R. Searching for certainty in anuncertain word：the difficulty of giving up the experientialfor the rational mode of thinking ［J］. Journal of Behavioral Decision Making，2003 （16）：93 – 106.

［19］AVINERI E. Incorporating fuzzy reference points intoapplications of travel choice modeling ［C］// Applications of Soft Computing：Updating the State of ART. Germany：Springer – Verlag，2009： 36 – 42.

［20］XU H L，ZHOU J，XU W. A decision – making rule formodeling travelers' routechoice behavior based oncumulative prospect theory ［J］. Transportation ResearchPart C：Emerging Technologies， 2011，19（2）：218 – 228.

［21］ZHOU L ZH，ZHONG SH Q，MA SH F，et al. Prospect theorybased estimation of drivers' risk attitudesin route choice behaviors ［J］. Accident Analysis and Prevention，2014（73）：1 – 11.

［22］CHORUS C G，ARENTZE T A，TIMMERMANS H J P. A random regret – minimization model of travel choice ［J］. Transportation Research Part B：Methodological，2008，42（1）：1 – 18.

［23］HENSHER D A，GREENE W H，CHORUS C G. Random regret minimization or random utility maximization：an exploratory analysis in the context of automobile fuelchoice ［J］. Journal of Advanced Transportation，2013，47（7）：667 – 678.

［24］CHORUS C G. A generalized random regret minimizationmodel ［J］. Transportation Research part B：Methodological，2014（68）：224 – 238.

［25］栾琨，隽志才，倪安宁. 出行路径选择的随机后悔最小化模型 ［J］. 交通信息与安全， 2012（6）：77 – 80.

［26］鲜于建川，隽志才，朱泰英. 后悔理论视角下的出行选择行为 ［J］. 交通运输工程学报， 2012，3（12）：67 – 72.

［27］BEN – AKIVA M E，BOCCARA B. Discrete choice modelswith latent choice sets ［J］. International Journal of Research inMarketing，1995（12）：9 – 24.

［28］SWAIT J D. A non – compensatory choice model incorporatingattribute cut – offs ［J］. Transportation Research B：Methodological，2001（35）：903 – 928.

［29］CANTILLO V，ORTÚZAR J DE D. A semi – compensatorydiscrete choice model with explicit attribute thresholdsof perception ［J］. Transportation Research B：Methodological，2005（39）： 641 – 657.

［30］MARTÍNEZ F，AGUILA F，HURTUBIA R. The constrainedmultinomial logit：a semi – compensatory choice model ［J］. Transportation Research Part B：Methodological，2009，43（3）： 365 – 377.

［31］杨巍. 智能交通系统中车辆动态路径诱导方法研究 ［D］. 兰州：兰州理工大学，2012.

［32］李云. 基于遗传算法的动态路径优化 ［D］. 太原：太原理工大学，2013.

［33］屈文斌. 城市道路动态路径选择方法研究 ［D］. 西安：长安大学，2007.

［34］郑祖舵. 动态路径优化关键技术研究 ［D］. 长春：吉林大学，2006.

［35］胡小兵，叶吉祥. 定点距离最优化的遗传算法研究 ［J］. 计算机工程与科学，2003，（2）：

5 - 6，40.

［36］杨新敏，孙静怡，钱育渝．城市交通流配流问题的遗传算法求解［J］．昆明理工大学学报，2002（5）：144 - 147.

［37］朱圣领，林杰，郭旭红．改进遗传算法在一类最优路径规划中的应用［J］．苏州大学学报（工科版），2004（5）：99 - 102.

［38］王爱勤，曾蔚．两种基于遗传算法的交通量预测方法［J］．交通标准化，2004（5）：60 - 62.

［39］吴浩勇，丛玉良，王宏志．基于神经网络的交通参数预测方法［J］．吉林大学学报（信息科学版），2005（6）：3 - 7.

［40］张毅，罗元．基于人工神经网络城市交通流量智能预测的研究［J］．重庆邮电学院学报，2005（2）：241 - 243.

［41］唐艳，王洪博，王万新．基于高斯径向基函数神经网络的十字路口车流量预测［J］．农业装备与车辆工程，2006（3）：41 - 43.

［42］DORIGO M，BONABEAU E，THERAULAZ G. Antalgorithms and stigmergy［J］. Future Generation Computer System，2000，16（18）：851 - 572.

［43］COLOMI A，DORIGO M，MANIEZZO V. Distributed optimization by an ant colonies［C］// Proc eedings of the 1th Euro pean Conf erence on Artificial Life. France：ElsevierPublishing，1991，134 - 142.

［44］张卫华．城市公共交通优先通行技术及评价方法研究［D］．南京：东南大学，2003.

［45］郑连勇．城市交通影响分析［M］．北京：中国建筑工业出版社，2006.

［46］王炜，陈学武，陆建．城市交通系统可持续发展理论体系研究［M］．北京：科学出版社，2004.

［47］陆化普．解析城市交通［M］．北京：中国水利水电出版社，2001.

［48］中华人民共和国建设部．建设部关于优先发展城市公共交通的意见〈建设部（建城［2004］38号）文件〉［J］．城市公交规划与管理，2004，2：11 - 13.

［49］王炜，陈学武，杨新苗．城市公共交通系统规划方法与管理技术［M］．北京：科学出版社，2002.

［50］李林波，王靖阳．城市公共交通系统之系统分析［J］．山东交通学院学报，2006，4（1）：35 - 39.

［51］陆化普，王建伟，李江平．城市交通管理评价体系［M］．北京：人民交通出版社，2003.

［52］夏雪．城市公共交通系统评价指标体系研究［D］．南京：东南大学，2007.

［53］张卫，郭玉燕．城市可持续发展指标体系研究［J］．经济学研究，2006，11（11）：45 - 51.

［54］佟春生．系统工程的理论与方法概述［M］．北京：国防工业出版社，2005.

［55］李林波，杨东援，熊文．大公共交通系统之构建［J］．城市规划学刊，2005，158（4）：72 - 75.

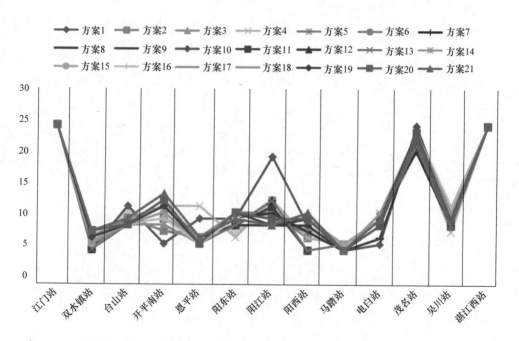

图 3-6 江湛城际铁路现行停站方案与优化方案各站停站次数折线图